陈显丹

四川省文物考古研究院名家学术文集

陈显丹　著

巴蜀书社

图书在版编目（CIP）数据

四川省文物考古研究院名家学术文集.陈显丹卷 /
陈显丹著. -- 成都：巴蜀书社，2023.11
ISBN 978-7-5531-1945-8

Ⅰ.①四… Ⅱ.①陈… Ⅲ.①文物—考古—中国—文
集 Ⅳ.①K870.4-53

中国国家版本馆CIP数据核字（2023）第065284号

SICHUANSHENG WENWU KAOGU YANJIUYUAN MINGJIA XUESHU WENJI·CHENXIANDAN JUAN

四川省文物考古研究院名家学术文集·陈显丹卷

陈显丹　著

策　　划	周　颖　吴焕姣
责任编辑	王　莹
封面设计	冀帅吉
内文设计	四川胜翔数码印务设计有限公司
出　　版	巴蜀书社
	四川省成都市锦江区三色路238号新华之星A座36楼
	邮编：610023　总编室电话：（028）86361843
网　　址	www.bsbook.com
发　　行	巴蜀书社
	发行科电话：（028）86361852
经　　销	新华书店
印　　刷	成都东江印务有限公司
版　　次	2023年11月第1版
印　　次	2023年11月第1次印刷
成品尺寸	170mm×240mm
插　　页	10页
印　　张	21.25
字　　数	300千
书　　号	ISBN 978-7-5531-1945-8
定　　价	88.00元

总序

　　四川省文物考古研究院前身为四川省文物管理委员会（办公室），成立于1953年5月1日。在党和政府的领导、关怀下，我院从不足30人的团队起步，逐渐成长为一个拥有185人编制，兼具考古、文物修复、文化遗产保护、《四川文物》编辑出版四大职能的综合性考古机构。

　　七十年来，全院职工勠力同心，探索历史未知、揭示历史本源，各项事业蓬勃发展，取得了长足进步：共获得全国十大考古新发现11项、中国考古新发现4项、百年百大考古发现2项、新时代百项考古新发现5项、田野考古奖3项，为"建设具有中国特色、中国风格、中国气派的考古学"贡献了四川力量。

　　饮水思源，回顾我院发展的每一个阶段，无一不浸透着我院一代代文物考古工作者拼搏奋斗的艰辛。在我省文物考古事业的发展进程中，他们始终恪守初心，身体力行地积极投身于四川文化遗产保护体系的缔造，甘之如饴地用心守护着巴蜀大地的文化遗产。在他们的努力下，四川先秦考古学的文化序列日渐完整，巴蜀文明起源和发展的历史脉络逐渐明朗，西南地区的历史轴线不断延伸，古代四川的文化面貌愈发清晰。他们为中国考古事业做出了卓越的贡献，为四川考古争得了荣誉，更为我院今天的厚积薄发奠定了坚实的基础。

　　《四川省文物考古研究院名家学术文集》是为四川省文物考古研究

院七十周年华诞而发起的一套纪念性文集，共九卷，分别收录了四川省文物考古研究院学术名家秦学圣先生、沈仲常先生、李复华先生、王家祐先生、曾中懋先生、赵殿增先生、黄剑华先生、张肖马先生、陈显丹先生的代表性学术论文。

这些老前辈中，有的是四川省文物管理委员会（办公室）初创成员，有的是新中国培养的第一批文物考古工作者，有的是新中国成立以来四川文物考古事业从蹒跚起步到步入"黄金时代"的亲历者、见证者。从旧石器时代考古到明清时期考古，从青藏高原的遗址发掘到长江三峡的文物抢救，前辈们筚路蓝缕，风餐露宿，心怀使命与赤诚，在巴蜀大地上写就了锦绣文章。他们将四川考古提升到了一个全新的高度，在中国考古史上留下了光辉的印记。在本职工作之外，前辈们对待后学更是关怀备至，倾囊相授，无私扶掖，令我们感念不已。

本套文集所收均为前辈们的心血之作，有着很高的学术价值：材料运用充分详尽，理论与实践紧密结合；视野开阔，旁征博引，富于创新精神；论述严密，分析鞭辟入里，给人以深刻启发；多学科手段交叉运用，研究路径多元。这些文字饱含着前辈们的科学精神与人文情怀，充分展现了他们求真务实的工作作风和严谨的治学态度。嘉惠学林、泽被后学，本套文集既是我院七十年学术发展历程的缩影，也是我院后学接续前辈们的学术脉络，踔厉奋发、继往开来的新起点。

"雄关漫道真如铁，而今迈步从头越"，衷心期望我院全体干部职工以前辈们为榜样，传承前辈们的优良学统，勇于担当，努力成长。按照习近平总书记提出的"在新的历史起点上继续推动文化繁荣、建设文化强国、建设中华民族现代文明这一新的文化使命"，在更广的领域、更深的层面开展文物考古研究和探索实践，笃行不怠，奉献出更多、更新、更好的学术成果，进一步积淀我院的学术底蕴，为我院创建世界一流考古机构注入崭新力量。

2023年10月

作者简介

陈显丹，1955年生，四川省文
物考古研究院研究馆员，田野考古
领队。1980年毕业于四川大学考古
专业。曾任四川省博物馆副馆长、
四川省文物考古研究院副院长，四
川省有突出贡献优秀专家。先后主
持过广汉三星堆遗址、三星堆一二
号祭祀坑、广汉三国雒城城墙遗
址、青川郝家坪战国墓葬群、新都
战国早期大墓的发掘和长江三峡地

区的文物调查等。在国内外曾发表过多篇文章及专著，主要论文有《广
汉三星堆古遗址》、《三星堆一、二号坑发掘简报》、《论三星堆遗址的
性质》、《三星堆青铜器研究》、《三星堆玉石器研究》、《广汉三星堆遗
址发掘概况、初步分期——兼论"早蜀文化"的特征极其发展》、*ON
THE DESIGNATION MONEY TREE*（中国香港）、《三星堆青铜器——四川巴
蜀文化的灿烂证据》（中国台湾）、《四川古代文物概论》（日本）、*THE
SACIRIFICIAL PITS AT SANXINGDUI THEIR NATURE AND DATE*（英国）；

专著有《广汉三星堆》《三星堆祭祀坑发掘记》《三星堆全记录》《三星堆奥秘》等。其中《三星堆奥秘》一书获四川省人民政府哲学社会科学三等奖。另外作者参与的三星堆遗址的发掘和三星堆博物馆"古城古国古文化"陈列设计分别获全国"十大考古发现"和"十大精品展"。

在学术交流方面，先后应邀在英国伦敦大学、大英博物馆、剑桥李约瑟研究所，丹麦哥本哈根大学，日本早稻田大学、日本京都大学国际交流中心，澳大利亚博物馆，美国西雅图博物馆，加拿大皇家安大略博物馆，新加坡亚洲文明博物馆，墨西哥尤卡坦州国际会议中心，以及中国的台湾大学、台北故宫博物院、香港城市大学、香港中文大学等，对三星堆文化、古蜀王国的形成、巴蜀青铜器的分类及特点等方面做了专题讲座和学术交流。

航拍三星堆遗址

出土文物讨论

三星堆发掘

二号祭祀坑发掘

三星堆资料整理

三号祭祀坑工作照

五尺道考察

台湾"中研院"历史所学术交流

台湾大学讲座

新加坡亚洲文明博物馆讲座

越南国家博物馆考察

和李伯谦先生与伦敦大学维陀教授交流

"中国古玉鉴定---温良美玉乃君子之佩宝"

演讲者：河北省文物鉴定专家常素霞女士，她将对中国古玉的质料、颜色、时代风格、断代和辨伪进行介绍。

"神秘的面具王国---三星堆文物的出土发掘始末"

演讲者：四川省文化厅文物处副研究员陈显丹先生自始至终参与三星堆文物的出土发掘，掌握了丰富的第一手资料，对神秘的古蜀王国具有较深入的研究。

以上两位专家是"古代中国奥秘"文物展第二随展组专家，借在英逗留之际向使馆同志介绍有关专业知识，欢迎感兴趣的同志出席。

时间：1月10日（星期五）晚上7：00

地点：文化处（11 West Heath Road, London NW3)

电话：0171 431 8279

中国驻英国伦敦大使馆的讲座预告

加拿大学术交流

美国西雅图博物馆演讲

千載難逢！
頂級專家揭秘3500年前的古蜀文明。

LOST CIVILIZATION
THE MYSTERY OF SANXINGDUI
中國的失落的古文明：神秘的三星堆

2014年10月19日，星期日，
上午11:00至中午12:00
講座地點：Norma Kershaw Auditorium

頂級專家講座

"中國失落的古文明：神秘的三星堆"展，
將於2014年10月19日至2015年3月15日在加州聖安娜市寶爾博物館展出！

1989年在四川廣漢市發現的三星堆遺址被譽為"世界第九大奇跡"，是迄今為止中國最偉大的考古發現之一。三星堆文明在興盛了350年後突然神秘地消失了。而2001年在成都市區發現的金沙遺址，卻為人們探索三星堆文明的去向提供了極為重要的寶貴線索。

金沙專家：朱章義，金沙遺址博物館常務副館長，金沙遺址負責人。
講座題目："神秘的古蜀王國—金沙"

三星堆專家：陳顯丹，四川省文物考古研究院副院長，1986年三星堆現場發掘領隊。
講座題目："神秘的古蜀王國—三星堆"

講座門票：會員免費；非會員中，凡購票參觀者也免費，只想聽講座者$8.

BOWERS MUSEUM

美国加州保尔博物馆讲座预告

墨西哥文物保护交流

墨西哥文物保护交流

墨西哥金字塔文保考察

埃及金字塔考察

目录

三星堆文物研究

三星堆祭祀坑研究

古蜀文明研究

巴蜀青铜器研究

附　录

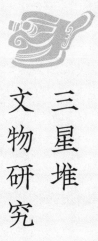

三星堆文物研究

广汉三星堆青铜器研究

四川是我国灿烂的古代文化的发祥地之一[①]，蜀是先秦时期我国西南地区重要的方国之一。史书记载："至黄帝，为其子昌意娶蜀山氏之女，生子高阳，是为帝喾。封其支庶于蜀，世为侯伯。历夏、商、周。"[②] 蜀人曾随周武王伐纣。后因地势偏远，被秦、巴两国所隔，未能参与诸侯盟会，文献记载不多。因此对在先秦史上有相当地位的蜀国史事方面了解十分有限，尤其是青铜文化方面局限性就更大了。

中华人民共和国成立前所见四川青铜器的材料，零散而稀少。中华人民共和国成立以来，四川省考古工作发展迅速，青铜器在成都一带发现越来越多[③]。出土较为集中的是1980年新都县马家乡一号大墓出

[①] 陈显丹：《广汉三星堆遗址发掘概况、初步分期——兼论"早蜀文化"的特征及其发展》，四川大学博物馆、中国古代铜鼓研究学会：《南方民族考古》（第2辑），四川科学技术出版社，1989年。

[②] 《华阳国志·蜀志》。

[③] 四川省文物管理委员会：《成都市出土的一批战国铜兵器》，《文物》1982年第8期。四川省博物馆：《成都百花潭中学十号墓发掘记》，《文物》1976年第3期。赖有德：《成都南郊出土的铜器》，《考古》1959年第8期。四川省文物管理委员会：《成都战国土坑墓发掘简报》，《文物》1982年第1期。李复华：《四川郫县红光公社出土战国铜器》，《文物》1976年第10期。

土的青铜器群①、彭县竹瓦街窖藏②等。其他地区较为集中的有涪陵小田溪和简阳④、青川⑤、巴县⑥等地区。时代多在西周至春秋战国之际，器物多系兵器和工具。

1986年夏、秋之际，四川省文物考古工作者在三星堆遗址一、二号祭祀坑中发现一批青铜器及铜渣和翻范用的泥芯⑦，其种类和数量都很惊人。尤其是出土的大型青铜人立像、面具及头像，不仅是蜀地首次发现，也是国内首次发现，引起了国内外各界人士的强烈反响，也为我们研究蜀国青铜器的铸造工艺、装饰艺术及其分期等方面提供了极其宝贵的实物资料。

一、二号祭祀坑出土的青铜器，其型式大多模仿人物和自然界的动植物，如大、小人物像、头像、面具、树、公鸡、鸟、龙、蛇、凤、怪兽等。另有少量尊、罍类容器，每类又有不同的形态造型，如人头像就可以分为Ⅷ式；尊可以分为Ⅳ式。在装饰艺术方面更是纷葩非常，从几何纹样到动物图案，都既庄严、朴实，又自然、瑰丽。它不仅体现在青铜容器上，同时也体现在人物造型上。在铸造方面则采用了分模合铸、热补、焊铆等技艺。下面就三星堆出土的青铜器种类、装饰艺术及

① 四川省博物馆、新都县文物管理所：《四川新都战国木椁墓》，《文物》1981年第6期。

② 四川省博物馆、彭县文化馆：《四川彭县西周窖藏铜器》，《考古》1981年第6期。王家祐：《记四川彭县竹瓦街出土的铜器》，《文物》1961年第11期。

③ 四川省博物馆、重庆市博物馆、涪陵县文化馆：《四川涪陵地区小田溪战国土坑墓清理简报》，《文物》1974年第5期。

④ 四川省博物馆、简阳县文化馆：《四川简阳出土的战国青铜器》，《文物资料丛刊》1980年第3期。

⑤ 四川省博物馆、青川县文化馆：《青川县出土秦更修田律木牍——四川青川县战国墓发掘简报》，《文物》1982年第1期。

⑥ 前西南博物院、四川省文物管理委员会：《四川巴县冬笋坝战国和汉墓清理简报》，《考古通讯》1958年第1期。

⑦ 四川省文物管理委员会、四川省文物考古研究所、四川省广汉县文化局：《广汉三星堆遗址一号祭祀坑发掘简报》，《文物》1987年第10期。四川省文物管理委员会、四川省文物考古研究所、广汉市文化局、文管所：《广汉三星堆遗址二号祭祀坑发掘简报》，《文物》1989年第5期。

铸造工艺方面进行初步的研究。

一、三星堆青铜器种类及型式

三星堆一、二号祭祀坑出土的各类青铜器约四百多件。可分为人物、容（礼）器、动植物三大类：

第一类为人物造型。一号坑出土各种人物造型15尊（含残件），二号坑出土各种人物造型67尊（不含残件），合计82尊。根据出土人物形象的不同，又可分为全身人像、头像和面具（像）三种类型。

（一）全身人像。计10尊，最高的达260厘米，最小的几厘米。其中有站、双膝跪坐、单膝跪等造型。

1. 站立人像。有大有小，一般站立于方座上。如K2②：149、150大铜人立像，身高181.2厘米（包括帽高），座子高78.8厘米，总高260厘米。其特征是头戴花状高冠，杏叶眼，鼻棱突出，方颐大耳，两耳垂下各穿一孔，嘴角下勾，细长颈。左肩右斜饰一方格形"法带"，鸡心领，双臂上抬，手腕上各戴三个"手镯"，双手作"捏指"状，拇指特大，指甲突出，进行了极大的夸张，左手举于鼻部中央，右手与胸齐。左衽、长襟，后摆成"燕尾"形。两小腿上各戴一方格形的"脚镯"。赤脚、五指突出，站立于方座上。座分上下两层，中间似四个象（兽）头连接，形制庄严典重（图一，1）。

小站立人像。一般仅10厘米左右高。如K2③：292附2号人像连座子残高8厘米。双手平抬于胸前，手作握物状，身着铠甲，站立于方座上（图一，5）。

2. 单、双膝跪、坐人像。一般高10多厘米，最小的仅3厘米左右。其造型有高髻、戴帽等形象。如K1：293跪坐人像。高髻、头发由前向后梳理，再上翘前卷。宽脸、方颐，云纹大直耳，耳垂穿孔。两眼圆睁，正视前方，眼球微外凸。张口露齿，神态严肃。上身穿右衽长袖短衣，腰部系带两周。下身着犊鼻裤，一端系于腰前，另一端系于背后腰带下。双手扶膝，手腕各戴二镯。双膝跪坐，高15厘米（图一，2）。

K2③：04，半圆雕，头上戴"太古冠"，粗眉大眼，高鼻子。眉及眼球、眼眶和颧部涂有黑色颜料。两云形纹耳。嘴角下勾，粗短颈。身

图一　1.K2出土大人像；2.K1出土跪坐人像；3.出土单膝跪坐人像；4.出土双膝跪坐人像；5.K2出土小站人像

着对襟服、束腰、双手散掌放于腹部。躯干下部微侧，左脚蹲，右脚单跪，呈半跪、坐姿式，通高13.3厘米（图一，3）。

（二）头像，可分为Ⅷ式：

Ⅰ式（K1：2）。头上部为子母口形，圆眼外凸。蒜头鼻，高鼻梁。大嘴紧闭、下颌宽圆。竖直耳，耳垂穿孔。粗颈，残高29厘米（图二，1）。

Ⅱ式（K1：5）。头上似戴双角形"头盔"，将面部遮住。长方脸、斜直眉，三角形立眼。棱形鼻梁、高鼻尖。嘴角下勾，表情威严，体现了武将的气魄（图二，3）。

Ⅲ式（K1：11）。平顶头，粗眉大眼。尖圆鼻头，棱形鼻梁。大嘴紧闭，云雷纹竖直耳，耳垂穿孔。粗颈，脑后编辫子。高35.7厘米（图二，4）。

Ⅳ式（K1：6）。头上原似戴有帽。粗眉大眼。鼻棱高突似鹰钩鼻。颧部突出，嘴角下勾。形体较小，残高25厘米（图二，2）。

Ⅴ式（K2②：34）。平顶、阔眉、杏叶眼、高鼻梁。大嘴，两嘴角

下勾。两耳饰成云形斜直耳，耳垂下有一圆穿，耳上部留有"鬓发"。长发向脑后梳理，发梢梳成长辫，上端束扎，束发上戴有笄。短颈，颈下部铸成倒三角。通高36.5厘米（图二，5）。

Ⅵ式（K2②：90）。头戴"回"字形纹平顶冠。粗眉大眼。低鼻梁、高鼻尖。嘴角下勾。两云形大耳，耳垂下各有一穿。后脑勺略外凸。粗长颈，颈部前后下端，均铸成倒三角形。通高34厘米（图二，8）。

Ⅶ式（K2②：58）。圆头顶，无帽。粗眉大眼。细鼻梁、蒜头鼻。

图二　1.Ⅰ式头像；2.Ⅳ式头像；3.Ⅱ式头像；4.Ⅲ式头像；5.Ⅴ式头像；6.Ⅶ式头像；7.Ⅷ式头像；8.Ⅵ式头像

嘴角下勾。两云形纹耳，耳垂下各有一穿。后脑圆滑，发向后梳理。头戴"蝴蝶"形花笄。颈上细下粗，颈部下端铸成倒三角形。通高46.6厘米（图二，6）。

Ⅷ式（K2②：83）。圆头顶，头上盘"辫"，发际线至耳根。粗眉大眼。高鼻梁，鼻尖略向上。嘴角下勾。两云形纹半圆耳，耳边廓上，从上至耳，垂饰有三个小圆穿。两耳的上方留有"短鬃发"。短颈粗壮，颈下端铸成倒三角形。残高13.3厘米（图二，7）。

（三）面具（像），可分Ⅴ式：

Ⅰ式（K1：20）。宽脸圆颌，粗眉大眼，尖鼻大嘴。云纹小耳，耳垂穿孔。高6.5厘米、宽9.2厘米、厚0.4厘米（图三，1）。

Ⅱ式（K2②：148）。阔眉大眼，眉尖上挑，眼球外凸，作了极大的夸张。鹰嘴钩鼻，并饰云纹。两只大耳，内饰云纹，似云气飞腾，大嘴两角上翘至近耳根处。通高65厘米、宽138厘米、厚0.5—0.8厘米（图三，2）。

Ⅲ式（K2②：119）。颜面瘦长，阔眉杏眼。上额较宽，下颌较窄。鼻棱凸出，嘴角下勾。两耳长直垂上有穿。整个造型呈仰首状。前高15厘米、后高12.2厘米、厚0.3厘米（图三，4）。

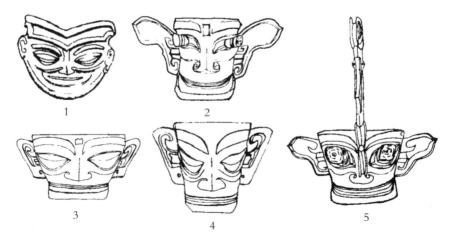

图三　1.Ⅰ式人面像；2.Ⅱ式人面像；3.Ⅳ式人面像；4.Ⅲ式人面像；5.Ⅴ式人面像

Ⅳ式（K2②：60）。方颐宽面，粗眉大眼，鼻棱突出。阔嘴两角下勾。耳饰云纹，耳垂下各一圆穿。宽52厘米、高25.6厘米（图三，3）。

Ⅴ式（K2②：100）。长眉、棱形纵目，低鼻梁，其上装饰一通高77.5厘米、厚0.3—0.6厘米的"卷云纹（又似一种动物纹）"。翘鼻阔嘴，嘴角上翘至耳根。眼球突出似一圆柱，长9厘米、径10厘米。整个面具高32.7厘米、脸面宽44.2厘米（图三，5）。

第二类为容（礼）器类。这类器主要有尊、罍、彝、戈等。

（一）尊，共发现10余件，其形制主要有以下四种：

1. 龙虎尊（K1：158）。甚残。从残存的情况看，形制当为侈口、折肩、斜腹、高圈足。肩上饰突起的龙虎纹作食人状[①]。残高43.5厘米。

2. 三羊三鸟尊（K2②：127）。尖唇、侈口、方沿、束颈，颈下饰有三种凸弦纹。折肩上饰云雷纹和乳丁纹，其间铸有三只凸起的鸟和三个羊首。斜腹上饰扉棱，扉棱之间以云纹衬底。主体突出目云纹和饕餮纹。高圈足上亦饰三个扉棱，图案与腹部相同。圈足扉棱的上方各有一长方形孔。器身外表涂朱。通高41.8厘米（图四，1）。

3. 四兽（牛）四鸟尊（K2②：159）。宽沿直口，高颈微束，其上施三周凸弦纹。窄肩斜陡，其上满饰云雷纹。肩上铸有四只立鸟。肩下

1　　　　　　2　　　　　　3　　　　　　4

图四　1.三羊三鸟尊；2.八鸟四牛尊；3.四兽（牛）四鸟尊；4.四羊首罍

---

① 见《广汉三星堆遗址一号祭祀坑发掘简报》，图一一，3，《文物》1987年第10期，第7页。

铸有四个很大的兽头，兽头上长有两只大角，呈"云纹"状，角下有两尖圆耳。腹部上大下小，深腹，下腹内收。高圈足，圈足与腹部交接处有四个长方形孔。腹部和圈足上均饰有四个扉棱和半浮雕的饕餮纹。通高54厘米（图四，3）。

4. 八鸟四牛尊（K2②：146）。尖唇、侈口、束颈上饰三周弦纹。折肩上饰有四个突起的牛头。牛头上和牛头间共铸有八只立鸟。腹微内收，腹壁以云纹为地，以变形夔纹组成的饕餮纹突出于上。通高53厘米（图四，2）。

（二）罍（K2②：70）。方唇、窄沿、口微敛。短颈上饰有四道凸弦纹。肩与颈交接处饰夔纹。肩上凸起四个羊头。羊角上卷成云纹形，两眼突出。深腹微内收，底微外鼓。腹上以云纹衬底。腹中部饰夔龙纹，腹部的上、下各饰一周圆圈纹和一周勾连云雷纹。矮圈足上饰夔龙纹。通高34厘米（图四，4）。

（三）方彝（K2③：205）。盖呈四角攒尖形。以云纹衬底，由两个变形鸟纹组成一个饕餮纹，饕餮的眼由两个乳丁点缀而成，蝉纹作嘴。整体瘦高，两角内卷。盖的四角各饰一立鸟，盖顶尖似有一立鸟[①]。平沿、子母榫口、高领、折肩，肩上四角各铸一立鸟。器身以云雷纹衬底，突出饕餮纹。

（四）戈，可分为Ⅱ式：

Ⅰ式（K2②：261附2）。锋微残，直援，两侧呈锯齿形。援较窄、有脊，脊从穿上直贯前锋，无刃。方形栏，栏正中有一圆穿。直内。残长19厘米、厚0.2厘米。

Ⅱ式（K2②：144附8）。整个形体比Ⅰ式宽大，其锋端及末处没有齿。戈身齿较Ⅰ式细小。援中有脊，脊从穿上直贯前锋。宽栏、大圆穿、直内。通19厘米、厚0.2厘米。

第三类为动植物，其种类主要有龙、蛇、虎、鸡、鸟、怪兽、蝉、

---

① 此器很残，目前还未修复。

树等。

1. 龙（K1：36）。可能作为一种崇拜祭祀的偶像出现。龙口大张，尖齿外露、颌下长须。头上有犄角一对，内侧又有小角一对。昂首，长颈，细长身垂于一圆柱形器下。前爪撑于圆柱形器顶上，后两爪紧抓器壁两侧，尾上卷。

2. 蛇。一般为三角形头，昂首、嘴微张，两鼻孔以云纹饰。鼻上两侧有"胡须"后倒。鼻梁中部微有突起的脊。三角形眼，眼睑后角上勾至额部。两眼中间的额中刻有一菱形纹饰，额后刻云纹。脑后上方有一装饰物（残），两侧下边饰花纹。整体呈半圆形，身部饰以大菱形纹，大菱形纹又分别由四个小菱形纹组成。蛇身两侧下边饰以云雷纹。颈下两侧各有一半圆环突出，似系于某种物体上的穿。

3. 虎。尖圆形大耳，圆眼、昂首、张嘴、尖齿外露。竖尾，身作椭圆形，四足站于一圆形座上。

4. 鸡（K2②：107）。为雄鸡，鸡冠耸立，勾嘴、圆眼、尖羽，尾先上翘而又下垂。双足粗壮有力，站立于某种器物的座子上。通高14.5厘米。

5. 凤鸟类。通常为长勾喙，或短嘴。圆眼长颈，头上长冠耸立，翅、尾上翘。嘴角和冠上都有一小穿孔，系穿丝、绳或链子挂在树上或其他物体上的穿。

6. 怪兽类。一般为大耳、长嘴、粗颈、矮短足。细长身，双尾：一尾上卷、一尾下拖，身刻云纹。

另一种是做成很薄的面具形式，一般为头上饰两云形纹角，双眉飞出脸面，然后向上内勾。两圆眼，云纹形鼻，大嘴，嘴角下勾。上下两排牙齿紧咬。有的下面还做成其他的动物形状。兽面的双眉尖处和两嘴角的下方各有一圆穿，可能是跳"图腾舞蹈"或祭祀活动所佩戴时穿绳而用。

7. 铜树。两大一小。座子呈圆形，有的座子上有"武士"形象的人，背朝树干，面向外跪着。树上有枝、叶、花卉、果实及飞禽走兽、铃、蝉等。

其他还有车轮、菱形器、眼泡、铜贝等。

二、三星堆青铜器的铸造技术

冶铸青铜，在商代是一种先进的生产技术，也是蜀国当时各类手工业中最主要的一种行业。就一般铸造工序而言，铸造任何一件器物大体都要经过制模、塑出花纹、翻制泥范、刮制泥芯、范芯自然干燥、清理、加工、修整、打磨等十多道工序。从两个祭祀坑内发现大量的泥芯来看，蜀人在铸造人像、头像等器物时，确已掌握了冶铸青铜器的整套技术。根据出土的泥芯分析，陶范的泥沙是经过淘洗的。淘洗的目的，一方面是把泥料按粒度分级；另一方面是把泥料中所含碳酸钙、硫酸盐等有机物溶于水中，以减少这种盐类物质的危害，否则会降低耐火度、烧结温度和增加发气性。其原料主要是经过加工粉碎的沙和泥土，经有关单位对祭祀坑内出土的泥范分析，加工陶范的泥沙主要成分是石英和长石，其他还有方解石、褐铁矿、白云母、绿泥石和少量的白云石等。以泥土作黏合剂。另外在泥芯中还分离出极少的植物纤维[1]。这与中原殷墟出土的泥范中拌和切碎的植物茎和麦秸等草料一样，使泥范在阴干时不致开裂变形。

从现有的出土资料看，四川出土的青铜器在形制上大多与中原的形制相同，但主要体现了当地的铸造、合金特点。如四川青铜器除应有的主要成分铜、锡、铅外，在微量成分中，还有磷元素。这是在中原地

---

① 在室内整理和修复铜器的过程中用肉眼可见泥芯中的植物纤维。

区出土的同时代的青铜器中，尚未见到的合金成分[1]。三星堆出土的铜器也不例外。我们对出土的铜人、铜头、铜面具、尊、罍、兵器、星状器及铸造时残留在铸件内的泥蕊（内范）分别取样，进行了金相组织、电子探针成分分析及X—衍射岩相鉴定等，以及从这批铜器本身的铸痕来观察，其铸造技术主要采用了以下几种方法：

（一）分铸、浑铸法

其间采用了先铸、后铸、嵌铸方法。

1. 先铸法。即先铸造器物的附件，然后把附件放在铸器身的范中和器身铸接为一体。如铜人头像，大部分先将耳铸好后，再将铸好的耳放在器身的范中，然后浇铸，使其融为一体。在头部的合范过程中，为了支撑范和控制器壁的厚薄，采用了铜支钉。如K1：2号头像内壁及一些面具等留有明显的支钉痕迹。

2. 后铸法。即先铸造器身，再在其上造范，浇注附件。如二号坑出土的铜树，即先铸器身（主干和主枝），后铸小枝、龙及其他鸟、兽、挂饰等。在附件龙的身上留有接榫，这种补铸的附件，即使不能和器身熔接，两者也可靠榫卯结构连接为一体。

3. 嵌铸法。这种铸法多用于尊、罍的兽头装饰。如K2②：147号、K2②：127号尊等，分别由三块模子合范而成。三块范合缝之处用凸出的扉棱进行装饰，以掩盖接缝之痕迹。在容器的整体铸造完毕后，再将铸好的牛头、羊头嵌在容器的肩上（图五，3）。

人像的铸造采用了浑铸法（即多范合铸）与分铸法结合浇铸的方法。如大人像的铸造是分为头、臂、手、躯干、腿、脚、方座、兽形支

① 田长浒：《从现代实验剖析中国古代青铜铸造的科学成就》，《成都科技大学学报》1980年第3—4期。何堂坤：《部分四川青铜器的科学分析》，《四川文物》1987年第4期。曾中懋：《磷——巴蜀式青铜兵器中特有的合金成分》，《四川文物》1987年第4期。《广汉三星堆一、二号祭祀坑出土铜器成分的分析》，《四川文物》（三星堆遗址研究专辑）1989年。

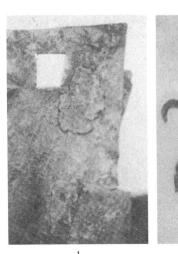

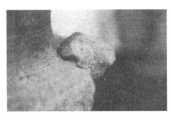
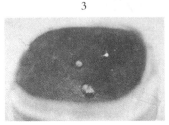

图五　1.面具单层耳所采用的热补铆接法；2.爬龙柱形器上所体现的焊铆技术；3.铜尊肩上采用的嵌铸法；4.头像内呈现的热补痕迹

架、梯形座等分部完成后，再结合为一体。其中躯干部分为四块范合铸而成，再将分铸好的头、手、脚等部位进行合铸。浇铸时，在躯干与大臂交接的腋下留有两个方形气孔，以保证铜水流畅到达各部位。整个人像完成后，再与座子相连，座子也分别由方座、兽形支架、梯形座三部分完成，合为一个整体座子与人像相连。

（二）焊铆、热补法

三星堆遗址的铜器在铸造技术上除了采用分铸法、浑铸法、嵌铸法外，还采用了焊铆、热补等技术。如K1：36爬龙柱形器的铸造，清楚地表现出铸造的焊铆特点（图五，2）。其铸身由两块范合成，柱身上的龙及其他装饰均为先分铸好后，再用铜焊的方法进行焊接；或加铜铆钉进行铆接。K2②：148大面具，脸面为整体，凸出的眼球是先铸好后再接补。大耳分成两块，用铜焊的方法将其焊接为一只完整的耳朵。耳与脸侧衔接处亦采用焊接方法进行固定。车轮器及树座下均留有热补痕迹。这种技术主要用于器物在铸造时发生某部位的裂痕和缺陷方面。如有的头像在铸造时发生某部位的裂痕和缺陷时均采用热补技术，然后进行打磨（图五，4）。在K2②：194青铜树座底原铸造时发生过断裂，其底用一块铜片焊上，然后再加上铆钉固定。在选用这些技术的同时，蜀人是根据铸造物本身的不同特点而合理运用。如面具的制作，为了控制器壁的厚薄，多在面具的两侧上加支钉。从留有明显支钉痕的面具来看，面具两侧上部各有两个支钉。面具为整体铸造，然后再将已铸好的双耳安置在上。安置耳朵的方法有两种：一是整体面部完成后，根据耳朵和脸的比例位置在脸的两侧凿出相应的铆孔，然后将铸好的耳朵装上进行铆接；二是在浇铸整体时，将先铸好的耳朵按适当位置安上，进行合铸。这两种办法是按面具耳朵的情况而选用：通常是单层耳用铆接法，双层耳用后铸法（图五，1）。

从上述多种铸造技术来看，蜀人早在商代晚期就已熟练地掌握了分铸法、浑铸法，并已开始运用铜焊、热补、铆接等方法，比起中原等地青铜铸造技术在周代晚期至春秋中期之际才出现铜焊的工艺[①]来说要早几百年。

三、三星堆青铜人物造型和青铜器的装饰艺术

三星堆出土的各种铜人像、头像、面具等大多按写实手法铸造。其造型准确生动，即充满浓郁的生活气息，又富于艺术性的夸张，充分反映出铸造形象的多样性和完整性，可以看到他们具有高超的艺术水平。如高大的青铜人像，头戴花冠，阔眉、杏叶眼，身着长襟"燕尾"

---

① 邢力谦、郑宗惠：《先秦青铜铸造技术发展概况》，《考古与文物》1989年第1期。河北省文物管理处台西考古队：《河北藁城台西村商代遗址发掘简报》，《文物》1979年第6期。中国科学院考古研究所安阳发掘队：《1958—1959年殷墟发掘简报》，《考古》1961年第2期。陕西省考古研究所、陕西省文物管理委员会、陕西博物馆：《陕西出土商周青铜器》，文物出版社，1979年。容庚、张维持：《殷周青铜器通论》，《考古学专刊》丙种第二号，文物出版社，1984年。中国社会科学院考古研究所：《殷墟妇好墓》，《考古学专刊》丁种第二十三号，文物出版社，1980年。申斌：《商代科学技术的精华——青铜冶铸业》，《全国商史学术讨论会论文集》，《殷都学刊》（增刊）1985年2月。

服，其上饰以凤鸟、兽面纹等，左肩右斜饰一"法带"，站立于由巨兽承托起的"法坛"上，给人以极大的神秘感。这尊铜像将三千多年前古蜀文化"巫"的主要特征勾画了出来，显示了古代巫师在社会上的神圣地位。该铜像和其他数十件头像、面具虽然是三千多年前古蜀文化艺术家的作品，但对于我们现代人来说，仍具有极大的艺术魅力。

这些青铜人、头像、面具造像，不拘一格，各有各的神态。又由这些神态各异的人、头像、面具组构成一个小型的"社会"，使人们能够看见当时社会的历史背景。也就是说，这些"人物群体"在没有特定的情节下而产生了实际情节的效果，且感觉到情节丰富、复杂。情节从何而来呢？笔者认为这是古蜀艺术家们以深入细致的观察力所构造的人物形象处于某种情势下的精神状态，是个别的人物形象富于典型意义的动势所代表的具体内容。个别形象是按照主题的需要而出现的。他们组合在一起，使我们意识到或想象到他们动势的境界，以及当时所处的地位及历史背景。实际上这已经包含了丰富、复杂的情节在内了。

三星堆出土的青铜人、头像、面具的造型是各有特色的。所谓特色，首先是青铜人、头像、面具是根据人的生理特征各异而进行塑造的，同时也是根据当时的社会特征、文化特征及其宗教意识形态诸方面的特征而塑造的。在这些人物造型中有反映巫师形象的；有表现武士形象的；有表现威严不可侵犯的；有的面带微笑；有的陷入沉思；有的昂首远望显得刚毅坚定；有的眉眼粗犷，满脸胡须；有的头戴"蝴蝶花笄"；有的头戴黄金面罩；有的作跪拜俯首听命状等。这些不同的人物显示出不同的性格、表情和所处的不同地位，代表了社会各阶层的人物，体现了三千多年前蜀人的精神面貌、政治状况、社会经济和高度发达的青铜文化及艺术的发展和创造力。虽然现在还无法说明这些青铜人、头像、面具的铸造当年动员过多少铸造师及艺术家，但我们完全可以相信，其数目绝对不少。

三星堆遗址人物造像中发现最多的是头像，这些头像绝大部分与真人头之大小相同。其铸造过程和铸造前的工作包含了绘画、泥塑、翻模、冶炼、浇铸、打磨等工艺。从各式各样人物的头部来看，无论是哪一环节的技艺都显得高度熟练、准确。刀触和手触的捏、塑、堆以及翻模、合范、铸造、焊接、打磨等技巧干净利落，明确简洁，刻画清晰，用极简练的轮廓线就表现出最富于真实感和情绪复杂的人物形象。面部肌肉的堆、塑、雕技巧在额、颧、颚、眉、眼睛上所显示出的骨肉感真实而富于概括性。胡子的样式则采用粘贴的方法，即将头像造好后，在两耳根背后至下颌一周"贴"上宽约2厘米的铜"胡子"。面具有的眼球凸出于眼眶外达16厘米长，两支招风大耳，似传说中的千里眼和顺风耳的综合体，或是蜀王蚕丛的偶像。总之是将人神化了，富于极大的夸张。有的还特意用黑彩描眉和眼球等部位，嘴涂朱色，显示出浓郁的生活气息，又带有几分神秘的宗教色彩。

三星堆出土的青铜器上常饰以各种花纹，布置严谨，匠意奇妙，虽是一种装饰艺术，但和器物的形制保持了一致的格调，可表现蜀人一个时期工艺美术的特征，也反映了当时人们的观念形态和绘画艺术的发展。三星堆青铜器上的纹饰，基本上可以分为动物形、几何形两大类图案。其中属于立体纹饰的有夔龙、人物、虎头、牛、羊、凤鸟、鸡、鹰头和其他怪兽等；属于平面或半浮雕纹的有饕餮纹、蝉纹、对角雷纹、云雷纹、圆涡纹、龙凤纹、联珠纹、乳丁纹、弦纹和目雷纹等。

1. 动物纹

饕餮纹。这类纹主要装饰于尊、罍、彝器的盖、腹部和圈足部。饕餮纹一般由两个夔纹或两只变形鸟纹组成。眼睛由乳丁纹点缀，以目云纹表现鼻部和嘴部[1]，有的还用蝉纹表现嘴部，如K2②：205方彝上的饕餮纹就是由两只变形鸟纹组成，两眼即由两个乳丁纹点缀而成，蝉纹作嘴，看上去非常地妥帖自然，使轻巧的蝉纹与庄重的饕餮纹巧妙结合在一起，形成强烈而又谐适的对比。

---

[1] 见《广汉三星堆遗址二号祭祀坑发掘简报》，图四〇，《文物》1989年第5期，第19页。

三星堆铜器上的饕餮纹双角高大，多作"　"形曲折状，形象看上去令人有望而生畏的感觉。这种纹饰装饰在青铜礼器上，可使青铜器显得更加庄重，增强当时人们祭祀典礼的气氛。这样也就更表现出王公贵族们对祖先或天帝诸神的虔诚。

牛、羊、虎、龙、鸟等动物主要作为立体形象出现，多嵌铸在容器的肩上。如K2②：159四牛（兽）尊，通身以云雷纹作地，同时以雷纹组成夔龙纹；再由夔龙纹组成饕餮纹；每个饕餮纹之间又分别为四只立鸟相间，在肩的下部有四个巨大的牛（兽）头嵌铸于四只立鸟中间的下部。这样的相互错位，形成一个填补空白、立体感较强的布局。这样把器物和动物形状紧密配合起来，使浑厚的器体造型更加优美，达到一定的艺术效果。

K1：158龙虎尊上的龙和虎都做成一首两身，分别盘于肩部。这一装饰法既突出了主题龙虎的威严形象，又填补了肩周的空白。龙首犄角高立，双眼圆睁，昂首挺立，龙身作腾飞状。同时在题材上又采用了猛虎食人的复杂结构，并用大胆的夸张手法使形象十分生动有力，虎首两眼圆睁，胡须和两只大耳均用云纹勾出，虎嘴咬住一人的头。被咬的人双手、双足作蹬腿伸手挣扎状[1]，给人一种威严恐怖感。毫无疑问，这与古代君王"残民以事神"思想的具体表现有关。

2. 几何形纹

几何形纹在三星堆青铜器上表现得最多，也是较突出的。其形制有云雷纹、菱形纹、圆圈纹、环带纹、乳丁纹、弦纹、圆涡纹、目雷纹、回形纹。

云雷纹变化形式较多，有的呈"S"形、有的呈"T"形、有的呈"　"形、有的呈三角形等。它主要饰于尊、罍、彝等青铜容器的空白处或作为底纹出现，以衬托饕餮纹一类的主体纹饰，亦饰于人身服装或

----

① 见《广汉三星堆遗址一号祭祀坑发掘简报》，图一一，3，《文物》1987年第10期，第7页。

蛇等动物的背上。圆圈纹多饰于罍上腹下部以及人像座子、小型树座。弦纹，装饰在容器的颈部，通常三道一组。乳丁纹主要作为辅助纹饰，饰出饕餮、鸟等动物的眼睛。环带纹出现在小型的树座上，在环带的上下凹里，带填以眉形及口形纹样。菱形纹多饰于蛇的背部及公鸡的头、颈、腹部，以示羽毛。

综合以上分析，三星堆出土青铜器的图案，已大量采用平雕和浮雕相结合的方法，把变形的动物形象和极精细的几何纹综合起来运用。对于饕餮纹，如加以分析，可以看出它的组织既简单又复杂、既单纯又丰富，其兽面均是由眼、鼻、口组成。形状也多变，一般尾部下卷、鼻额突出，咧口利爪、巨目凝视；有的大幅饕餮纹，纹体鼓起，曲角高耸，突出器外，配以浮雕或铸以立体的牛、羊、虎、龙、鸟等动物形象，峻挺方折，精湛无比。这样的表现，它的特点是：整体中包含着完整局部，完整的局部又完善统一在整体中。又如虎的变形，不论把虎的形状作如何的变化，对于虎威武凶猛的特征总是给以强烈的显露。又如公鸡，不论是头、身，还是尾的线条都特别的精致，可以看出在设计上顺应了鸡的体毛或肌肉的生态而做适当的刻画。这是在写实基础上进行装饰处理的手法。至于形象的雄健、浑厚，制作的精细，自无待言了。这种善于抓住特征表现的技巧、动物形象的设计，与蜀人当时高度发达的青铜冶炼铸造技术、雕塑绘画技艺是分不开的。同时，也可以从三星堆出土铜器中看出，这批铜器的造型和纹饰与中原有异曲同工之处，这就是有传统的创作思想，但在民族特色上又反映出与传统不同的方式。

如中原的器物在棱角线上不多饰水牛之类的动物①，三星堆的器物在铜器的棱角线上不仅多饰水牛类动物，而且还在牛头上或牛头之间饰一立鸟。这种现象突出反映了商代时期的蜀人与中原有着密切的关系和共同的特点，又突出反映了蜀人自身的文化特征。

原载《四川文物》1990年第6期

---

① 邢力谦、郑宗惠：《先秦青铜铸造技术发展概况》，《考古与文物》1989年第1期。河北省文物管理处台西考古队：《河北藁城台西村商代遗址发掘简报》，《文物》1979年第6期。中国科学院考古研究所安阳发掘队：《1958—1959年殷墟发掘简报》，《考古》1961年第2期。陕西省考古研究所、陕西省文物管理委员会、陕西省博物馆：《陕西出土商周青铜器》，文物出版社，1979年。容庚、张维持：《殷周青铜器通论》，《考古学专刊》丙种第二号，文物出版社，1984年。中国社会科学院考古研究所：《殷墟妇好墓》，《考古学专刊》丁种第二十三号，文物出版社，1980年。申斌：《商代科学技术的精华——青铜冶铸业》，《全国商史学术讨论会论文集》，《殷都学刊》（增刊）1985年2月。

三星堆出土玉石器研究综述

三星堆的发现是在20世纪的初期，至今已有70多年了。而三星堆的最早发现是从一坑玉石器的发现而开始的。随后在半个多世纪陆陆续续的考古调查发掘中又发现了一些玉器。由此而来，许多学者对三星堆出土的玉石器进行了研究。根据既往研究，我们大致可以将三星堆玉石器的发现及研究分成四个阶段。

一、三星堆玉石器发现的四个阶段

第一阶段为1929—1934年，这是三星堆玉石器首次发现的时间。1929年春，当地农民燕道成在农田挖车水坑时发现了400多件玉石器，1933—1934年葛维汉与林铭均带领的发掘小组在燕道成发现玉器的坑旁进行了发掘[①]。这一时期出土的玉器类型主要有石璧、玉圭、石珠、石斧、石锥、石刀、石杵、玉琮、玉璧、玉管穿、小玉块等。但燕氏发现的玉石器除部分收藏在四川省博物馆、四川大学博物馆、三星堆博物馆外，其余部分散失。

---

① 戴谦和：《四川古代石器》，《华西边疆研究学会会志》1934年第4卷。

第二阶段为1952—1976年，这一时期的发现主要是20世纪50年代配合宝成铁路的修建进行的考古调查试掘和四川大学教学实习发掘出土的玉石器，其量较少，形体小，类型也较单调。主要的器形有锛、斧、凿、矛、璧、镞、簪等[1]。1958年四川省博物馆又在月亮湾收集了部分玉器（可能是燕家后代手中的1929年器物坑中出土品）。1964年春，当地农民在距原发现玉石器地点约60米处又发现一坑玉石器，其中有成品、半成品及石坯。1974年，在真武村发现一坑磨石，大小数十件，坑口用石板封闭。

　　第三阶段为1977—1986年，这一阶段出土了大量的玉石器。1984年、1985年，在遗址群东部狮子闹和西泉坎发现玉璋、玉石器材等，同时还出土有石跪人、石虎、玉璋等器物。1986年出土于两个大型的祭祀坑中的玉石器则远远超过了以往的发现。其种类有：璧、牙璋、斧、锛、凿、瑗、戈、斤、琮、戚形佩、环、方石等，这些器物形体较大，且有不同的型式[2]。特别值得一提的是祭祀坑里出土部分玉器是出自坑里尊、罍等器物之中。

　　第四阶段的发现是自1987年至今在三星堆遗址陆续出土的玉石器。其中主要是在三星堆遗址仓包包发现的玉瑗、凿、石璧、石斧等20多件玉石器和仁胜村墓地出土的60多件玉石器以及三星堆遗址鸭子河边发现的玉器。其种类主要有凿、圆凹形器、琮、石虎、石珠、石锛、斧、矛、牙璋、璧等[3]。

① 马继贤：《广汉月亮湾遗址发掘追记》，四川大学博物馆、中国古代铜鼓研究学会：《南方民族考古》（第5辑），四川科学技术出版社，1993年，第310—323页。

② 四川省文物考古研究所：《三星堆祭祀坑》，文物出版社，1999年。

③ 四川省文物考古研究院、四川省广汉市文管所、什邡县文管所：《四川广汉、什邡商周遗址调查报告》，四川大学博物馆、中国古代铜鼓研究学会：《南方民族考古》（第5辑），四川科学技术出版社，1993年，第295—309页。四川省文物考古研究所三星堆工作站、广汉市文物管理所：《三星堆遗址真武仓包包祭祀坑调查简报》，四川省文物考古研究所：《四川考古报告集》，文物出版社，1998年。四川省文物考古研究所三星堆工作站：《四川广汉市三星堆遗址仁胜村土坑墓》，《考古》2004年第10期，第14—22页。

三星堆玉石器的发现是在四个不同阶段不同时间中进行的，三星堆玉石器的研究也是伴随着玉石器的发现而进行着。

二、三星堆玉石器的研究

三星堆玉石器的第一阶段研究工作是在20世纪的30年代初期，也是三星堆月亮湾刚开始发现的第一坑玉石器和第一次发掘后进行的研究，这种研究主要体现在人们对三星堆玉石器的初步认识及其发现它的重要性。这一时期的代表作有戴谦和的《四川古代石器》[①]（*Some ancient circles，Squares，Angles and Curves in Earth and in Stone in Szechwan*）一文，戴文除对月亮湾出土的玉石器进行了描述外，还对器物用途略加探讨，发表于华西大学古边疆研究学会主办的《华西边疆研究学会会志》上。1932年秋，成都金石名家龚熙台称从燕家购得玉器四件，并撰《古玉考》[②]一文，发表于《成都东方美术专科学校校刊》创刊号（1935年），文中认为燕宅旁发现的玉器坑为蜀"望帝"葬所。1936年，葛维汉的《汉州初步发掘报告》和林铭均教授的《广汉古代遗物之发现及其发掘》都认为出土玉器的土坑为墓葬[③]。关于年代问题，葛文认为是西周初年，林则认为可分为两期：一为新石器时代晚期，这是遗址的时代；二为周代之物，这是玉器的时代。1946年7月，华西大学博物馆出版了郑德坤教授的《四川古代文化史》。郑德坤先生从调查经过、土坑出土的玉石器、发掘遗址的文化层出土文物、购买所得文物等方面对广汉文化的时代之推测的问题加以分析，不同意葛、林提出的"墓葬之说"，认为广汉出土玉石器的土坑应为"晚周时期的祭山埋玉遗址，其年代约为公元前700—前500年。广汉文化层为新石器时代末期遗址，

---

① 戴谦和：《四川古代石器》，《华西边疆研究学会会志》1934年第4卷。

② 龚熙台：《古玉考》，《成都东方美术专科学校校刊》（创刊号）1935年。

③ 葛维汉：《汉州初步发掘报告》，《华西边疆研究学会会志》1936年第6卷；林铭均：《广汉古代遗物之发现及其发掘》，《说文月刊》1942年第3卷第7期。

在土坑时代之前，其年代约在公元前1200—前700年"。这一阶段主要研究讨论的是有关玉石器的年代和玉石器坑的属性问题。

第二阶段的研究工作主要是在20世纪50—60年代，专家学者们对三星堆出土的玉石器的用途进行了探讨。其主要的著作有冯汉骥与童恩正先生合著的《记广汉出土的玉石器》①和张勋燎先生对三星堆燕家院子出土的玉石器的研究。冯汉骥和童恩正先生主要根据1929年到1964年之间出土的玉石器进行研究，但重点讨论的是1929年出土的玉斧、玉璋、玉琮、玉钏和石璧五类器型，并分别论述了这些器物的形状及可能的用途。总而言之，它们基本上都属礼器类。除玉石璧外，两位先生根据出土的石璧是由大到小叠放，同意张勋燎教授的研究意见，认为1929年在燕氏住宅旁出土的石璧属古代的"权衡"。另外认为"1933年，前华西大学博物馆曾在玉石出土的原址开坑试掘，从地层关系和出土陶片看，玉石器应与周围的遗址同时代，因此我们推测其时代，暂时亦以遗址出土的器物为标准"，"我们推测广汉遗址的时代在西周后期至春秋前期"。可以说这一阶段主要讨论研究的是这些器物的用途。

第三研究阶段主要研究1986年三星堆遗址和两个大型祭祀坑出土的玉石器，其数量和种类都远远超过了以往的发现。这一阶段的研究工作就不像前两个阶段的研究单是少数学者对三星堆出土玉石器进行研究，而是有许多学者参与研究。他们从器型的名称、用途、时代、分布范围、源流及与商文化的关系等方面进行了考证与研究。如商志醰先生在研究玉琮时，就根据三星堆出土的玉琮和青铜人像手握的姿势说道："在这里值得一提的是虽然以玉琮为沟通天地之手段的说法，一直为考古学术界所公认，但确没有实物可以证实，商代边远的蜀方国，祭祀坑有铜人巫师像的发现，得到了有力的佐证。"②由于在三星堆遗址中出土的玉石器中，有一种尖端带有V形双齿且有内刃和一内上雕有扉棱的器

① 冯汉骥、童恩正：《记广汉出土的玉石器》，《文物》1979年第2期。

② 商志醰：《论虢国墓中之商代玉器及其他》，邓聪主编：《东亚玉器》第二册，香港中文大学中国考古艺术研究中心，1988年，第37页。

形，数量也多，发掘者将其称为"牙璋"。这种牙璋在全国范围内在不同的地区、不同的时间都有发现，故对于该器物的讨论是特别热烈的。学者们对定名和用途有不同的称谓和不同的解释，有称"刀形端刃器"的、有称"铲形器"的、有称"戚"[①]的，也有称"戈"[②]的、"立刀"[③]的、"琰圭"[④]的，有称"大钺"[⑤]的，近年又有学者将其称为"玉耒"[⑥]。

这一阶段的研究首先从三星堆出土的牙璋定名及用途的分析开始，然后从三星堆玉石器的制作工艺等方面的研究到三星堆出土玉石器与商文化的关系、与良渚文化的关系及古蜀文化固有的玉石器特点的研究。特别是关于三星堆遗址出土的牙璋问题，引起了学者们从许多方面展开讨论，有从形式上论证的，有从功能上论证的，有从源头上论证的。

研究三星堆出土的玉石器定名及用途的有《"牙璋"初论》一文，笔者根据三星堆祭祀坑出土的大量牙璋和出土的一件玉器上的图案上有一幅祭山图，山的两侧插有祭祀坑中出土的大量"V"形尖牙的器型，结合文献资料的记载将这种带有"V"形尖牙的器型称为"牙璋"，其用途就是"祭山的礼器"[⑦]。同时笔者在《三星堆文化玉石器研究》一文中对三星堆出土的玉石器做了大致的分类及加工方面的分析[⑧]。其他有

① 偃师县文化馆：《二里头遗址出土的铜器和玉器》，《考古》1978年第4期；周南泉：《中国古代玉、石璋研究》，《考古与文物》1993年第5期，第58—65页。周南泉先生认为"对广汉、神木、偃师、二里岗出土牙璋的讨论都不是，而应称着戚"。

② 曾凡：《福建漳浦新石器时代遗址调查》，《考古》1959年第6期，第274页，图5。

③ 偃师县文化馆：《二里头遗址出土的铜器和玉器》，《考古》1978年第4期。冯汉骥、童恩正：《记广汉出土的玉石器》，《文物》1979年第2期。

④ 凌纯声：《中国古代瑞玉》，《"中央研究院"民族学研究所集刊》1965年第20期。

⑤ 王永波：《牙璋新解》，《考古与文物》1988年第1期。

⑥ 高大伦、李峰：《夏史物证——兼论歧锋端刃器的定名》，《中国史研究》1997年第2期，第3—10页。

⑦ 陈显丹：《"牙璋"初论》，《四川文物》1989年1期，第12—17页。

⑧ 陈显丹：《三星堆文化玉石器研究》，《四川文物》（三星堆古蜀文化研究专辑），1992年，第45—49页。

李天勇、谢丹的《璋的考辨——兼论三星堆玉器》①，从文化交流角度研究的有1991年李学勤先生对三星堆出土的玉石器研究，他在《从广汉玉器看蜀与商文化的关系》②一文中指出"这种玉器（璋）的形状近似玉戈，而为端刃，刃缘内凹，有两个不等长的锋尖。援部上下边均呈略凹的弧线形。内上有一小圆穿，有阑，饰以繁细的齿牙。……这种类型的玉器自二里头三期下延至殷墟，是二里头文化到商代的特有器物。……应当指出，广汉出土（的璋）和二里头出土品（璋）相当近似"，证实了蜀与商文化有密切联系。同时李学勤先生又在《试论牙璋及其文化背景》一文中特别提出了牙璋与铜器的关系，认为牙璋有不少因素与铜器有关，例如内的造型、阑的结构以及齿也就是扉棱的出现，均在青铜器上延续存在③。

从古蜀文化特点方面入手的有高大伦和邢进原先生《四川大学博物馆收藏的汉以前部分玉石器》，该文更加明确了三星堆遗址出土的牙璋具有早期的古蜀文化特点。这是他根据一号祭祀坑出土牙璋上的"心形穿"这一特点而得出的结论。因为这种穿是只有在巴蜀早期的青铜戈的内上才有的形式④。香港学者杨建芳先生在《早期蜀国玉雕初探——商代方国玉器研究之一》⑤文中，通过对三星堆遗址和祭祀坑出土的玉器，把蜀人固有的玉器形状列了出来，如蜀人固有的玉器有"斧、锛、凿、斤、刀、锄、剑、舌形器、椭圆穿孔坠饰等"，这些是中原商族不

① 李天勇、谢丹：《璋的考辨——兼论三星堆玉器》，《四川文物》（三星堆古蜀文化研究专辑）1992年，第56—61页。

② 李学勤：《从广汉玉器看蜀与商文化的关系》，李绍明、林向、徐南洲主编：《巴蜀历史·民族·考古·文化》，巴蜀书社，1991年，第151—155页。

③ 李学勤：《试论牙璋及其文化背景》，香港中文大学中国考古艺术研究中心：《南中国及邻近地区古文化研究：庆祝郑德坤教授从事学术活动六十周年论文集》，香港中文大学出版社，1994年，第6—7页。

④ 高大伦、邢进原：《四川大学博物馆收藏的汉以前部分玉石器》，《文物》1995年第4期，第68—75页。

⑤ 杨建芳：《早期蜀国玉雕初探——商代方国玉器研究之一》，李绍明、林向、赵殿增主编：《三星堆与巴蜀文化》，巴蜀书社，1993年，第160—168页。

见的玉器。在纹饰上有阴刻人物、山岳、牙璋以及透雕的鸟纹。这些纹饰都是蜀人独有的。杨先生通过对三星堆出土的玉器的研究，提出了古蜀文化独有的特点外，把古蜀的玉器归纳为四大类：

第一大类为"增加本地（族）特色的玉器"：如鱼形及射部有透鸟纹的牙璋。……鱼形和鸟纹牙璋体现了中原文化和早期蜀国文化的结合。这种玉器也可称为混合形玉雕。

第二大类属新款式的玉器：有些三星堆出土的玉石牙璋和玉戈与中原出土的夏商玉牙璋和玉戈不全相同。三星堆遗址出土的"V"字形的牙璋，为数不少，形成一种独特的风格，可称之为蜀式牙璋，以便于与中原的牙璋相区别。此外，一件玉戈其前锋不呈尖状，而是两面斜磨而成的平刃，形状很特殊。

第三大类属画蛇添足一类的玉器。

第四大类属形体特大异常的玉石器。

以上几个方面揭示出蜀人仿中原的玉石器特点，也使我们确定蜀式玉雕内涵的一部分。杨先生通过上面的讨论，最后认为三星堆祭祀坑玉器的内涵是相当复杂的，既有蜀人固有的玉雕，也有中原的玉雕和蜀人仿中原的玉器。在年代方面，有些可能较早，有些可能较晚。

从源头上论证的如邓淑苹在《也谈华西系统的玉器》[①]一文中认为陕西石峁出土的牙璋与三星堆文化有着密切联系，王永波先生认为四川的牙璋是从中原和陕西两地传入的[②]。邓淑苹又在《"牙璋"研究》一文中对中国各地区出土的牙璋进行了统计，其数字为"考古调查和发掘所得的牙璋略八十二件"，计14个省区出土，同时也提出了在这82件牙璋中，四川出土的牙璋具有强烈的地方风格，仅三星堆遗址就出土

---

① 邓淑苹：《也谈华西系统的玉器（一）》，（台北）《故宫文物月刊》总号第125期，1993年8月。

② 王永波：《关于刀形端刃器的几个问题》，（台北）《故宫文物月刊》总号第135期，1994年6月，第14–31页。

有50多件（2000年在金沙出土的玉石器作者未统计）①。在上文中讨论牙璋的文章中不论是从哪个角度而言，大部分都承认牙璋的存在。但有的学者从另一个角度认为研究牙璋的难点是首先要弄清什么是牙璋。张学海先生就提出："一个令人深思的现象是目前出土的这类柄侧有牙饰的古玉器（璋），主要属于夏商时期，西周前期很少见，西周以后至今没发现（香港大湾发现的那件战国牙璋例外，当视为特例，似不能以此概全）。至于一直盛行牙璋的黄河流域，早在晚商以后就不见。那么《玉人》《典瑞》中的牙璋究竟是何物呢？晚商以后黄河流域牙璋的形状会否已发生根本变化，此时牙璋只是璋类中具有特定尺寸、纹饰或装饰的一种璋？要不就是牙璋只是周代的玉器，并非龙山、三代皆有的器物。龙山、夏、商时期的端刃、歧锋、柄侧有牙饰的这类古玉器，并不是牙璋，而是另外的礼器？实际情况究竟如何，一时恐难弄清。这是牙璋研究的又一个难点……无论是以柄侧出牙为牙饰还是以歧锋为钼牙的意见，实质上都以二郑（郑司农、郑玄）观点为前提。问题是周代已基本上不见端刃、歧锋、柄侧有牙饰的古玉器，当时的璋类器都作半圭形，没有钼牙之饰，郑司农'琢以为牙'之说，不知有何根据？……如此，则以二郑解释为主论之本的各种意见是否可信，便都值得考虑。这是牙璋的传统说法必须解决的又一个问题。"总之，关于牙璋的名称和器型，无论旧说新说，都还存在诸多问题，只有逐步解决这些问题，才能得出比较符合实际的结论②。

从长江文明发展角度研究的如张正明等人主编的《长江流域古代美术玉石器》（湖北教育出版社，2002年）一书中，把三星堆出土的玉

---

① 邓淑苹：《"牙璋"研究》，香港中文大学中国考古艺术研究中心：《南中国及邻近地区古文化研究：庆祝郑德坤教授从事学术活动六十周年论文集》，香港中文大学出版社，1994年，第37—45页。

② 张学海：《牙璋杂谈》，香港中文大学中国考古艺术研究中心：《南中国及邻近地区古文化研究：庆祝郑德坤教授从事学术活动六十周年论文集》，香港中文大学出版社，1994年，第19—22页。

石器作为长江流域玉器发展的第二个高峰，并把三星堆、大洋洲墓玉器和殷墟妇好墓玉器做了比较。作者发现"在器类上，妇好墓的丰富程度远远领先，以礼器为例，妇好墓有琮、璧、圭、璇玑、环、瑗、璜、玦、簋、盘等十种，大洋洲墓有琮、璧、璜、玦、瑗等五种，三星堆有琮、戚形璧、环、瑗、璋五种；在仪仗方面，妇好墓有戈、矛、戚、钺、大刀五种，大洋洲仅有戈、矛两种，三星堆有戈、剑两种。而且三星堆和大洋洲出土的玉琮、玉璧、玉环、玉璋、玉戈、柄形器等造型，基本上受中原风格的制约，一种好孔周缘两面凸起的璧类器在造型样式和制作技术上几乎完全一样。三星堆及四川境内多次发现的成批玉石璧的埋藏方式与良渚文化有所相似"。

从时代和传播上论证的有杨泓先生的《中国古代刀形端刃玉器初析》[①]，认为："三星堆遗址出土的玉石质的刀形端刃器，在形体特征方面出现了新的变化……可知较早的刀形端刃器存在于陕北神木史前遗址，二里头文化的遗物应是吸收了神木玉器的传统，较迟的西南或东南沿海的出土物，可能是接受中原刀形端刃器影响的产物"。裴安平先生在《中原商代"牙璋"南下沿海的路线与意义》一文中认为"一、二号祭祀坑时代明确……这里的资料不仅为研究当地、也为其他地区牙璋型式序列的排比提供了重要的佐证"。他认为牙璋是信符，到越南的传播线路是中原—四川—湖南—广西—越南[②]这样一条线路。

第四阶段的研究。1987年，三星堆仁胜村墓地出土一批玉石器，器形主要有锥形器、牙璧、凿、矛、斧等。发掘者认为，根据现场调查此次发现的玉石器坑长约2米、宽约1米、深约0.4米。坑内撒有朱砂，

① 杨泓：《中国古代刀形端刃玉器初析》，香港中文大学中国考古艺术研究中心：《南中国及邻近地区古文化研究：庆祝郑德坤教授从事学术活动六十周年论文集》，香港中文大学出版社，1994年，第65—67页。

② 裴安平：《中原商代"牙璋"南下沿海的路线与意义》，香港中文大学中国考古艺术研究中心：《南中国及邻近地区古文化研究：庆祝郑德坤教授从事学术活动六十周年论文集》，香港中文大学出版社，1994年，第69—75页。

坑底有烧骨渣和灰烬，玉石璧的堆放情况和1929年发现的玉石器坑内出土的石璧摆置情况相同，时代在夏末商初，是一个祭祀坑。这是发掘者首先对该坑性质的定位①。同时也肯定了1929年在三星堆遗址月亮湾出土玉石器坑里器物的摆放——即石璧的放置是由大而小的叠放，这是可信的。关于三星堆遗址仁胜村出土的六十多件玉石器，发掘者认为"仁胜村墓地出土的这批玉石器，其形制风格较为特殊，在成都平原的商代玉器中不见其踪迹，这也是目前已知在成都平原出土时代最早的一批玉器。97GSDgM5出土的三件玉锥形器和良渚文化的玉锥形器相似"②。吴桂兵先生认为这批材料的时代大致在龙山时代晚期。其中的牙璧、斧等与龙山文化中的牙璧和斧相似，其锥形器与良渚文化锥形器相似，其中凿和斧又是黄河上游、西藏地区常见的器形。无疑这批材料对于更系统地研究长江流域或龙山文化时代的玉器将有重要的价值③。高大伦等先生根据这批玉石器的出土情况认为：以前三星堆遗址未发掘过出土玉石器的墓葬，所以大家对玉石器坑的性质比较谨慎，最近在西城墙外发现的十几座三星堆早期墓葬，说明墓葬中也可以出半成品……因而认为三星堆遗址自20世纪60年代以来发现的玉石器，可能许多都是出自墓葬中。④该观点可以让大家重新审视三星堆以前出土的玉石器坑的性质，在此之前，有相当学者认为出土玉石器的坑是"祭祀坑"，因为坑里没有发现尸骨。最近杨建芳师生古玉研究会的陈启贤等学者与四川省文物考古研究院进行合作，对三星堆出土的玉石器从另一个角度入

① 四川省文物考古研究所三星堆遗址工作站、广汉市文物管理所：《三星堆遗址真武仓包包祭祀坑调查简报》，四川省文物考古研究所：《四川考古报告集》，文物出版社，1998年，第80、89页。

② 四川省文物考古研究所三星堆遗址工作站：《四川广汉市三星堆遗址仁胜村土坑墓》，《考古》2004年第10期，第22页。

③ 吴桂兵：《长江流域龙山时代玉器初步研究》，四川大学历史文化学院考古学系：《四川大学考古专业创建四十周年暨冯汉骥教授百年诞辰纪念文集》，四川大学出版社，2001年，第201页。

④ 高大伦、邢进原：《四川两处博物馆藏三星堆玉器的新认识》，邓聪主编：《东亚玉器》第二册，香港中文大学中国考古艺术研究中心，1988年，第25—27页。

手进行探讨，即从三星堆出土玉石器的材料、加工痕迹等制作工艺进行研究，并与其他地区出土的玉石器的制作工艺、材料来源等方面进行比较研究。

原载《四川文物》2007年第2期

三星堆文化玉石器研究

现代科学把玉分成软玉和硬玉两大类。软玉是角闪石类的透闪石—阳起石—铁透闪石，系石中的宝石级硅酸岩矿物。硬玉又称翡翠，是辉石族中属于宝石级的硅酸岩矿物。但古人对玉的认识是"石之美者为玉"，一切温润有光泽的美石，都是玉的家族。不仅包括软玉，还包括玛瑙、水晶、孔雀石、绿松石、蛇纹石等。目前全世界有三个地方以古代玉器工艺闻名，即中国、墨西哥、新西兰，其中以我国的玉石器制作最为源远流长。我国早在新石器时代的早期遗址中就曾发现一些玉制造的器物，主要是一些简单的装饰品。到了新石器时代晚期的良渚文化墓葬中则发现了数量较多、形式较复杂的兽面纹玉璧、玉琮[①]等。如1982年10月在江苏武进寺墩遗址良渚大墓M3就出土了近百余件玉琮、玉璧。说明了玉石器的制作在新石器时代晚期已趋于较为成熟的阶段，并为以后各时期的玉器制作奠定了牢固的基础。至奴隶社会的商代晚期，我国玉石器的制作技术已达到了相当成熟的阶段。如考古发掘出土的安阳殷墟妇好墓，出土各种玉石器达755件之多。1986年广汉三星堆

---

① 南京博物院:《江苏吴县草鞋山遗址》,《文物资料丛刊》1980年第3辑;《江苏吴县张陵山遗址发掘简报》,《文物资料丛刊》1982年第6辑。

遗址又出土了一大批玉石器，其造型艺术和制作都较精美，形制也多种多样。这些实物的发现都是很好的例证[①]。

三星堆文化的玉石器，早在1929年就有出土和发现，以后在历次的考古调查和发掘工作中屡有发现[②]。尤其是1980年至1986年这段时间发现的玉石器不论在型式和种类上，还是数量上都较以往多。本文所论主要是这部分资料，同时综合过去发现出土的资料进行研究。

一、玉石器的分类

根据近年来的考古发掘资料和过去的发掘调查出土的实物分析，三星堆遗址文化的玉石器主要有装饰、礼器和武器工具三大类。

（一）装饰类

主要有戴在脖子或身上的管、珠、方形玉片、长方形小玉片、绿

① 　四川省文物管理委员会、四川省博物馆、广汉县文化馆：《广汉三星堆遗址》，《考古学报》1987年第2期。四川省文物管理委员会、四川省文物考古研究所、四川省广汉县文化局：《广汉三星堆遗址一号祭祀坑发掘简报》，《文物》1987年第10期。四川省文物管理委员会、四川省文物考古研究所、广汉市文化局、文管所：《广汉三星堆遗址二号祭祀坑发掘简报》，《文物》1989年第5期。中国社会科学院考古研究所：《殷墟妇好墓》，文物出版社，1980年。

② 　戴谦和：《四川古代石器》，《华西边疆研究学会会志》1934年第4卷。龚熙台：《古玉考》，《成都东方美术专科学校校刊》（创刊号）1935年。林铭均：《广汉古代遗物的发现及其发掘》，《说文月刊》1949年第3卷第7期。王家祐、江甸潮：《四川新繁、广汉古遗址调查记》，《考古通讯》1958年第8期。四川大学历史系考古学教研组：《广汉中兴公社古遗址调查简报》，《文物》1961年第11期。D・C. Graham：A Preliminary Report of the HAN CHOW Excavation, *Journal of the West China Border Research Society*, Vol.6 (1934). 四川省文物管理委员会、四川省博物馆、广汉县文化馆：《广汉三星堆遗址》，《考古学报》1987年第2期。四川省文物管理委员会、四川省文物考古研究所、四川省广汉县文化局：《广汉三星堆遗址一号祭祀坑发掘简报》，《文物》1987年第10期。四川省文物管理委员会、四川省文物考古研究所、广汉市文化局、文管所：《广汉三星堆遗址二号祭祀坑发掘简报》，《文物》1989年第5期。中国社会科学院考古研究所：《殷墟妇好墓》，文物出版社，1980年。

松石、钏、玦等。这类玉器数量少、形体小。串珠多为绿松石磨成，其形以圆形者为最多，也有少数呈方形或三角形①。这类器型的制作较为粗糙。

（二）礼器类

其形制主要有璧、璋、琮、瑗、环等。

璧。数量较多，主要是石质的，玉质的很少。其形体有大有小。最大的一件是1929年出土的，其外径达70.5厘米、孔径19厘米、厚68厘米，重达百斤以上；其小者直径在10厘米左右。

璋。器形甚薄，身较长。可分为边璋和牙璋两大类。其中牙璋又可以分为六式。

I式，灰黑色，上有白色斑纹，身部呈鱼嘴形叉刃。器身两侧较薄、中间厚。一侧为弧形，另一侧微内曲。柄与身之间有三组阴刻平行线纹，上下两组较细密，中间一组约粗且稀疏。在柄身之间与平行线纹相对应处，按各组平行线的稀密刻出对称的齿状扉棱。柄身之间有一圆形穿孔（图一）。

Ⅱ式，乳白色，略带黑灰色。射部镂刻成鸟形，略残。器身一侧外弧，一侧内曲，两面各阴刻一璋形图案。身与射之间有三组阴刻平行

① 戴谦和：《四川古代石器》，《华西边疆研究学会会志》1934年第4卷。龚熙台：《古玉考》，《成都东方美术专科学校校刊》（创刊号）1935年。林铭均：《广汉古代遗物的发现及其发掘》，《说文月刊》1949年第3卷第7期。王家祐、江甸潮：《四川新繁、广汉古遗址调查记》，《考古通讯》1958年第8期。四川大学历史系考古学教研组：《广汉中兴公社古遗址调查简报》，《文物》1961年第11期。D·C. Graham：A Preliminary Report of the HAN CHOW Excavation, *Journal of the West China Brode Research Society*，Vol.6 (1934). 四川省文物管理委员会、四川省博物馆、广汉县文化馆：《广汉三星堆遗址》，《考古学报》1987年第2期。四川省文物管理委员会、四川省文物考古研究所、四川省广汉县文化局：《广汉三星堆遗址一号祭祀坑发掘简报》，《文物》1987年第10期。四川省文物管理委员会、四川省文物考古研究所、广汉市文化局、文管所：《广汉三星堆遗址二号祭祀坑发掘简报》，《文物》1989年第5期。中国社会科学院考古研究所：《殷墟妇好墓》，文物出版社，1980年。

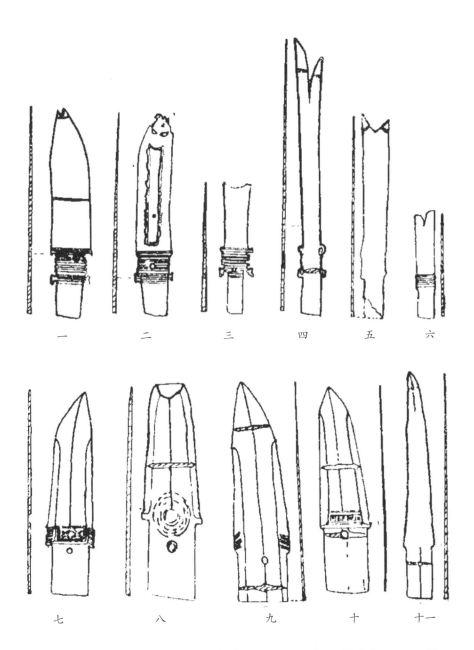

一　　　二　　　三　　　四　　　五　　　六

七　　　八　　　九　　　十　　　十一

图一　Ⅰ式璋K1：46；图二　Ⅱ式璋K1：235-5；图三　Ⅲ式璋K1：01；图四
Ⅳ式璋K2③：322-3；图五　Ⅴ式璋K2③：324；图六　Ⅵ式璋K2③：141；图七
Ⅰ式戈K1：142；图八　Ⅱ式戈K1：246；图九　Ⅲ式戈K2③：314-3；图十　Ⅳ
式戈K2③：322-2；图十一　Ⅴ式戈K2③：167

线纹，在两平行线纹相对应处的两端刻有齿状扉棱（图二）。

Ⅲ式，身宽柄窄，形体短。射部顶端呈宽大的叉口形，柄身之间两面均有三组阴刻平行线纹。柄部刻有较长的齿状扉棱（图三）。

Ⅳ式，黑色。上宽下窄，细长身。顶端有双"牙"，一长一短。双"牙"内侧斜磨成双面刃状。长射。身与柄之间有凸出的五对齿状扉棱；扉棱上下各镂刻一对凸出的云形纹饰。扉棱下方近柄处有一圆穿（图四）。

Ⅴ式，赭红色。宽身，顶端有两长度约相等的"牙"，两"牙"内侧斜磨成双刃。其角度大于Ⅳ式（图五）。

Ⅵ式，墨绿色。形体短小。顶端有一长一短的"牙"，"牙"顶端无尖呈弧形。两"牙"内侧斜磨成双刃。射与柄交接处刻有五对齿形扉棱，中间三对齿形扉棱又分别刻成两个小齿，扉棱间刻有七条平行线纹。在上下两端的扉棱上各阴刻一圆圈，共计4个（图六）。

边璋。一般为石质，顶端多做成一边是锐角状，一边是钝角状；有的上下一样宽；有的上宽下窄，射部和柄部都阴刻有人物图案等。

琮。玉石两种质地均有。分别藏于四川省博物馆、四川大学博物馆、四川省文物考古研究所及广汉市文物管理所。通高一般在7.4—11.4厘米。外方内圆，两端射部外缘呈八棱形。色泽有微黄、青绿。玉质的磨制、雕琢较精、光亮而呈半透明状，并有琢饰。

瑗、环类。大小不一，色泽有绿色、墨色、黑色或墨绿色。有的内缘有凸起的周边；有的上边留有一道道的弦纹。直径多在8—17.5厘米。

（三）武器工具类

这类器形主要有戈、凿、磷、剑、刀、斧、锥、杵、矛等。

戈。玉、石两种质地均有。色泽有黄色、绿色、乳白色、豆绿色、灰黑色、灰色、暗绿色等。根据几十件戈援部的变化，可将戈分为五式：

Ⅰ式，黄色。前锋呈三角形，锋刃犀利。授中有脊直达前锋。援两侧有边刃。宽栏，栏两侧刻有对称的小齿。栏中双面刻有几何棱形纹，长方形内（图七）。

Ⅱ式，灰黑色。梯形援，顶端平而无锋，双面刃。援的中脊和边刃较明显。窄栏，长方形内（图八）。

Ⅲ式，锋呈乳白色，身为豆绿色。宽本，有脊贯通援及内。双刃，上刃和下刃两侧的上端各突出一小齿。无栏，短直内，内的上缘和下缘均双面斜磨成刃。内上有一圆穿，后缘平直。上下刃的下端近内处各刻三组平行线纹（图九）。

Ⅳ式，豆绿色，夹有黑色斑点。前锋呈三角形。援中起脊。宽本，本两侧为双刃，刃部近上栏处凸起两齿，近下栏处凸出一齿。在本与栏处阴刻两组平行线纹和一组云雷纹。窄栏，直内，内上近栏处有一圆穿，内后缘微斜（图十）。

Ⅴ式，暗绿色。前锋有脊。援身细长，中段两侧向内折收，中间厚、两侧薄，援身两边斜磨成双刃。窄栏，长方形直内，后缘略斜，内上有一小圆穿（图十一）。

凿。玉、石两类质地均有，以玉质的为多。色泽有白色、青色、黑色、黑青色或青色夹雪花状白点。其断面形状有圆柱形、半圆形、长方形、正方形、梯形、六棱形、八棱形、椭圆形等。刃部有做成双面斜弧刃、宽刃、窄刃、尖圆刃、圆弧刃、舌形双面刃等。长度一般在9—34.4厘米。

磋。形体较小，通体磨光。玉质的较少。其形制有长条形单面刃、顶端做成不规则状或顶端做弧形或平面近长方形，两面扁平，两侧平直；有的柄端背面刻有两条平行线纹，下端呈单面宽弧刃。

其他玉石器还有斧、铲、矛、锄、刀、杵等工具或武器。但这些器物多以石质为主，其形体都较小。

二、三星堆文化玉石器相关问题的研究

三星堆文化出土的玉石器中最具有特色的是璋和璧。璋的形制在上文已知可分为六式。小者长10余厘米，大者长100多厘米。其用途、性质及定名，笔者已在《"牙璋"初论》一文中进行了研究，本文就着重讨论一下璧的用途。

璧，在我国的分布地域较广，使用的时间也较长，各地发现也不少[①]。就三星堆遗址来讲，出土的璧数量多、形制从大到小均有。其出土情况也较特殊，有叠置在一起的，有环在坑周边的，也有成堆的放置在一起的，也有零散在文化层内出土的。其中尤以1929年发现的从大到小依次叠放在一起的璧引起学术界的关注。对于它的用途至今尚无统一认识，众说纷纭：最初研究"广汉文化"玉石器的学者提出是祭器，但没有说出可信的依据，因此被后来一些学者否认，并认为与叶玻岛（yap）巨大的石璧状货币相同，是一种货币[②]；也有的人认为与后代的圜

---

① 中国科学院考古研究所：《长沙发掘报告》，科学出版社，1957年。湖北省文物管理委员会：《湖北松滋县大岩嘴东周土坑墓的清理》，《考古》1966年第3期。金学山：《西安半坡的战国墓葬》，《考古学报》1957年第3期。河南省文物研究所：《信阳楚墓》，文物出版社，1986年。安徽省文物工作队：《安徽长丰杨公发掘九座战国墓》，《考古学集刊》第2集，1982年。中国社会科学院考古研究所：《殷墟妇好墓》，文物出版社，1980年。杨建芳：《商周越式玉器及其相关问题——中国古玉分域研究之二》，四川大学博物馆、中国古代铜鼓研究学会：《南方民族考古》（第2辑），四川科学技术出版社，1989年。

② 戴谦和：《四川古代石器》，《华西边疆研究学会会志》1934年第4卷。龚熙台：《古玉考》，《成都东方美术专科学校校刊》（创刊号）1935年。林铭均：《广汉古代遗物的发现及其发掘》，《说文月刊》1949年第3卷第7期。王家祐、江甸潮：《四川新繁、广汉古遗址调查记》，《考古通讯》1958年第8期。四川大学历史系考古学教研组：《广汉中兴公社古遗址调查简报》，《文物》1961年第11期。D・C. Graham：A Preliminary Report of the HAN CHOW Excavation, *Journal of the West China Brode Research Society*，Vol.6 (1934). 四川省文物管理委员会、四川省博物馆、广汉县文化馆：《广汉三星堆遗址》，《考古学报》1987年第2期。四川省文物管理委员会、四川省文物考古研究所、四川省广汉县文化局：《广汉三星堆遗址一号祭祀坑发掘简报》，《文物》1987年第10期。四川省文物管理委员会、四川省文物考古研究所、广汉市文化局、文管所：《广汉三星堆遗址二号祭祀坑发掘简报》，《文物》1989年第5期。中国社会科学院考古研究所：《殷墟妇好墓》，文物出版社，1980年。

钱有关[①]；还有的则认为可能是一种衡权[②]。

三星堆遗址出土的石璧究竟作何用途，笔者认为，既不是货币，也非圜钱。因为我们在遗址的一、二号祭祀坑内发现大量的贝。这些贝根据当时三星堆遗址内出土的作坊及所处的社会时代——奴隶社会和城墙的发现，已足证其贝已作为货币使用[③]，何必用这笨重又携带不方便的石璧作为交换的媒介呢？当然亦非衡权。从我国各民族的情况和历史传统习俗、考古发现及文献记载看，至今未发现将璧作为衡权的迹象和记载。但是，相反作为装饰和礼器的现象在文献记载和考古发现中的例子则不胜枚举。《周礼·春官·大宗伯》载："以玉作六器，以礼天地四方：以苍璧礼天，以黄琮礼地，以青圭礼东方，以赤璋礼南方，以白琥礼西方，以玄璜礼北方。"从文献记载中可以看出古人早已将玉器赋予了政治和宗教的色彩。在我国各地的考古发现也证实了这一点[④]。以"苍璧礼天"说明和表现了古人在祭礼活动中，针对所祭祀的对象赋予特定的玉器"璧"，何况处于商代晚期西周初期的礼治社会。因此在非常重视礼仪和祭祀成风的商周时代，社会经济文化已有高度发展的古蜀国将璧作为一种礼器是置信无疑的。此是其一。

其二，夏鼐先生认为："环和瑗，实际上便是璧"，并根据考古发掘实物资料与文献资料比较研究分析后，建议把璧、环、瑗三者总称为璧环类[⑤]，是很有见地的。因为古人对璧、环、瑗三者的定名也非准确。如《尔雅》中说："肉倍好谓之璧，好倍肉谓之瑗，肉好若一谓之

① D.S. Dye, Some Ancient Cirles, Squares, Angles and Curves in Earth and in Stone in Szechwan China, *Journal of the West Chian Border Research Society*, V01, Ⅳ(1930).

② 冯汉骥、童恩正：《记广汉出土的玉石器》，《四川大学学报》1979年第1期。

③ 张善熙、陈显丹：《三星堆文化的贝币试探》，《四川文物》（广汉三星堆遗址研究专辑）1989年。

④ 王巍：《良渚文化玉琮刍议》，《考古》1986年第11期。南京博物院：《江苏吴县草鞋山遗址》，《文物资料丛刊》1980年第3辑；《江苏吴县张陵山遗址发掘简报》，《文物资料丛刊》1982年第6辑。

⑤ 夏鼐：《商代玉器的分类、定名和用途》，《考古》1983年第5期。

环。"这实际上是后人故弄玄虚，强加分类。夏鼐先生根据全国各地出土的实物分析比较认为，肉好的比例很不规则，可以说出土的实物中一般都不符合这三种比例[1]。而璧环类在我国新石器时代中便作为装饰品或具有宗教的色彩出现在墓中死者的臂上[2]、胸部或腰侧[3]。直至商周奴隶制社会，璧环类的发现也主要出自墓葬中死者的胸前或腰侧。其用途一是作为装饰品类；二是表示了某种意识形态或宗教信仰。如在天津市艺术博物馆所藏的璧上都雕有龙[4]，可证璧的用途与龙有关。因为龙是我国古代神话传说中的一种神异动物，在古人的生活里，龙是神灵和权威的象征。可见璧在我国古代，尤其是商周时期与装饰[5]和宗教礼仪有着密切的关系。在三星堆遗址月亮湾出土的璧环类主要集中发现在长方形土坑和祭祀坑内，同样也与祭祀仪礼和某种意识形态有关。如首批璧的发现，当时经葛维汉等人在现场进行清理发掘，发现放置璧和其他玉器的地方是一个长约7英尺、宽3英尺、深约3英尺的土坑。其顶部有二十余枚石璧横卧在上，按从大到小顺序排列。当时他们认为是一个"墓"。文中说："墓顶系一层水平敷设的石璧，墓边是两则较小的石璧垂直排放。就在这墓坑里，我们发现数十件精致玉器。"[6]说明了当时璧是作为一种意识形态方面的代表物安置在坑里。否则不会秩序井然地、有意识地放置，并在中间又堆放若干精致的玉器。关于璧用于墓坑或棺椁周外的现象直到汉代还存在。如河北满城二号墓墓主就用了26件玉璧镶嵌在棺材外表[7]。可证我国古代的璧和三星堆遗址月亮湾出土的璧

① 夏鼐：《商代玉器的分类、定名和用途》，《考古》1983年第5期。
② 南京博物院：《江苏邳县四户镇大墩子遗址探掘报告》，《考古学报》1964年第2期。
③ 王思礼：《山东安邱景芝镇新石器时代墓葬发掘》，《考古学报》1959年第4期。
④ 尤仁德：《商代玉雕龙纹的造型与纹饰研究》，《文物》1981年第8期。
⑤ 张广文：《清代乾嘉时期宫廷玉器的造型艺术》，《文物》1984年第11期。夏鼐：《汉代的玉器——汉代玉器中传统的延续和变化》，《考古学报》1983年第2期。
⑥ 南京博物院：《江苏吴县草鞋山遗址》，《文物资料丛刊》1980年第3辑；《江苏吴县张陵山遗址发掘简报》，《文物资料丛刊》1982年第6辑。
⑦ 中国社会科学院考古研究所、河北省文物管理处：《满城汉墓发掘报告》，文物出版社，1980年。

非衡权及货币类。从三星堆遗址历次出土璧较为集中的地点，且其多发现于一些方形的"坑内"或"祭祀坑内"，就说明了璧在这里主要是作为祭祀礼器出现。就从1929年月亮湾"墓坑"里出土的依次相叠的璧而言，应与当时发掘者的看法一样，视为礼器，否则不会用璧封顶和环坑的周边，在坑的上下都置璧、中间又叠璧和放置其他精致的玉器。很显然，这应是蜀人在从事某种意识形态方面的活动时有意识地将璧从大到小地"堆叠"起来。这可能与蜀人祭山登天有关。我们知道，古人设想登天的工具中，除神树（若木、建木、扶桑）外，还有山。古代的巫师往往借助高山而进入神界。《淮南子·地形篇》载："昆仑之丘或上倍之，是为凉风之山，登之而不死；或上倍之，是谓悬圃，登之乃灵，能使风雨；或上倍之，乃维上天，登之乃神，是为太帝所居。"可见山不但常为神所居，更多的是以山为上天的阶梯。《山海经·海内西经》亦有大量记载神、巫以登山上天下地的史料。可见山是中国古代巫师的天梯、天柱。月亮湾"墓坑"里出土的璧从大到小依次相叠，其形恰如一座高高的山丘。这个山丘可能象征着"群巫所从上下"的天梯或天柱。坑的四周再环以璧，好像显示了高高的山峰耸入云端，以示古蜀人（巫）通过登山而达到通天的目的。坑内的其他玉器作为礼品既可奉献给山神，又可敬天上之诸神。

三、关于玉石器的制作工艺

三星堆遗址出土的玉石器，经观察，其表面都具有较高的光洁度和娴熟的雕刻技艺。表明当时对玉料、石料的选择、切割、钻孔、雕刻和抛光等工艺已经有了严格的要求和丰富的经验。这意味着当时已有了专门从事这种技艺的人才和专门的作坊[①]。我们将三星堆遗址出土的玉石器送请成都地质学院有关方面的专家鉴定：三星堆出土的玉器与软

---

① 陈显丹：《论广汉三星堆遗址的性质》，《四川文物》1988年第4期。

玉、硬玉有一定的差别，尤其是外表的人为痕迹。石器大多为碳酸岩、火层岩、石英片、绿石英片岩、云母石、圭质岩、页岩、砂岩等制作而成。这些石器和玉器材料主要产于川西平原的龙门山等地。经初步审视这些玉石器的加工痕迹，大致运用了锯、凿、挖、琢、钻、磨、雕刻等工艺。如在遗址内发现的玉石器成品或半成品的璋、璧等，都留有明显的切割痕迹和锯痕。璋、戈的制作一般要切片、磨片、刻线、雕琢。在琢磨工艺痕迹上有直道，亦有弯道。如图二Ⅱ式璋上的透雕飞鸟。其头、身主要采用曲线。在璋上及璋的两侧刻的云纹和柄部的齿形扉棱等亦体现了弯道的技法。直道表现得更多，如璋的柄、戈的内、凿、斧等器形上均体现了直道的技法。在璋的柄上大多刻有一道道非常细的直线条，这些线条过去有人将其认为是捆绑痕迹。其实这是工匠们雕琢柄部的齿形扉棱时，为使两侧的齿形扉棱对称所刻的平行线。在琢玉的手法上，蜀人不仅大量采用阴刻的手法，还采用了"减地"法。如K1∶235玉佩，即采用"减地"法，使其平面呈一层一层的"阶梯"形。

斧、碴、凿、矛等武器工具类，大多先将石料打制、切割成一定形状的粗坯，然后放在大的砥石上加砂蘸水研磨、把粗坯磨制光滑规整成形。戈、璋一类的制作根据遗址内发现的半成品和发现的改料切片状况来看，主要是通过一种较锋利带锯齿形的金属工具首先将一块石料或玉料按所要制作器物的厚薄进行锯割下料。1986年在遗址Ⅲ区T$_{1414}$的商代晚期地层发现的一块长条石上分有4片约0.5厘米厚薄的石片同时进行锯割的实物材料，就是一个很好的说明。同时还有一部分切片不是通过锯类的金属工具切割，而是用砂子进行研磨。因此三星堆遗址戈、璋等类型的"片状"器物主要是靠锯割和研磨这两种技术下料。而后更多的加工技术主要反映在琢磨的工艺上。戈和璋的表面都是通过了磋磨，使其表面达到平整光洁的要求。柄部的扉棱则先用尖锐的工具按要求刻出一道的平行直线，然后按照平行线的两端用锯和砂等进行锯、镂、琢出柄部的齿形扉棱。

戈、璋、斧、碴等器形的穿则采用了木棒或竹管用砂蘸水在石器上钻磨。在出土的玉石器上的穿孔都留有明显的圆柱形痕迹或两个截顶圆锥形痕迹。当器形的各部加工完成后，最后抛光。从出土遗物的光洁度来看，已达到了相当高的水平。推测当时的抛光除采用了原始的皮革或木质物外，可能已使用了"布轮"一类的打磨工具。

原载《四川文物》（三星堆古蜀文化研究专辑）1992 年

广汉三星堆遗址出土人物造型艺术初探

　　1986年7月至9月，四川省文物考古研究所在广汉三星堆遗址发现的两座商代祭祀坑中出土了大量的青铜人像、头像、面具，为我们研究广汉古蜀文化人物造型艺术提供了极为珍贵的实物史料。

　　我国远古的人体造型艺术，萌发于人类尚处于幼年的史前时期，带着原始宗教、巫术、魔法等神秘的色彩。20世纪60年代初期至80年代，我国考古工作者相继在辽西地区的红山文化遗址，甘肃秦安大地湾和寺嘴坪、青海乐都柳湾等马家窑文化遗址，发现过人头及人体造像。这些造型多为泥塑，且为小型，处于原始阶段，其形象多以女性裸体为主。这是史前人体造型的一个特点。进入阶级社会后，人体造型逐渐由裸体发展为衣冠整洁的各种人物形象。尤其是商周之际的人物造型艺术进入了一个新的时期，表现的形象也多种多样。

　　这次，在四川省广汉县三星堆古蜀文化遗址中所发现的石雕人像、青铜人像、头像、面具等近百件，其造型小的几厘米，高的达170厘米。这些人物形象，无论在数量上，还是在造型上，在我国商周考古史及美术史中都是极为罕见的。它们造型准确生动，充满浓郁生活气息，将写实手法和艺术夸张巧妙地结合在一起，显示出三千多年前古蜀文化艺术家的才华。他们用简练而粗犷的手法铸造出各种人物形象。如高大的青铜人像，头戴花冠，阔眉、杏叶眼，双手抬于肩高作握物状，身着长襟"燕尾"服。服装上饰以凤鸟、兽面和云气纹，左肩右斜饰一"法带"立于由怪兽承起的"法坛"上，给人以神秘感。这尊铜像将三千多年前古蜀文化"巫"的主要特征勾画了出来，显示了古代巫师在社会上的重要地位。这尊铜像高170厘米，加上90厘米底座，共达260厘米，这在世界考古发现中是独一无二的。

这近百件青铜人、头像、面具所构成的"人物群体"并没有特定的情节，而是不拘一格，各有各的神态。由这些神态各异的人、头像、面具组合在一起，产生了一个小型的"社会"，使人们仿佛看见了当时的社会情景，也就是说，没有情节却产生

小型青铜面具

了情节的效果。如在这些人物造型中有反映巫师形象的；有表现武士形象的；有的威严不可侵犯；有的面带微笑；有的陷入沉思；有的刚毅坚定，昂首远望；有的则眉眼粗犷，满脸胡须，头带"面具"貌似"武士"；有的神态自如，若无其事；有的头上戴"蝴蝶花笄"；有的脑后垂着长辫或将编好的发辫盘于头上；有的作跪拜俯首听命状；还有的头像面带黄金面罩……这些不同的人物形象显示出不同的性格和所处的不同地位，代表了社会各阶层的人物。这些众多的青铜人、头像、面具是三千多年前古蜀文化艺术家们用非常出色的铸造技巧完成的。以青铜人的头部为例，其铸造过程和铸造前的工作包含了绘画、泥塑、翻模、冶炼、浇铸、打磨等，都显得高度熟练、准确。刀触和手触的捏、塑、堆技巧干净利落，使得青铜人面部在额、颧、颚、眉、眼睛上所显示出的骨肉感真实而富于概括性，五官轮廓分明。

三星堆遗址发现的头像，绝大部分与真人头部大小相等。远古时期的艺术家们对于头部的发髻样式、冠帽结构的精细和认真刻画也表现出古蜀艺人的精湛技艺。如冠帽中有花冠、平顶帽、"羽"帽等。发式中有的将头发堆积于顶；有的总发至顶，编成一条辫子，然后垂于脑后；还有的是将头发编成辫子再盘于顶。艺术家着力刻画人物的发髻、头饰和冠帽，是为了表现人物的地位和性格。

三星堆遗址人物造型的另一个特色就是对人物腿部的描绘。如在雕塑和铸造那尊高达170厘米的青铜人像时，不仅重点描绘了五官、躯干的特征，同时对小腿和脚部也做了忠实的描绘。如小腿上突起的肌肉，腿上戴的脚镯，赤脚的五根指头和指甲都刻画得非常清晰。其部位、比例都非常合适，完全表现出"巫师"在"萨满"活动中跳"巫舞"时的那双脚。

上面粗略地介绍三星堆遗址青铜人物造像之艺术，说明早在三千多年前的古蜀文化与中原诸地区之青铜文化不相上下，充分反映出三千多年前的蜀人在绘画、雕塑、浇铸诸方面所取得的成就。它们是一定历史时期社会生活的写照，也是社会意识形态及习俗在艺术领域的折射。这对研究当时的社会、政治、军事、经济等情况都是极为重要珍贵的形象资料。

原载《文物天地》1988年第1期

三星堆祭祀坑研究

试析三星堆遗址商代一号坑的性质及有关问题[①]

1986年，四川省广汉县三星堆遗址所发现的商代一坑号出土了四百多件珍贵文物，引起了国内外学者的重视。这批文物的出土提出了不少问题，其中之一就是一号坑的性质问题。有的同志根据一号坑中出土的青铜人头像、金杖等遗物认为一号坑是"墓葬陪葬坑"；有的同志根据1929年燕家院子出土的一坑玉石器和20世纪60年代初在曾家院子出土的一号坑石料，联系彭县竹瓦街出土的两次窖藏铜器，则认为一号坑是"窖藏"；还有的认为是"宗庙扫庭"的遗物[②]。

三星堆遗址商代一号坑到底属什么性质？笔者认为要正确得出结论，不仅要分析坑中所出的实物，更重要的还是要分析坑中和器物上的各种遗迹现象。为了便于了解分析一号坑的各种情况，现将一号坑出土的有关情况简介于后，供大家参考研究。

一号坑为长方形，口大底小。长4.5—4.6米，宽3.3—3.48米。在坑口南壁正中及东西侧靠南壁处，各有一条坑道通向坑口，整个坑的平

---

① 本文由陈显丹、陈德安合著。
② 1986年11月在广汉召开的全国"巴蜀的历史与文化"学术讨论会上的意见。

面呈"T"形。

坑内及坑道内填以黄褐色五花土，层层夯打结实。填土内含有少量的陶片、零星的灰烬以及铸造翻模时用的红砂泥芯和铜熔渣。根据坑内和坑道内的填土均为黄褐色五花土及相同包含物的情况看，坑和坑道是同时一次性建成。

坑内埋藏着金、铜、玉、石、骨、陶、象牙、贝等各种文物及3立方米左右的烧骨碎渣。骨渣大小直径在3厘米左右。碎骨渣在坑内由南向北呈斜坡状堆积。大多数骨渣发白，仅少部分呈蓝黑色。在骨渣里头有许多竹木灰烬和铸造铜器翻模用的砂芯。坑内不见烟熏痕迹，显然，这些骨渣是在入坑前就烧过砸碎的。观察骨渣残片，这些骨渣的骨壁很厚、大，骨腔窄，应属较大的动物骨骼。从骨渣烧得发白的情况来看，这些动物是经历了放血过程的。

出土的器物中，都有被火烧的痕迹。许多变形、残损的铜器、玉器，除一部分是在填土过程中打夯挤压所致外，一部分是被火烧坏，一部分是在入坑前人们进行某种活动时损毁。如有的铜器一侧或一端烧变形呈半熔化状态；有的玉石器被打碎，出土时残断部分在坑内不同部位；有的器物端刃或柄残断了，发掘时将填土进行筛过，也未发现残缺部分。这种情况，显然是器物在入坑前就残损了。

出土遗物中，数量居第一位的是玉石器，约占总数的47.92%，其他如铜器（包括残片、铜渣等）约占39.42%，陶器约占6.6%，象牙、骨器约占5.42%，金器约占0.73%。玉石器的种类主要有戈、圭、琮、璋、瑗、斧、凿、刀、

图一　一号祭祀坑出土的玉器堆积情况

剑、斤、磷等，其中又以璋为主（图一）。铜器的种类主要有铜瑗、戈、人头像、龙、虎、尊、罍、铜渣等。其中又以铜瑗为主，占整个铜质器类的44.49%。这种铜瑗的形状、大小、厚薄等都与玉瑗的形状规格相同。因此，笔者认为这些铜瑗与玉瑗起同样的功用，均作为礼器而埋入坑中。从出土的这些遗物看都属礼器，再结合这些遗物被火烧过的情况分析，一号坑并非是什么"窖藏"和"墓葬陪葬坑"之类。一号坑内发现大量的红砂泥芯和铜渣表明，坑内的青铜人头像和铜尊、罍等器物是就地铸造和举行某种仪式时在现场浇铸即刻使用。由此可见所谓"宗庙扫庭"的说法也是不存在的。一号坑究竟属什么性质呢？

首先，我们从出土的大量玉石器的用途分析。在我国，从古至今玉石器的使用是很普遍的，也是很早的。考古材料表明，早在七千年前的河姆渡文化中就有所发现；在全国各地的新石器时代的文化遗址中更是屡见不鲜，几乎都出土有玉或石制的工具、饰物等。虽然当时玉、石不分或难以区别，但人们至少已把它视为珍宝一类的贵重物质。石器时代遗址中出现的璧、琮[1]一类的玉石器，可能已作为礼器进行一系列的宗教活动乃至于人类社会等级划分的标志。过去在遗址中很少发现玉琮，"迄今所发现的玉琮，皆出于规模较大的墓葬，这一点说明玉琮是氏族部落中的首领及权势者才能拥有的贵重之物"[2]。

到了奴隶社会，玉器仍以其质地、色彩、光泽等物理性质，赢得人们的喜爱而作为珍宝，尤其是商代，这种观念更为明显。《史记·殷本纪》云："纣兵败。……入登鹿台，衣其宝玉衣，赴火而死。"《正义》引《周书》云："取智玉琰五，环身以自焚。"记述殷纣王灭时以玉环身自焚的情况。而殷墟妇好墓随葬时的玉器达755件之多，可见商代玉是货宝，是礼器，并已有大量贮宝的现象。其后，两周人对玉器就更为

① 南京博物馆：《江苏吴县张陵山遗址发掘简报》，《文物资料丛刊》1982年第6辑。上海市文物保管委员会：《上海福泉山良渚文化墓葬》，《文物》1984年第2期。南京博物馆：《江苏吴县草鞋山遗址》，《文物资料丛刊》1980年第3辑。
② 王巍：《良渚文化玉琮刍议》，《考古》1986年第11期。

重视，"既联合璧璜冲牙组为杂佩，复抽绎玉之属性赋以哲学思想而道德化，排比玉之尺寸赋以等级思想而政治化，分别上下四方赋以五行思想而迷信化"[1]。可见在商周这一时期，玉器已被赋予了社会的、政治的、道德的多种性格，并有了与之相适应的典章制度，使整个统治阶级以至全社会对玉器表示特殊的重视。由此将玉器视为珍宝、财富，用于殉葬、祭礼等就更加系列和完整化，尤其是将玉器作为祭祀礼器更为突出。《周礼·春官·大宗伯》载："以玉作六器，以礼天地四方：以苍璧礼天，以黄琮礼地，以青圭礼东方，以赤璋礼南方，以白琥礼西方，以玄璜礼北方。"由此可见三星堆遗址商代一号坑出土的大量玉石器属祭祀的礼器。尤其是一号坑出土的一件残长167厘米、宽23厘米的大璋，更加突出了这一特点。

其次，我们从文献和考古材料来综合分析三星堆遗址商代一号坑所出的大量动物骨渣和象牙的情况。在鬼神祭祀之风盛行的商代，祭礼是礼制的重要组成部分。"国之大事，在祀与戎。"[2]贵族奴隶主十分重视祭祀，并把它作为国家的大事。在商代经常举行各种祭典，祭祀对象包括天地、山川、日月、风雨、神鬼、祖先等。在这些祭祀活动中都要进行杀牲。如卜辞中记载："出入日，岁三牛。"（《粹编》17）"戊戌卜内，乎雀戝于出日于入日宰。"（《乙》2065）"戊午卜，寮三宰，埋三宰，于一珏。"（《辅仁》20）根据史书记载，"寮"是祭天，"埋"是祭地，可见古人在祭日、祭天、祭地等神祇时都要杀牲。《礼记·郊特牲》载："君无故不杀牛，大夫无故不杀羊，士无故不杀犬豕。"郑注："故谓祭祀属。"三星堆遗址商代一号坑中所出的象牙、象骨及3立方米左右的动物骨渣无疑也是当时作为祭祀品的牲被杀后填充于坑内所留下的。只不过与中原文化略有差异，一个是杀牲后不用砸碎而埋入坑内，一个是烧后砸碎再埋入坑内，但其性质一样。

① 郭宝钧：《中国青铜器时代》，生活·读书·新知三联书店，1963年。
② 《左传·成公十三年》。

图二　一号祭祀坑出土的青铜人头像

第三，我们再从坑内出土的青铜人头像来分析。在商代的卜辞里，常常见到杀人祭祀的记载。有人曾就这方面的材料做过初步的统计[1]，找出有关人祭的甲骨1350片，卜辞1922条，共祭用13052人，另外还有1145条卜辞未记入人数。在考古材料中也发现，在商代奴隶主的住宅、宫殿及帝王的宗庙等建筑遗迹中也常常发现人祭。少者一人，多者数十人。其中有的是活埋，有的是砍头。卜辞中也有记载，如："国申，贞：又伐于土，羌曰。"（《萃》17）羌是奴隶，伐是砍头。而被砍头的人，除奴隶外，也可能包括了新抓来的俘虏。在三星堆遗址商代一号坑出土的青铜人头像颈部均作成倒三角形（图二），恰似被刀从两侧斜砍一样，这些头像可能就是被伐了的人祭。上述的各种遗迹现象和遗物的情况表明，三星堆遗址一号商代坑应是祭祀坑。

那么，它的祭祀对象和祭祀者是谁呢？

在我国古代，对不同的祭祀对象所用的祭祀方法也不相同。如《尔雅·释天》载："祭天曰燔柴；祭地曰瘗埋；祭山曰庪悬；祭川曰浮沉。"为此，我们对三星堆遗址一号祭祀坑中发现的各种遗物和遗迹现象进行分析研究，可知采用了以下几种祭祀方法：

一、燔燎法，根据三星堆遗址一号祭祀坑中所出遗物上都有火烧

---

[1]　胡厚宣：《中国奴隶社会的人殉和人祭》（下篇），《文物》1974年第8期。

烟熏痕迹和大量的竹木炭、灰烬分析，一号坑的祭祀者在此进行了燎。燎，《说文解字》："烧柴寮祭天也。"

二、瘗埋，一号坑的几百件遗物和牲物经燎后，又全部埋入坑中，这是瘗埋。《尔雅·释天》："祭地曰瘗埋。"

三、灌祭，是将祭祀之牲杀戮放血。一号坑中出土的3立方米动物骨渣烧后均呈白色，表明当时是将祭牲放了血的。放血的目的是为了灌祭，其血可直接灌注于地。因为牲血不挖穴掩埋也会浸透到地下，能为土地所吸收。《礼记·正义》云："毛血，告幽全之物也。……报阴也。"以此灌祭法"足于达之"地神。

从以上三种祭法，再结合一号坑内出土的遗物（主要是玉石器）来看，其祭祀对象不仅有天、地神祇，也包含了山神之类。在我国古代祭祀山神时，最常用的贡物就是玉石器。这是因为自然崇拜的祭礼，常是将从自然对象取得的一部分奉还其对象作为报答。古人迷信他们向其取得的自然对象主宰着他们所需要取得的东西，如不这样做，就会引起这些神灵发怒，对人进行惩罚或报复。由于玉石是取诸山地，所以古人在祭祀山神时最常用的贡物就是玉石器。《山海经》中所载的大量有关山神崇拜的资料，使我们能够较为详细地了解到我国古代人们所崇拜的山岳名称和祭礼的情况。据蒙文通先生的考证，《山海经》系南方文化系统的作品，其中记载了不少巴蜀的情况[①]。这对于我们了解古代及南方诸国对山神的祭礼情况是有帮助的。《山海经·五藏山经》各篇的最后一段都概括着山区的山数，及其山神的形状和祭祀这些神灵所需的贡物和祭法。如："自单狐之山至于隄山，凡二十五山，五千四百九十里。其神皆人面蛇身。其祠之，毛用一雄鸡、彝瘗，吉玉用一珪，瘗而不糈。"[②] 又 "招摇之山，以至箕尾之山，凡十山，二千九百五十里。其神状，皆鸟身而龙首，其祠之礼：毛用一璋玉瘗"。郭璞云：〔毛〕："所用

---

① 蒙文通：《巴蜀古史论述》，四川人民出版社，1981年，第146页。

② 《山海经·北山经》。

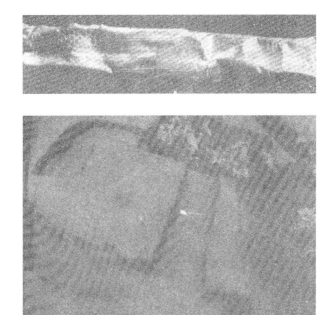

图三　一号祭祀坑出土金杖

毛物也，鸡犬羊等属之。此言'毛用一璋玉瘗'者，以祀神物与璋玉同瘗也。"郭璞云："瘗，埋也。"①我们从这些记载中可以看到，凡在祭祀山神的祭礼中，都涉及用玉石器。可见这是祭祀山神的一大特点。同时我们也看到祭祀山神不仅有悬法，还有瘗法、灌法，甚至有□法。

如殷墟出土的卜辞中记载："癸巳卜，其炎十山，雨。"（《甲》3642）"辛□贞，寮于十山。"（《掇》376）从上面的卜辞中，我们可以看出古人在祭山求雨时也可以采用□法。

综上所述，我们初步认为三星堆遗址商代一号祭祀坑的主要祭祀对象应是天、地、山诸神。

从"故瘗用百瑜……百珪、百璧"②的情况来看，这是一次特别隆重的祭祀。结合一号祭祀坑出土的金杖（图三），也表明了一号祭祀坑

①　《山海经·南山经》。

②　《山海经·西山经》。

祭祀者的身份和地位。从"君无故不杀牛"[1]，"灌以圭璋，用王气也"[2]，和金杖上平雕的鱼鸟纹来分析，祭祀者很可能是蜀王鱼凫氏。

原载《四川文物》1987年第4期

---

① 《礼记·郊特牲》。

② 《礼记·郊特牲》。

三星堆一、二号坑几个问题的研究

1986年7月至9月四川省文物考古研究所对广汉三星堆遗址一、二号坑进行了清理发掘，出土了大量的金、铜、玉、石、陶器及数十枚大象门齿和数千枚海贝[①]。其中有许多遗物属国内商代考古史中首次发现，如高大的青铜人立像、青铜人头像、头戴黄金面罩的青铜人像，眼球突出的半神半人青铜"面具"，上身裸体双膝下跪的顶尊铜人，手拿"牙璋"做跪拜状的小型青铜人，枝叶繁茂、聚集各种飞禽走兽和神话传说中人物的青铜树，以及各种玉璋和背面被磨制过的海贝等。这些珍贵文物的发现，为我们探讨两个坑的性质，古代的宗教信仰、祭祀方法、祭祀对象，三星堆三个堆子的用途及其他文化关系，历史人物的传说、神禽异兽的考证等都提供了极其珍贵的实物资料。为此，笔者就有关方面的问题做一初步探讨，以求教于方家，不逮之处希专家学者予以斧正。

为了便于大家了解分析这两个坑的各种情况，现分别将两个坑的出土情况简介于后，供大家研究参考。

---

① 四川省文管会、四川省文物考古研究所、四川省广汉县文化局：《广汉三星堆遗址一号祭祀坑发掘简报》，《文物》1987年第10期。四川省文物管理委员会、四川省文物考古研究所、广汉市文化局、文管所：《广汉三星堆遗址二号祭祀坑发掘简报》，《文物》1989年第5期。

壹、一、二号坑的形制及出土情况

一号坑为长方形，口约大于底，长450—464厘米、宽330—380厘米。在坑口正面中部及两侧各有一条宽80—100厘米、深26—34厘米的坑道，整个坑的平面呈"T"形。

坑内及坑道内填黄褐色五花土，层层夯打结实，填土内含有少量的陶片、零星的灰烬以及铸造翻模时用的红砂泥芯和铜熔渣。根据坑内和坑道内的填土均为黄褐色五花土及相同包含物的情况看，坑和坑道是一次性建成。

坑内埋藏着各种质地的文物近四百件。在这些出土物的上面及器物之间，夹杂和覆盖了约3立方米左右的烧骨碎渣。骨渣大小直径多在1—3厘米。碎骨渣在坑内由东南向西北呈斜坡状堆积。东南角堆积最厚达60多厘米，向西北角递减至5厘米左右。可知骨渣可能是从东南侧坑道向下倾倒的。这些骨渣多数发白，仅少部分呈蓝黑色。在骨渣里头夹有许多竹木灰烬和铸造铜器翻模用的砂芯。坑壁不见烟熏痕迹。显然，这些骨渣是在入坑前就烧过砸碎的。观察骨渣残片，这些骨渣的骨壁很厚、大，骨腔窄，应属较大的动物骨骼。从骨渣烧得发白的情况来看，这些动物是经历了放血过程的。

遗物也主要堆积在东南部。玉、石器主要堆积在东北角，尤其是玉璋和戈，在出土的器物上都有被火烧烟熏的痕迹。许多变形、残损的铜器、玉石器，除一部分是由于在填土过程中打夯挤压所致外，有的是被火烧坏。还有大部分是入坑前当时人们在进行某种活动时损毁。如有的铜器一侧或一端烧变形呈半熔化状态；有的玉石器被打碎，出土时残断部分位于坑内不同部位，有的甚至分为五处；有的拆为两段而重叠在一起；有的器物端刃或柄残断了，发掘时将填土进行筛过，也未发现残缺部分。这种情况，显然是器物在入坑前就残损了。

在出土的近四百件遗物中，数量居第一位的是玉石器，约占总数的47.92%；其他如铜器（包括残片、铜渣）等约占39.42%；陶器约占6.6%；象牙骨器约占5.42%；金器约占0.73%。玉石器的种类主要有琮、璋、戈、斧、凿、刀、剑、斤、磷、"锄形器"等，其中又以璋为主。铜器的种类主要有铜瑗、戈、人头像、面具、小跪坐人像、龙、虎、尊、罍、铜渣等，其中又以铜瑗为主，占整个铜质器类的44.49%。这种铜瑗的形状、大小、厚薄都与玉瑗的形状、规格相同，故笔者认为这些铜瑗与玉瑗起同样的功用，均作为礼器而埋入坑中。金器主要有金杖、金面罩、金虎和金饰件等。

二号坑平面呈长方形，坑口长530厘米、宽220—230厘米，深140—168厘米。坑底长500厘米、宽200—210厘米。坑底西南高、东北低。坑内填土为黄色五花土，填土都经夯打过。

二号坑的遗物，根据出土时的堆积叠压情况可分为上、中、下三层。

下层堆积主要为大量的草木灰烬、炭屑，小型的青铜器件、兽面、残细树枝，玉石器及大量的海贝等。

中层堆积主要为大件的青铜器及青铜人像等。如大立人像、大面具、铜车轮、尊、彝等。

上层堆积主要为六十余枚（节）大象门齿纵横交错地叠压在一起。

从二号坑的堆积情况来看，这些遗物的投放都是有先后次序的。首先投放海贝、玉石礼器、兽面、凤鸟、树枝及小型的青铜杂件和部分树干。这些遗物在清理时，大部分都杂在灰烬的炭屑里。尤其是小型的动物和玉石器等都留下了明显的火烧痕迹。小型杂件及玉石器投放完后，再投入大型的青铜器及人、头像、人面像、青铜树干、树座等，最后投放象牙。象牙的堆积是纵横交错遍布满坑。大的青铜人像由腰部折断成两段，座子打瘪。在打瘪的座子里夹有打碎的、留有火烧痕迹的玉石器残块。人像上半身位于坑的中部；下半身位于坑的西北部，被一树座所压。最大的青铜人面像是顶朝下倒扣于坑中，下颌中部被打破一块。尊、罍、彝等青铜容器主要位于坑的东南和东北两只角上，大部分容器外表都涂有朱色，器内都装有海贝、玉石器等。有的容器装玉石器达60余件。而这些容器有很多是当时被人为损坏了。有的把尊口打碎、有的把圈足砸掉，还有的把腹部打瘪。青铜兽面位于坑的西北角，与大量的海贝放在一起。青铜人头像、人面像主要分布于坑的四周，中部也有少量的头像。在出土的头像和人面像中，有的在眼眶和眉间、嘴唇涂有蓝黑色或朱色。蓝黑色主要涂以眉部和眼眶；朱色主要涂于口唇。在有的头像内还装有不少的海贝。头像和人面像亦有部分损毁。尤其是人面像，大部分被打坏或烧坏，有的将鼻梁上的装饰拆断扔于大人像的上半身上。青铜人面像凡体较大的都顶向下倒扣于坑内。尤其是眼球凸出的纵目人面像都是倒扣于下。

这些遗物出土时，仍有烟熏痕迹。象牙之类的骨器也明显留有被烧焦的火烧痕。有的玉石器还被烧得裂片开口，但坑壁上仍没有烟熏痕迹。可见这些遗物在入坑前已大部分遭到破坏。

二号坑出土的遗物虽然在数量和种类上都大大超过了一号坑，但所出的主要遗物则显示出它们的一致性。如两个坑内均出有真人大小的青铜人头像，黄金面罩，大量的海贝、象牙等；同时各出有大量的玉石器，其种类都有瑗、戈、璋、凿等。一号坑出有15厘米的小型全身人像；二号坑出土的全身人像从十几厘米至260厘米。一号坑出土的青铜面具仅9厘米，二号坑出土的面具从小到大均有，大者达65厘米高、宽138厘米。两个坑的遗物都是被火烧过而后埋入坑内，其方向均为北偏东35°。不同的是，在二号坑内还出有许多与神话传说有关的遗物，如铜神树、人首鸟身像等。下面我们就两个坑的出土情况及遗物等对两个坑的性质及其他相关问题进行讨论。

贰、关于一、二号坑的性质

前面简要介绍了两个坑的出土情况，其中有一些重要的现象，就是这些遗物被火烧、涂朱、涂蓝色、有意毁坏等。有人根据坑内出土遗物被毁这一现象，认为两个坑是"厌胜"的结果，并撰文说："奇怪的是这些偶像和神树都是毁坏后埋藏的，这大概与'厌胜'巫术有关。我们知道，原始宗教的灵物和偶像也可能遭到蔑视和责罚的……有些原始部族认为不灵验的灵物可以抛弃另找代替，对不灵的灵物加以虐待、捶击、辱骂，可以刺激灵验起来。偶像如果不能满足崇拜者的希望，也有可能被打击、丢弃或烧毁……坑里的酒樽与失宠的神像大概也是如此被埋入地下的。"[1]该文将坑内的其他现象置之一边，单以此点来定两个坑的性质是缺乏科学依据的。如果坑里的神像、神树等遗物中损毁一两件崇拜物作为不灵的灵物进行刺激，还可以"说得过去"。实际上坑内的各种礼器和遗物几乎都遭到损毁，难道说一个民族所崇拜的偶像全都失灵了吗？这是不可能的事。何况在民族志的材料中反映的各民族对其所崇拜的偶像或神灵大都是极端崇拜而又忠实的。至于为何要将这些偶像损坏埋入坑内呢？根据文献记载，在我国古代，有许多王者或巫为祷雨、祀社等祭礼不惜"以身为牺牲"，如《吕氏春秋·顺民》载："汤克夏而正天下，天大旱，不收。汤乃以身祷于桑林。曰：余一人有罪，无及万夫；万夫有罪，在予一人，无以一人之不敏，使鬼神伤民之命。于是剪其发，磨其手，以身为牺牲。"这件事情亦见于《淮南子》《尸子》《尚书·大传》等。当然，以身为"牺牲"，并非是真的王者本人或巫要断其发、磨其手或自焚，而是制作一些偶像作为替身，以献诸神。这也是在不得已的情况下而进行的。过去有人根据卜辞中的"烄"认为"咬"，甲骨文作"**咬**"。"交"或"文"都像人正立之形，"烄"字为人立在火上，表示焚人（巫）。实际上在我国古代暴巫、焚巫往往都是要遭到强烈反对的。如鲁僖公二十一年"夏，大旱，公欲焚巫尪"，而遭到臧文仲的反对。他说："非旱备也。修城郭、贬食省用，务穑劝分，此其务也。巫尪何为，天欲杀之，则如勿生。若能为旱，焚之滋甚。"公从之[2]。《礼记·檀弓》下云："岁旱，穆子召县子而问然，曰：天久不

① 林向：《蜀酒探原——巴蜀的"萨满式文化"研究之一》，四川大学博物馆、中国古代铜鼓研究学会：《南方民族考古》（第1辑），四川大学出版社，1987年。

② 《春秋左传·僖公》。

雨，吾欲暴尫而奚若？曰：天则不雨而暴人之疾子，虐。毋乃不可与。然则吾欲暴巫而奚若？曰：天则不雨而望之愚妇人，于以求之，毋乃已疏乎？"这些都是指斥暴巫焚巫是不明智的。何况焚巫的可能性是值得怀疑的。一是被焫的"妌婤玦困"等巫觋名称在相近时间内和不同时间的卜辞中重复出现，焫祭如果是焚巫觋，巫觋已死，如果是同一个人的话，是不可能重复出现的；二是掌握神权的巫觋不会自己制造危害自己生命的祭法，何况在殷商时期的商王还有很大一部分从事巫术。因此一、二号坑的情况只能是古蜀人在遇到了某些特大问题时（如外敌入侵等），以求得神灵的保佑或宽恕非自我牺牲不可，因此在祭祀礼仪中制造出若干替身代己。但其中也不排除是他们仇视的人或鬼神以及战俘的偶像。因此笔者认为要正确得出结论，不仅要分析坑中所出的实物，更重要的是还应分析坑中各种遗迹现象。

从出土的遗物来看，除人、动物等偶像外，其余均属礼器。且从两个坑内发现大量的红砂泥芯、铜渣及部分范和黄金料等情况来看，坑内的遗物系就地铸造和举行某种仪式时在现场使用后而埋入坑的。由此可见，所谓"不灵之神物"又何必临时来进行铸造呢？灵物之灵否，是经过一段时期的供奉祈祷后才能得知其灵与不灵，故所谓"厌胜"的说法是不存在的，它只能是作为某种偶像的替身。

我们再从两个坑中出土的大量玉石器的用途分析。在我国，玉石器的使用很早，也是很普遍的。考古材料表明，早在七千年前的河姆渡文化中就有所发现；在全国各地的新石器时代文化遗址中更是屡见不鲜，几乎都出土有玉或石制的工具、饰物等。虽然当时玉、石不分或难以区别，但人们至少已把它视为珍宝一类的贵重物质。石器时代遗址中出现的璧、琮①一类的玉石器，可能是作为礼器进行一系列的宗教活动乃至于人类社会等级划分的标志。过去在遗址中很少发现玉琮，"迄今

---

① 南京博物院：《江苏吴县张陵山遗址发掘简报》，《文物资料丛刊》1982年第6辑；上海市文物保管委员会：《上海福泉山良渚文化墓葬》，《文物》1984年第2期；南京博物院：《江苏吴县草鞋山遗址》，《文物资料丛刊》1980年第3辑。

所发现的玉琮，皆出自于规模较大的墓葬，这一点说明玉琮是氏族部落中的首领及其权势者才拥有的贵重之物"①。

到了奴隶社会，玉器仍以其质地、色彩、光泽等赢得人们的喜爱而作为珍宝。尤其是商代，这种观念更为明显。《史记·殷本纪》云："纣兵败……入登鹿台，衣其宝玉衣，赴火而死。"《正义》引《周书》云："取智玉琰五，环身以焚。"记述殷纣王灭时以玉环身自焚的情况。而殷墟妇好墓所随葬的玉石器达755件之多，可见商代玉是货宝，玉是礼器，并有大量贮藏的现象。直至周代，玉器就被赋予了社会的、政治的、道德的多种功能及多种用途。由于将玉器视为珍宝、财富，将其用于殉葬、祭祀等就更加系列化和完整化。《周礼·鸡人》云："凡国之玉镇大宝器藏焉。若有大祭大丧，则出而陈之。"尤其是将玉器作为祭祀礼器更为突出。《周礼·春官·大宗伯》载："以玉作六器，以礼天地四方：以苍璧礼天，以黄琮礼地，以青圭礼东方，以赤璋礼南方，以白琥礼西方，以玄璜礼北方。"《周礼·典瑞》亦云："四圭有邸，以祀天，旅上帝。两圭有邸，以祀地，旅四望。裸圭有瓒，以肆先王。……圭璧以祀日、月、星、辰。璋邸射，以祀山川……"由此可见三星堆遗址一、二号商代坑出土的大量璧、圭、璋、瑗、琮等玉石礼器应属祭祀之礼器。尤其是两个坑中出土的大量璋，一般多在70—90厘米。璋，吴大澂《古玉图考》云："于大山川则用大璋……于中山川，用中璋……于小山川用边璋。"一号坑出土的一件残长167厘米、宽23厘米的特大璋和二号坑出土的一件璋上雕有人物的情况更加突出了祭祀的特点。

值得注意的是，我国考古材料中用牲作为祭祀之物是屡见不鲜的。据有人就磁山、庙底沟、紫荆、二里岗、莪沟北冈、北首岭、东下冯、台西八处遗址统计，凡属祭祀性质的灰坑都有猪、羊、狗等骨架②。在鬼神祭祀之风盛行的商代，祭祀更是礼制的重要组成部分。"国之大

---

① 王巍：《良渚文化玉琮刍议》，《考古》1986年第11期。
② 卜工：《磁山祭祀遗址及相关问题》，《文物》1987年第11期。

事，在祀与戎"①就是这一情况的生动写照。贵族奴隶主十分重视祭祀，并把它作为国家的大事。在殷代经常举行各种祭典，祭祀对象包括天地、山川、日月、风雨、神鬼、祖先等。在这些祭祀活动中都要进行杀牲。如卜辞中记载："贞，奠于土（社），三小宰、卯二牛、沉十牛。"（《前》1·24·3）"出入日，岁三牛。"（《粹编》17）"戊午卜，寮三宰、埋三宰，于一珏。"（《辅仁》20）根据史书记载，"寮"是祭天，"埋"是祭地。可见古人在祭日、祭天、祭地等神祇时都要杀牲。《礼记·郊特牲》载："君无故不杀牛，大夫无故不杀羊，士无故不杀犬豕。"郑注："故谓祭祀属。"三星堆遗址一、二号坑所出的70余枚（节）象牙门齿、臼齿、象骨及3立方米左右的动物骨渣，无疑也是当时作为祭祀之牲被杀后填充于坑内所留下的。只不过与中原文化略有差异。一个是杀牲后整体埋入坑内，一个是放血、烧后，砸碎再埋入坑内，但其性质一样。这种现象也再一次说明了两个坑非"厌胜"之结果。

此外，从二号坑内出土的青铜神树来分析，反映出祀社的情况。《吕氏春秋·顺民》篇载："汤克夏而正天下。天大旱，不收，汤乃以身祷于桑林。"《艺文类聚》十二引《帝王世纪》说汤"祷于桑林之社"。这个"社"字至关重要，它与树（桑林）的关系是非常密切的。自商周以来，不论是行军出师祭祀还是社祀可以说是离不开树的。《论语·八佾》曰："哀公问社于宰我。宰我对曰：夏后氏以松、殷人以柏，周人以粟。"《周礼·地官·大司徒》亦云："设其社稷之壝，而树之田之，各以其野之所宜木，遂以名其社与其野。"《周礼·春官·小宗伯》也说："立军社、奉主车。"类似的记载，不胜枚举，可见树的重要性。陈炳良在《中国古代神话新释两则》一文中说："桑林是殷商民族，以及古代若干其他民族，祭祀祖先神明的圣地。"②可见树是祭祀之器。

上述的各种遗物现象结合文献记载分析表明，三星堆遗址一、二

---

① 《左传·成公十三年》。

② 陈炳良：《中国古代神话新释两则》，《清华学报》1969年第7卷第2期。

号坑应是祭（埋）祀坑。

叁、一、二号坑祭法所反映的祭祀内容

在我国古代，对不同的祭祀对象所用的祭祀方法是不相同的。如《尔雅·释天》载："祭天曰燔柴；祭地曰瘗埋；祭山曰庪悬；祭川曰浮沉。"为此，我们对三星堆遗址两座祭祀坑中发现的各种遗物和遗迹现象进行分析研究，可知采用了以下几种祭祀方法：

一、燔燎：根据两个坑内所出遗物上都有火烧烟熏痕迹和大量的竹木炭、灰烬及被烧熔的青铜器、烧得裂片的玉石器等分析，两个坑的祭祀者在此进行了燔燎。

二、瘗埋：两个坑的数百件遗物和牲物经火燎后，又全部埋入坑中，这显然是瘗埋的手法。

三、血（灌）祭：是将祭祀之牲杀戮放血。一号坑内出土的3立方米的动物骨渣烧后均呈白色，表明当时是将牲物放了血的。放血的目的是为了血（灌）祭。

四、悬祭：二号坑内出土的青铜树上均悬挂着许多飞禽异兽、果实和其他仿昆虫类的青铜饰件及铜、石瑷等。这些遗物一方面反映"桑林"的景象，另一方面反映出了古人祭祀所采用的悬法。

从以上四种祭法，再结合两个坑内出土的各种遗物来看，不论是一号坑还是二号坑，都不是单祭某一物事，而是由燔燎、瘗埋、血祭、悬祭等组成的合祭。《周礼·鸡人》云："大祭祀，大族，凡宾客之事。共其玉器而奉之。"释曰："大祭祀兼有天地宗庙。大族中兼有上帝四望等。"可见这种祭法是古代特别隆重的祭礼。其反映的祭祀内容主要有以下几方面。

（一）祭天

天，《说文解字》云："颠也。至高无上。从一大。"甲骨文作

""①，是象形覆盖在人头顶上的一片茫茫的空间。就在这空间里，日、月、星辰沿着各自的轨道运行着。风雨、雷电、云也在这无限的空间里产生，这些大自然现象的好坏直接影响着人们的生活，因此，古人对这无限的空间产生了极大的神秘感。他们相信，天空是诸神灵存在的世界。在这个世界里还有一个诸神之中的最高首领——天帝。因此古人不论在生产活动，还是在重大的政治、军事活动中都要对天上的诸神及天帝进行祭祀，以求得神明的保佑和天帝的支持。由于这些天神们都高高在上，为了便于人和神接近，以便将牲礼奉献给天上诸神，古人在祭法上一般都筑坛献祭，用"实柴"、火燎的办法，把供奉的牺牲和祭品放在柴上烧，使气达之于天。《周礼·春官》中说："以实柴祀日月星辰。"三星堆遗址一、二号坑中出土的遗物所呈现的火烧痕迹即反映了"烧柴燎祭天"的情况。

（二）祭地

土地崇拜是古代宗教中的普遍现象。由于人类生活上需要的一切物质资料，都是取之于大地的山川、河流、湖泊、海洋及肥沃的土壤之中生长的各种动植物等生产生活资料，尤其是生产力低下的古代，这些更是人们生活所依赖的必需品。故人们也就把所依赖生活的大地上的自然条件和自然产物作为崇拜对象，在祭祀和崇拜这些灵物的时候，多采用瘗埋、灌祭等法。一、二号坑出土的近千件遗物就是被燎后再埋入坑中的。《尔雅·释天》载："祭地曰瘗埋。"同时我们又可看出在瘗埋和火燎之前，祭祀者将牲物杀了放血先进行了血祭。放血的目的主要是用于灌祭。《周礼·大宗伯》云："以血祭祭社稷。"清人金鹗在《求古录·燔柴瘗埋考》中解释说："血祭，盖以滴血于地，如郁鬯（酒）之灌地也。"祭地实为祀社。社，甲骨文作""或""，是表示牲血四溅，其血可直接灌注于地。因为牲血及酒等都不必挖穴掩埋也会

① 《乙》6858。

浸透到地下，能为土地吸收。《礼记·正义》云："毛血，告幽全之物也。……报阴也。"以此灌祭法，"足于达之"地神。

（三）祭山

三星堆遗址一、二号坑内除发现大量的铜器外，还发现了数量丰富的玉石器，其种类有玉璋、戈、珠、穿、瑗、璧、琮、圭、剑、凿、斧等。以璋为主，其中又以"牙璋"为主，牙璋又可能是祭山之专用礼器①。

在二号坑内出土的第201附4号璋身两面和柄部两面分别阴刻有两组图案，共四组，每一组图案又分别由五幅图案组成。第一幅是由两个或三个同样的人物组成，头戴平顶冠，双手作半握拳状，两拇指相顶，身作长衣至膝，两小腿上似戴有"脚镯"。第二幅是由两座大山和"人手"等组成。大山内部的顶上有一圆圈，似代表"太阳"，在圆圈的两侧分别刻有"云气纹"，在这些云气纹下又是一座小山。两座大山的边侧有两只"大手"从小臂处露出，作半握拳状，其拇指按在大山的山腰。第三幅是由两组勾连云雷纹组成。第四幅是由三个相同的人物组成。双手作半握拳状放于胸前，两大拇指相顶，双膝下跪。第五幅是由两座大山组成。山的内部结构同第二幅。山外两侧各立一"牙璋"，山的中间则由一座山顶上横伸出一物悬以其间。这些图案都充分反映出对自然偶像山的崇拜。

另外，二号坑内出土的青铜神树有许多挂饰（如鸟、铃、瑗等）应作为"悬"物看待。悬，《山海经·中山经》云："历儿，冢也，其祠礼：毛，太牢之具，县（悬）以吉玉。"冢，即大山，县即悬。将祭物悬挂起来献祭礼山神。《仪礼·觐礼》说："祭山丘陵，升。"《尔雅·释天》云："祭山曰庪县。"所谓"升""庪县"都是将祭品高挂起来礼神。蜀人将祭山神的祭品悬后又瘗埋，并用了大量的动物和四百多件玉石礼

① 陈显丹：《"牙璋"初论》，《四川文物》1989年第1期。

器、金器、青铜礼器，可见规模之大、等级之高，这只有相当大的名山才能用这样的祭礼。《山海经·西山经》云："华山，冢也。其祠之礼太牢。羭，山神也。祠之用烛，斋百日以百牺，瘗用百瑜。汤其酒百樽，婴以百圭百璧。"由此可见两个坑所祭祀的山，至少是被称为"冢"的大山。在川西平原的四周，什么样的山能受如此重要的祭礼呢？只有成都西部的玉垒山。玉垒山又名西山，位于今彭县境内。据《华阳国志·蜀志》中记载的蜀王中的"鱼凫"田于西山仙去、"杜宇"王隐于西山等，都充分表明了蜀王与西山有着一种神秘而又不可分割的内在联系。三星堆一、二号祭祀坑也正对着西北方向，每当雨过天晴的这一瞬间，在一、二号坑的位置上能够清晰地看见玉垒山巍峨耸立的山峰。故笔者认为一、二号坑所涉猎的山神，应是蜀王"仙去"的西山。

（四）迎神驱鬼

从三星堆遗址二号坑出土的全高260厘米的带座青铜人立像头戴花冠，杏叶眼，鼻棱突出，方颐、大耳、细长颈。左肩右斜饰以方格形"法带"，双背上举，小手腕上各戴三个"手镯"，双手作"掐指一算状"。拇指特大，指甲突出，进行了极大的夸张。四指并拢，其中左手中指、无名指、小指与大拇指相顶。右手则留小指，而食指、中指、无名指头相顶。左手上举于鼻部中央，右手与胸齐。衣着左衽长袍，前裾过双膝。两小腿上各戴一脚镯，赤脚站立于方座上。方座四周刻有许多花纹，花纹下有类似饕餮的猛兽形象，形制庄严典重。这个方座可能是巫师作法时专用的"法坛"，整个人物造型均显示出作法的形状。因此笔者认为该大铜人立像是一个举足轻重的人物，很可能是政教合一的统治人物。在我国古代的国王中，多有懂巫之人，尤其是商王。陈梦家先生在他的《商代的神话与巫术》一文中指出："由巫而史，而为王者的行政官吏；王者自己虽为政治领袖，同时仍为群巫之长。"李亦侗先生亦说："君及官吏皆出自巫。"①《周礼·司巫》记载："司巫，掌群巫之政令……国有大烖，则帅巫而造恒。"可见该大铜立人像即象征王者，又象征着最大的"司巫"。

在这个"司巫"的周围还围绕着一批小的巫师。这些群巫有的头上戴冠，冠上饰三匹"羽毛"，双手亦作"掐指一算"状。两小拇指外翘，余四指相顶。还有的头带黄金面罩，有的头上扎一"蝴蝶"结，前额显得"光秃"。这群大小巫师，根据其各种不同的形态和有无金面罩等，也说明了所祭祀的不同对象和内容。《周礼·夏官》云："方相氏黄金四目。"所谓"方相氏黄金四目"，实际上就是指戴了黄金面罩的驱鬼头目。《后汉书·礼仪志》说："先腊一日大傩，谓之逐疫。其仪……方向氏黄金四目，蒙熊皮，玄衣朱裳，执戈扬盾……"所谓"傩"，是我国商周开始的一种驱逐住宅宫室四方疫鬼的祭祀舞蹈。可见两个坑内出土的几个头戴黄金面罩的青铜人头像，其面罩眼、眉部镂空，将两只铜眼暴露在外，就是代表驱鬼的"黄金四目"的方相氏，而大铜立人像则是群巫的"总督"，此是其一。

其二，祭祀坑内出土的铜树中，有一棵高达300—400厘米。树上有许多枝叶、花卉、果实及飞禽走兽和人首鸟身展翅略飞的异人等。《山海经·海内经》云："有木、青叶紫茎，玄花黄实，名曰建木。"《淮南子·坠形篇》云："众帝自上下。"高诱注："众帝之从都广山上天还下"，得"上下"之意矣，揆此文意，"众帝所自上下"云者，实自这些神树而上下。这就是说，二号坑内出土的铜树，是古人用于天地之间联络的工具。古人质朴，设想神人、仙人、巫师之能上下于天，要靠具体物质的东西帮助才行，故将树作为迎神、迎天帝的天梯。巫师们借此手法迎来诸神共驱鬼疫。

① 李亦侗：《中国古代社会史》，台湾中华出版事业委员会，1954年，第118—119页。

（五）迎敌祭祀

在各种祭祀活动中，主要是巫师的巫术表现。巫术，或称魔术，是原始宗教的一种形式。原始巫术的种类很多，其中一种是用比拟或模仿的方式进行巫术。这种方法在许多的民族材料中都有反映。如澳大利亚人要天下雨，就口含水，喷向四方，做出霖雨的象征。如果他们期望猎获更多的袋鼠，在出猎前跳袋鼠舞；巫师在地上画袋鼠的形象，猎手们纷纷用矛去刺它[①]。人们相信，把动物画出来，会产生一种魔力作用，增加猎杀那种动物的机会。人类对待自己也不例外。除了用于善意目的的巫术之外，还有使用模仿的方法企图达到谋害对方目的的致害巫术。三星堆两个祭祀坑内发现的青铜人像及头像等，其形制大小与真人相似。这种模拟人、头像除了上文已述善意用于祭祀自然诸神之外，还发现了若干身穿铠甲的武士人物，这可能反映了军祀的情况。其他还有一些颈部呈倒三角形的头像，也可能是对外敌的模拟塑像，以便对敌施行巫术。

从民族材料中可看出，最普遍用来杀害敌人的一种巫术即是以简易的材料将敌人塑成模像。例如要杀某个仇人，就画出他的形象，或者做成草人、木偶等。塑像是否像他并不重要；只要能将他"塑造"成像即可。其后，对塑像的任何部位的破坏，都将使敌方在相同部位感到痛苦和受伤[②]。类似的巫术不仅可用于私人仇恨的报复，同时也可用于帮助神明来对抗魔鬼。如在弗洛伊德《图腾与禁忌》一书中就举有这样的例子[③]。

可见从三星堆遗址两个坑中出土的数十个颈部呈倒三角形的人头似"刀"从两侧斜砍的情况来看，可能是举行这次仪式的"人牲"或"战俘"或敌方的模型，也有可能是当时蜀遇到了一支外来的劲敌，为了战胜敌人，或者为了自己对外出征而制作。蜀人在此次合祭中或在出

---

① 林耀华主编：《原始社会史》，中华书局，1984年。

② 这种巫术在我国早期神怪演义的小说里也屡见不鲜，如《封神演义》等。

③ ［奥］弗洛伊德著，杨庸一译：《图腾与禁忌》，中国民间文艺出版社，1986年。

发前进行了规模巨大的巫术活动，以求助神灵帮助自己战胜敌人。他们塑造出许多敌方的模型。由高大的铜立人"司巫"穿戴着法衣、法帽，戴上手镯、足镯，双手掐指站在施法的"祭坛"上，口中念着咒语，四周站着穿铠甲的武士，其他小巫师们则对偶像进行打击，或涂以蓝黑色或朱色的颜料，其后将之置于熊熊的烈火中进行焚烧，最后将其投入坑中进行瘗埋。

再根据二号坑内出土的大量海贝中背面中部被磨平，及坑内的重要遗物神树，可知二号坑也可能存在着迎敌祭祀（军祀）的内容。据汪宁生先生的研究，我国西南的纳西族在"吧卜"（巫术占卜）时，是用背面磨平涂上黑色的海贝来占卜的。"最简单的一种即以两个这样的海贝投掷于地上或碗中，看其正反情况。过去在路口山洞中都放着这样的海贝或其仿制品，专供行人卜问旅途的平安。"[①]二号坑内出土的背面磨平的海贝可能是这种用途。我们结合坑内出土有铠甲俱全的武士人像，两件车轮、车器和铜树座的周围有武士跪拜于树座上分析，可能是"立军社，奉主车"[②]而进行出师迎敌的祭祀活动。这种迎敌祭祀的活动也常见于史书记载。如《墨子·迎敌祠》云："敌以东方来，迎之东坛。坛高八尺，堂深八。年八十者八人主祭。青旗青神，长八尺者八。弩八，八发而止。将服必青，其牲以鸡。敌以南方来，迎之南坛。坛高七尺，堂深七。年七十者七人主祭。赤旗赤神，长七尺者七。弩七，七发而止。将服必赤，其牲以狗。敌以西方来，迎之西坛。坛高九尺，堂深九。年九十者九人主祭。白旗素神，长九尺者九。弩九，九发而止。将服必白，其牲以羊。敌以北方来，迎之北坛。坛高六尺，堂深六。年六十者六人主祭。黑旗黑神，长六尺者六。弩六，六发而止。将服必黑，其牲以彘。"可见古人将迎敌祭祀礼仪视为"国之大事"，要举行非常隆重的仪式。

---

① 汪宁生：《八卦起源》，《考古》1976年第4期。
② 《周礼·春官·小宗伯》。

肆、祭祀坑与三星堆堆子之关系

三星堆是因有三个起伏相连的黄土堆而得名。它位于整个遗址的南缘。隆起的顶部为椭圆形，南北长、东西窄，最高处高出地表约十米。近年来，考古工作者对这三个土堆的断面进行了多次考查分析，证明是人工逐层堆积起来的三个土堆，而非自然堆积。其包含物主要有商代或更早时期的陶片，不见晚于商代的遗物。三个土堆到底作何用途呢？与两个坑又有什么关系呢？笔者就此问题进行讨论。

首先，就二号坑内出土的青铜神树而言：在我国古代，树，一方面作为百神上下天地的交通工具——“天梯”，另一方面则主要用于祭祀，尤其是在祀社方面。《论语·八佾》载：“哀公问社于宰我，宰我对曰：夏后氏以松，殷人以柏，周人以栗。”可见古人祀社不论是用松、柏或栗，都与树或树林有着密切的关系，甚至王者亲祭也不例外。《吕氏春秋·顺民》篇云：“汤克夏而正天下，天大旱，不收。汤乃以身祷于桑林……”《艺文类聚》十二引《帝王世纪》说汤“祷于桑林之社”。这些文献材料都说明了树与社之间的关系。可见自商周以来，不论是行军出师祭祀或社祀都以树为主。但是这也不是唯一的方法，在考古材料中也发现有以石或土作为社祀的对象。如过去在我国的辽东半岛及朝鲜半岛发现的“巨石文化”就是用几块巨石堆积起来，用以祭社。整个遗址是以四块巨石为中心，围绕着巨石发现了二十具人骨架和十二具狗骨。有的同志结合卜辞和文献记载进行研究，认为这是一处社祭遗迹[①]，是有一定道理的。这种以石为祭祀活动对象的考古材料在河北磁山遗址[②]、甘肃永靖秦魏家墓地[③]都有发现。社，甲骨文作“”，一般

① 王宇信、陈绍棣：《关于江苏铜山丘湾商代祭祀遗址》，《文物》1973年第12期。

② 河北省文物管理处、邯郸市文物保管所：《河北武安磁山遗址》，《考古学报》1981年第3期。卜工：《磁山祭祀遗址及相关问题》，《文物》1987年第11期。

③ 中国科学院考古研究所甘肃工作队：《甘肃永靖秦魏家齐家文化墓地》，《考古学报》1975年第2期。

人认为"🝙"字中间的"🝙"像巨石形，旁边四点则是人祭或牲祭的血四溅之形，这也是可能存在的。但是这样的巨石不一定到处都有。因此，有的地方只筑土为坛，而其四周或一旁有树（或桑林或松柏），因地而异。因此笔者认为甲骨文的"🝙"字的中间也可看作是凸出地平的土堆。《逸周书·作雒》云："乃建大社于国中……东青土，南赤土，西白土，北骊土，中央衅以黄土。将建诸侯，凿取其一方之土，焘以黄土，苴以白茅。"蜀地三星堆就是一例，广汉三星堆的三个堆子实际上就是以土祀社。土，殷契中的土字与社字同属一字。其形有作🝙、🝙、🝙或🝙的，就是表现这些突出于地平线上而隆起的土包，土包周围又有滴血之形。这种方法可能由原始的土地神祭祀发展为祀社主的。在原始社会时期，人们直接崇拜土地，向着土地祈祷、献祭、把供物撒在地上或埋入地。随后在祭地时搞一个土堆作为祭祀的对象，或规定一个地方作为祭祀场所。这个土堆或祭祀场所天长日久之后，就变成了土地神存在的象征或神体。故《诗·大雅·绵》把象征土地神的土堆称为"冢土"。冢土即是隆起在地平上的高大土堆。三星堆三个土堆就是高出地面十米（现存高度，原来可能更高）左右的高大土堆。古人为什么要筑冢土祭社呢？应劭在《风俗通议·祀典》中说："社者，土地之主，土地广博，不可遍敬，故封土为社而祀之，报功也。"而古代的国家就是建立在社的基础上的。在甲骨卜辞中还常见唐土（社）、毫土（社）和"㩅社"的记载。可见每个"邑"里都可能有社。因此卜辞中"作大邑于唐土"[①]，可见邑之所在必定有社。三星堆遗址城墙的发现以及大量的房屋建筑、作坊的发现，显系城邑之设施。因此三星堆的三堆土作为蜀人祀社主的"冢土"也就不觉为奇了。而三星堆遗址出土的神树和发现两个祭祀坑的方向也恰好对着这三个土堆。出土的铜树也反映了"桑林"的情况。为此笔者认为三星堆的三个堆子和发现两个祭祀坑的地方，应是一个整体，是蜀人在此举行各种祭礼的场所。

---

① 《金》116。

伍、三桑考

在二号坑内出土了两棵大的青铜树（编号为K2：94、K2：92，现残高110—148厘米，若复原可达350—400厘米）和一棵小型的青铜树。三棵树上都有许多枝叶、花卉、果实，有的还有飞禽走兽及鸟身人首展翅略飞的异人。树枝上往往还套有直径约9.6厘米的玉瑗、铜瑗或琼形器等。这些树是什么树呢？其用途如何？《山海经·海内经》云："有木，青叶紫茎、玄华黄实，名曰建木，百仞无枝，有九枸，下有九枸，其实如麻，其叶如芒……"可见二号坑内出土的三棵青铜树与文献记载的"建木"、传说中的"寻木""若木"等相关。它们作何用途呢？《淮南子·坠形篇》云："众帝所自上下。"高诱注："众帝之从都广山上天还下，故曰上下。"又云："上天还下，故曰上下"得"上下"之意矣……揆此文意，"众帝所自上下"云者，实自这些神树而上下。古人把山和树这两种实物设想为天梯，山又首称昆仑。《淮南子·地形篇》曰："昆仑之丘，或上倍之，是为凉风之山，登之而不死；或上倍之，是谓悬圃，登之乃灵，能使风雨；或上倍之，乃维上天，登之乃神，是谓太帝之居。"高诱注："太帝，天帝。"是缘昆仑以登天也。把从昆仑山上天的过程讲得最详细。其他较为清楚的还有华山青水之东的肇山。《山海经·海内经》云："华山青水之东，有山名曰肇山，有人名曰柏高，柏高上下于此，至于天。"

至于树之天梯有三：一曰寻木①；二曰若木②；三曰建木。这些树皆数百丈、数千丈，乃至千里之大树。在这些树上，"鸾鸟自歌，凤鸟自舞，灵寿实华，草木所聚，爰有百兽，相群爰处"③。二号坑中三棵青铜树的各种飞禽走兽即是于此群聚，而人首鸟身者则"翱翔云天，往来于天地之间"。我们再根据二号坑内出土的三棵青铜树的主体形态不

---

① 《山海经·北次二经·海外北经》。

② 《山海经·海外北经》，《淮南子·坠形篇》。

③ 《十洲记》，《山海经·海内经》。

同，可以看出三种树的差异：一种是树的主干在座子（树根）上约16厘米处长出较平缓的三枝树丫（K2：94），树根上有三个高20厘米的跪座在"方台"（座子）上的武士像；一种是在座子（树根）上约10厘米的主干上向上斜分出三枝树丫（前者主干粗约7.5厘米，后者在9厘米以上）；还有一种是形体较小，两树枝扭成绳状相扶缠而立，那些鸟身人首的异人即处于此树上。这是什么树呢？《山海经·海外东经》载："黑齿国在其北……下有汤谷。汤谷上有扶桑。"郭璞云："扶桑，木也。"扶桑者，《文选思玄赋》注引《十洲记》云："叶以桑，长数千丈，大二十围，两两同根生，更相依倚，是以名之扶桑。"可见此树应是"扶桑"。其他两棵树一可能是"建木"，另一棵可能是"若木"。这三棵树都应是蜀人在举行祭祀仪式时，用于人、神上天下地的"交通工具"或祭器。

陆、两个坑内及遗址内出土文物所反映出蜀先民与夏先民氏族部落的关系

夏是我国历史上第一个奴隶制国家。"夏"在古代是称一种民族，有人认为"夏"源于地名[1]；而有的人则认为"夏"的取义非起源于地名，实起于其先民的图腾舞蹈[2]。蜀与夏到底存在着什么关系呢？笔者认为蜀之三星堆文化与夏先民氏族部落文化有着渊源的关系。

传说夏朝是黄帝的后代，是从羌族中繁衍出来的。《史记·西南夷传》说先秦时期西南的部落"皆氐类也"。氐羌本为一个群体，但其中又有差别而分作两个部分。故在古代的文字记录中，或单独称羌，或氐羌并称。甲骨文中有"羌方""往羌"等字。《诗经·商颂·殷武》则说："昔有成汤，自彼氐羌，莫不敢来享，莫不敢来王。"说明在公元前

① 金景方：《中国奴隶社会史》，上海人民出版社，1983年。
② 陈江：《图腾制度反映的古代部落与考古文化的关系》，《南京博物院集刊》1984年第7期。

16世纪或更早，氐羌的部落居住地区紧紧围绕在中原地区的周围。而在商朝以前，从中原至西北、西南活动着的民族都是氐羌系统。据《史记·五帝本纪》的记载，黄帝族原先居住在西北方，过着"迁徙往来无常"的游牧生活。这也正是后来保留在氐羌系统的主要生活方式。夏民族奉禹为始祖，关于禹的由来，据《史记·六国年表》记载："禹兴于西羌。"《竹书纪年》则云："帝颛顼高阳氏，母曰女枢……生颛顼于若水……颛顼之子鲧，生禹于石纽。"《吴越春秋·越王无余外传》说："禹家于西羌，地曰石纽，在蜀西川也。"这些都说明夏族是黄帝之后裔，且为氐羌族中的一部分[①]。夏的始祖禹是颛顼之孙，颛顼是南方民族的代表，而禹又生于蜀之川西。蜀之川西与西北交界处，至今仍生活着氐羌系统的少数民族。早在商代之前，当黄帝族、夏族等族人的大多数已先后从西北、西南到中原地区融合为华夏族之时，另一些氐羌人口仍然居住在原地。目前发现的考古资料也证明了这一点。如在四川广汉三星堆遗址出土的陶器中发现了大量的陶盉、高柄豆等器型，而这些器型同时又在河南偃师二里头夏文化中也有发现。但是，经过多年的考古发掘证明盉、高柄豆不是二里头夏文化的主要器皿。二里头夏文化的陶器，尤其是一期的陶器群，炊器以鼎、深腹罐、折沿罐为主，盛食器以碗、豆、圈足盘为主，贮藏器以高领罐、瓮为主，同时也有少量的陶盉出现。然而这些陶盉不是二里头文化固有的，从种类和数量上来看，都不能与广汉三星堆遗址出土的陶盉相比拟。二里头遗址出土的陶盉有两类[②]：第一种类型的盉为长流、束腰三尖袋足，属二里头文化早期；第二类的陶盉为粗短矮胖的盉，属二里头文化二期。其时代经碳十四测定为前1900—公元前1500年。然而在广汉三星堆遗址出土的陶盉可分三大类型，第一、二两种类型与二里头的两种类型同，第三种类型为半封顶、长管流、窄肩瘦高的尖袋足盉。这三种类型的盉基本上出现于三星

① 陈梦家：《殷墟卜辞综述》，科学出版社，1956年。

② 隋裕仁：《二里头类型早期遗存的文化性质及其来源》，《中原文物》1987年第1期。

堆遗址的第二期，其数量也较多。其时代经碳十四测定为前4500±150年，略早于二里头文化。由此可见，二里头夏文化的陶盉、高柄豆等器型可能是由西蜀传去，犹如二里头文化类型早期出现的大量单耳罐形鼎、圜底盘形鼎、侈口澄滤器、花边罐、双耳罐等都是由西部的客省庄二期文化和陇东的齐家文化融合于二里头文化内一样①，因此笔者认为早蜀文化的一部分也是夏先民氏族部落文化组成之一。

《华阳国志·蜀志》云："蜀之为国肇于人皇。与巴同囿。至黄帝，为其子昌意娶蜀山氏之女，生子高阳，是为帝（喾）〔颛顼〕……故有夏声也。"

夏，许慎《说文》："𤕦，中国之人也。从夊从页从臼。臼，两手。夊，两足也。""百，头形也。""臼，叉手也。""叉，手指相错也。""夊，迟曳夊，夊象人两胫所蹴也。""□，蹴舞履也。"可见"夏"是双手捧着假面具（即𦣻）相错而舞，两脚走着舞步在跳的饰兽舞。而《华阳国志》和《尚书·牧誓》则云："巴蜀之师前歌后舞，以凌殷人。"可见夏与蜀都是能歌善舞的民族，这不是偶然的巧合，而是反映出两个文化的共同之处。这也许就是"夏声"。尤其是广汉三星堆遗址二号坑中出土了数十具人面具和兽面具，更是充分反映出双手捧着或戴着假人面具和兽面具相错而舞的状况。相传，禹之时，有"禹步"的舞步，这种舞步实际上就是后来的巫觋舞蹈时常用的一种步法"巫步"②，其跳法："前举左，右过左，左就右。次举右，左过右，右就左。次举右，右过左；左就右。如此三步，当满二丈一尺，后有九迹。"③

传说中，夏人是善于饰兽跳舞的民族。《尚书·尧典》记载："帝曰：夔命汝典乐，教胄子……夔曰：于，予击石拊石，百兽率舞。"《史记·夏本纪》亦云："舜德大明，于是夔行乐，祖考至，群后相让，鸟

---

① 隋裕仁：《二里头类型早期遗存的文化性质及其来源》，《中原文物》1987年第1期。
② 金景方：《中国奴隶社会史》，上海人民出版社，1983年。
③ 〔晋〕葛洪著，王明校释：《抱朴子内篇校释》，中华书局，1985年。

兽翔舞，凤凰来仪、百兽率舞。"有人认为这无疑是"夏类"的饰兽舞蹈①。然而就是这些"夏类"舞蹈的"道具（人、兽面具）"等没有在其他地方同时发现或大量发现过，而是在史书记载中禹的出生地"西蜀"发现了。尤其是二号坑中出土的9件头上两云形角，双眉飞出脸面向上内勾，两圆眼，云纹形鼻，大嘴嘴角下勾，上、下两排牙齿紧咬的兽面具，其双眉尖处和两嘴角的下方各有一小圆穿，显系穿绳而用，这就有可能是所谓"夏类"的饰兽舞蹈用的道具。不仅如此，在二号坑内出土的"神树"上的各种飞禽走兽、凤凰及坑内出土的"夒"等异兽也正是"鸟兽翔舞"的反映。同时夏先民认为其祖先起源系诞自兽类——熊，故在祭祀祖先神灵等而举行的跳舞，也是在极力模仿其兽图腾的形象。在二号坑的西北角出土的几件面具，其形象似熊，又似虎。这种兽面亦常见于汉晋六朝时的铜镜上，据有些学者考证，此形象就是禹父鲧②。《山海经·海内经》载：古时"洪水滔天，鲧窃帝之息壤以堙洪水，不待帝命，帝令祝融杀鲧于羽郊"。鲧死后，"其神化为黄熊，以入于羽渊，实为夏郊，三代祀之"。又"通在群神数，并见祀"③。鲧是禹的父亲，禹出生于蜀，又是夏的开山祖师，这就不难看出蜀先民与夏先民之间的关系。他们之间既有共性，又有异性，其共性就是两个文化都保留了原始崇拜的传说人物鲧、禹和"鸟兽翔舞"的"图腾跳舞"；在物质文化上则保留了盂、豆等器形。其不同之处则是黄帝族的一部分羌人从西北、西南进入中原后形成了一种以鼎和深腹罐为主要器形的二里头夏文化，这种文化融合了中原地区的客省庄二、三期文化，陇东常山和西北的齐家文化及河南龙山文化的因素，可说是二里头文化是一种多民族文化形成的复合文化，还有一部分羌人保留在原来生活的地方，这一部

---

① 陈江：《图腾制度反映的古代部落与考古文化的关系》，《南京博物院集刊》1984年第7期。

② 管维良：《汉魏六朝铜镜中神兽图像及有关铭文考释》，《江汉考古》1983年第3期。

③ 《左传·昭公七年》及注。

分则在西南形成了以小平底陶罐、高柄豆、陶盉和鸟头把勺为主要器型的早蜀文化。因此笔者认为三星堆早蜀文化与夏先民氏族部落文化有着密切的"血缘"关系。

原载《四川文物》（广汉三星堆遗址研究专辑）1989年

广汉三星堆遗址一、二号坑的时代、性质的再讨论

　　四川广汉三星堆遗址自1980年发掘以来，已有十七年了。其间考古工作者对该遗址进行了多次的发掘和整理，收获很大。特别是1986年夏秋之际，一、二号坑的重大发现[①]引起了各方面人士的极大关注。当一、二号坑的发掘清理简报公布以后，已有不少专家学者对其年代、性质、意义，乃至一些器物的解释等问题做了一些研究[②]，并取得了一定的共识。但从近两年诸家的研究情况来看，有些重大问题还存在着不同的看法。现就争论较多较大的问题予以介绍和讨论。

---

① 　四川省文物管理委员会、四川省文物考古研究所、四川省广汉县文化局：《广汉三星堆遗址一号祭祀坑发掘简报》，《文物》1987年第10期。四川省文物管理委员会、四川省文物考古研究所、广汉市文化局、文管所：《广汉三星堆遗址二号祭祀坑发掘简报》，《文物》1988年第5期。
② 　孙华：《关于三星堆器物坑若干问题的辩证》，《四川文物》1993年第4期；《关于三星堆器物坑若干问题的辩证（续）》，《四川文物》1993年第5期。沈仲常：《三星堆二号祭祀坑青铜立人像初记》，《文物》1987年第10期。

一、关于一、二号坑的时代问题

关于一、二号坑的时代问题，除一、二号坑发掘简报报道的时代分别属殷墟一、二期的时代外，目前尚存在着以下两种看法：

（一）一、二号坑同属殷墟一期前后的遗存[1]，或同属商末周初[2]。

（二）"西周说"。其根据是在四川"西周以前从未发现过如此精湛的青铜工艺，说明蜀人缺乏这种工艺技术积累和发展阶段。蜀人的青铜铸造技术当为商王朝灭后才传到巴蜀之地。因此，这些青铜铸造于西周早期，用过百年、甚至几百年后被外族侵占而入坑，其时代理所当然的应为西周中晚期"[3]。

从上述两种观点来看，第一种观点可以说与简报的时代较为接近，第二种说法相差则较大。三星堆遗址一、二号坑的年代是同时还是异时？是商代还是西周晚期？这个问题虽然在简报中予以简述，但仍有不少的人对坑的时代和性质提出异议。因此，在这里有必要进行一次补充讨论。

1. 我们先从广汉三星堆遗址文化层的最上层至最下层当中采集的20多个标本来看，这些标本经中国社会科学院和北京大学碳十四测定室测定，最早的地层年代为距今4900±130年、4760±130年，最晚的为距今2875±80年。这些数据经树轮校正，分别为公元前2950年、公元前2810年和公元前840年。

从上面测试的数据可以看出，三星堆遗址发现的文化层，迄今为

---

① 孙华：《关于三星堆器物坑若干问题的辩证》，《四川文物》1993年第4期；《关于三星堆器物坑若干问题的辩证（续）》，《四川文物》1993年第5期。沈仲常：《三星堆二号祭祀坑青铜立人像初记》，《文物》1987年第10期。

② 胡昌钰、蔡革：《鱼凫考——也谈三星堆》，《四川文物》（三星堆古蜀文化研究专辑）1992年。

③ 徐朝龙：《三星堆"祭祀坑说"唱异——兼谈鱼凫和杜宇之关系》，《四川文物》1992年第5期；《三星堆"祭祀坑"唱异（续）——兼谈鱼凫和杜宇的关系》，《四川文物》1992年第6期。

止，最晚的地层年代也在公元前840年。可见三星堆文化遗址的地层时代不会晚于商代晚期和西周早期。何况一号坑开口于Ⅱ区的第6层下，二号坑开口于第5层下，在它们的上面还分别叠压有三星堆文化的第5、6文化层。

2. 关于坑内出土器物的断代问题，我们主要是依据一、二号坑中时代最晚的器物，结合前面谈到的地层关系、类型学上的比较，再参照碳十四测定的标本数据而定的。一、二号坑内所出土的器物中具有时代特征的主要有戈、尊、罍、陶器等。其他的人像、头像、面具、神树、金器等多属国内首次发现，其他地区无对比的同类型资料。因此我们只能从出土器物中的玉戈、璋，青铜尊、罍，陶器等与巴蜀周围邻近文化的同时代同类器型进行比较。三星堆遗址一、二号坑出土的A型玉戈、C型戈、A型与B型"牙璋"①等玉器，分别与偃师二里头②、郑州二里岗③、安阳殷墟④出土的玉戈、玉璋相似。特别是在出土的几百件玉石器中就没有发现一件晚于殷墟时期的玉石器。

青铜器方面，一号坑出土的龙虎尊，其形制、花纹均与安徽阜南月儿河打捞出的商代前期（晚于郑州二里岗上层，与殷墟第一期相当）的龙虎尊一致⑤，同时也与殷墟和陕西出土的一件龙虎尊接近。二号坑出土的尊、罍的形制和纹饰布局大部分与河南安阳殷墟二、三期的尊、

---

① 四川省文物管理委员会、四川省文物考古研究所、四川省广汉县文化局：《广汉三星堆遗址一号祭祀坑发掘简报》，《文物》1987年第10期。四川省文物管理委员会、四川省文物考古研究所、广汉市文化局、文管所：《广汉三星堆遗址二号祭祀坑发掘简报》，《文物》1988年第5期。参见《一号坑简报》图版叁，图5、6；《二号坑简报》图版伍，图1、2。

② 偃师县文化馆：《二里头遗址出土的铜器和玉器》，《考古》1978年第4期。中国社会科学院考古研究所二里头队：《1980年秋河南偃师二里头遗址发掘简报》，图十，16、4，《考古》1983年第3期。

③ 赵新来：《郑州二里岗发现的商代玉璋》，《文物》1966年第1期。

④ 中国科学院考古所安阳发掘队：《1975年安阳殷墟的新发现》，《考古》1976年第4期。

⑤ 葛介屏：《安徽阜南发现殷商时代的青铜器》，《文物》1959年第1期。史岩：《中国雕塑史图录》（第一卷），图二五，上海人民美术出版社，1983年。

罍相似[1]。特别是从这些容器上的鸟纹头上都有冠、嘴为勾喙、尾上翘或下拽来看均呈现出殷代末期的绘画特征[2]。另外，二号坑出土的尊等容器还与湖南岳阳、湖北枣阳、沙市[3]等地出土的商代晚期铜尊相似。

3. 我们将一、二号坑出土的器物形制和两坑的位置相比较，可以看出其明显的差异：

A. 一号坑开口于三星堆遗址第Ⅱ发掘区的第6层下；二号坑开口于第Ⅱ发掘区的第5层下。

B. 一号坑平面呈"𝍷"形；二号坑平面呈长方形。

C. 一号坑出土的器物都较小，如面具、跪坐铜人像，其出土数量亦少，一号坑出土各类器形400余件；二号坑出土的器物都较大，特别是大型的人面像和青铜立人像及神树等，这些器物都高达138—395厘米；二号坑出土器物达1100多件。

D. 一号坑出土的容器只有一件龙虎尊、一件羊尊和一件缶；二号坑则出土了十多件尊、罍、方壶等容器。

E. 一号坑出土的青铜人头像，其造型较圆润，数量少；二号坑出土的青铜人头像的脸部较方、长，数量多，造型多。

F. 一号坑出土器物中以玉石器为主，在400余件出土物中，玉石器就占了195件，几乎接近半数；而二号坑则以铜器为主，在出土的1100多件器物中，铜器就占了732件，占了二号坑总件数的62.88%。

G. 一号坑有金杖出土，属王宫之重器，但无神树发现；二号坑则出土几棵神树，其中一棵经修复已达395厘米之高。

H. 一号坑出土的牙璋种类比二号坑多；但没有二号坑的牙璋长、大。

I. 一号坑出有象牙门齿、臼齿、头骨及大量的大动物碎骨渣，由此

① 中国社会科学院考古研究所编：《殷墟青铜器》，文物出版社，1985年。
② 陈公柔、张长寿：《殷周青铜容器上鸟纹的断代研究》，《考古学报》1984年第3期。
③ 《枣阳首次发现商代铜尊》，《中国文物报》1988年7月8日第2版。《中国文物精华》编委会：《中国文物精华》（1990），图版44，文物出版社，1990年。

分析，一号坑用牲可能是用完整的象牲；二号坑仅出土象牙门齿，但其量非常大，一次就用了60余枚大象门齿，也就是说要用30余头象才能取这么多的门齿。

从上述一、二号坑的各种差异中，不难看出它们之间存在着时代上的差异。特别是一号坑出土的晚期A·B型玉璋、A、B、C型戈与殷墟一期同；二号坑出土的A·B、C型戈分别与妇好墓标本1091Ⅱ玉戈、Ⅰ式玉戈等相似。

尽管一、二号坑存在着时代上的差异，但两个坑内出土的大量宗庙重器的形制和焚烧、埋入的程序及两坑的朝向一致，说明了两坑之间有一定的内在联系，即是一种不可分割的传承关系。

4. 三星堆一号坑出土的尖底盏为尖角圆唇、斜壁，弧腹较深，尖底。此种器型与器座配套使用。坑内出土的器座为平直口、束腰，筒形。盏和器座都是由夹砂褐陶制成的。关于它的时代，有人曾撰文说："在成都地区为中心的广大地区内以尖底器为代表的器物群开始流行……四川进入了杜宇族蜀王朝的时代，这样我们可以看出杜宇族称王掌政的期间大约在西周后期到春秋前期这一范围内。"[①]以此证明三星堆遗址一、二号坑的年代为西周中期。尖底盏是三星堆遗址一号坑内的主要陶器，但并不是唯一的陶器。盏，属尖底器一类的器型，此类器型，我们根据地层关系、器物排列，得知始出现于三星堆遗址的第三期；约当公元前1400—公元前1200年，至三星堆遗址文化第四期（当在公元前1100—公元前840年），尖底器类逐渐增多。从三星堆文化第三期的后段至第四期，尖底盏的出现和流行也有变化，并不是一种器物从出现到消失都是一成不变的。

三星堆遗址尖底盏的出现，首先在三星堆遗址第Ⅱ区的第9文化层就已出现，在三星堆遗址文化分期上属第三期，此时的尖底盏口较大、

---

① 徐朝龙：《三星堆"祭祀坑说"唱异——兼谈鱼凫和杜宇之关系》，《四川文物》1992年第5期；《三星堆"祭祀坑"唱异（续）——兼谈鱼凫和杜宇的关系》，《四川文物》1992年第6期。

尖圆唇、腹较深、底很尖，至第四期，形体逐渐变小、腹较坦，至最晚阶段（约公元前1000—前840年）出现"双腹"，尖底逐渐向圆圜底发展，不再像刚开始出现那样尖。我们再与成都十二桥遗址、成都指挥街周代遗址出土的尖底盏相比较，三星堆遗址一号坑出土的尖底盏与成都十二桥商代早中期出土的敞口、深腹、尖底的Ⅰ式盏相似[1]，而与成都指挥街周代遗址出土的早期尖底盏已有很大的差异。指挥街周代遗址出土的尖底盏形制比三星堆遗址、成都十二桥商代遗址出土的尖底盏都显得矮、坦，底亦不尖、不突出[2]。因此，不难看出三星堆一号坑内尖底盏的时代无论如何也晚不到西周的中晚期。

我们从上述的器物中，不论是看单件的文物还是整体看待一、二号坑出土的具有时代特点的器物群，它们与各地出土的殷商时期的同类器物都相当地近似。为此，有人将其相似性和相同性简单地视为某一文化的传播性，而忽视了各种相邻地区文化的相互渗透性。这种渗透性中含有官方赐予、进贡、民间交流、互赠，甚至为战争的相互掠夺诸因素。故不能以某种文化中的某种器型先在某个地区发现，这种器型就理所当然地是这个文化的，如果再在其他地区发现类似的器型就必然是前者传播的，并且一定要比前者顺理成章地晚一个时期，甚至更晚。在三星堆遗址一、二号坑的时代讨论中，有人就是通过这种推理认为"两个坑里的青铜器铸造于西周早期，用过数百年后……而入坑的"，根据是"蜀人在参与武王伐纣之前是不可能有这样先进的青铜铸造技术"，在四川"西周以前从未发现过如此精湛的青铜工艺，说明蜀人缺乏这种工艺技术积累和发展阶段，蜀人的青铜铸造技术当为商王朝灭后才传到巴蜀之地。同时认为尊罍及其他青铜器的制造是殷人的铸造师铸造

---

① 四川省文物管理委员会、四川省文物考古研究会、成都市博物馆：《成都十二桥商代建筑遗址第一期发掘简报》，图一二，21，《文物》1987年第12期。

② 四川大学博物馆、成都市博物馆：《成都指挥街周代遗址发掘报告》附表五，四川大学博物馆、中国古代铜鼓研究学会：《南方民族考古》（第1辑），四川大学出版社，1987年，第201页。

的"。从上述的观点中，不难看出其自我矛盾的方面，就按其理所推，两个坑里的器物是西周所制，同样也缺乏在这之前的技术积累，那么突然有这样巨大的青铜立人像、神树、头像、人面像的积累又从何来？另一方面，一、二号坑出土的绝大部分器物从目前现有的资料来看，并非表现的是中原商人的风格，特别是青铜人物造型及神树等非容器类的青铜器。这些青铜器的铸造工艺远比尊、罍的铸造工艺要复杂。至于蜀人的雕塑艺术技术的积累，我们从三星堆遗址相当于商代早期和中期地层中出土的大量陶塑艺术精品中所见到的猪、虎、猫头鹰、杜鹃鸟、鼠、羊、马、鹦鹉等雕塑品，就不难看出蜀人在绘画、雕塑方面早已有了良好的基础。除此外，我们从遗址中发现的许多石材的加工和两个坑内出土的蜀人玉器加工痕迹看，当时已有非同寻常的加工工具能进行制作，特别是牙璋的扉棱加工。由此我们不难看出蜀人早在商代的中晚期以前已掌握了采矿冶炼金属的技术。只是由于种种原因还没有发现比这更早的青铜器而已，但并不是就可以否定它存在的可能性，正如三星堆遗址两个祭祀坑在没有被发现之前，谁能说有还是没有呢？又如我国近年来的考古工作不断有新发现，特别是长江流域的"良渚文化""新干大洋洲的青铜器"等考古学新文化类型及新的器物，在未被发现之前，谁又能说是有还是没有？

再则，从类型学的比较来看，两个坑内除发现具有强烈的商代特征玉器和青铜器外，迄今为止，没有发现有西周特征的器物。

二、关于两个坑的性质问题

关于三星堆遗址一、二号坑的性质问题，发掘简报和笔者都认为两个坑属祭祀（埋）坑[①]，同时也有些学者提出或撰文认为是墓葬陪葬

---

① 陈显丹：《三星堆一、二号坑几个问题的研究》，《四川文物》（广汉三星堆遗址研究专辑），1989年；《广汉三星堆一、二号坑两个问题的探讨》，《文物》1989年第5期。

坑说①、失灵神物掩埋坑说②、火葬墓说③、不祥宝器掩埋坑说④、鱼凫灭国器物坑说⑤等。综上不同看法，除祭祀（埋）坑的说法外，归结只有两种看法：一是"墓葬及墓葬陪葬坑"的说法，即与墓葬有关，但持此说者不多；二是"不祥之物、神物掩埋坑说"，持此说者较前者多。根据这些不同的看法，三星堆一、二号坑的性质属性有必要深入继续讨论下去，以期获得同仁们的共识。

（一）我们讨论一、二号坑是否为墓葬陪葬坑及蜀王火葬墓。关于这一点，我们曾在简报中指出，在半个多世纪的调查发掘的区域中，没有发现过墓葬区，特别是在两个坑的周围。当地砖厂烧砖取土十余年也没有发现墓葬，相反则发现过几个小型的长方形的土坑，这些土坑都是瘗埋器物的小型祭祀坑，如1929年在月亮湾燕家院子发现的一坑玉石器基本都是礼仪性的用品，如璋、琮、圭、斧、瑗、璧等，器物且"叠置如简"但未在坑中发现尸骨，研究者多认为是祭祀之所⑥。1964年，在距原坑五六十米处又发现成品半成品和石坯一坑⑦。1986年3月，在一、二号坑的附近发现一长方形坑，出土铜瑗及青铜礼器残片。1988年又发现一玉石器坑，出土成套的玉环、璧、牙璋等礼器。但从未发现坑内有尸骨或葬具之类。1987年我们将一号坑里的部分碎骨渣取样，

① 1986年在广汉召开的"巴蜀的历史与文化"学术讨论会上的意见。

② 林向：《蜀酒探原——巴蜀的"萨满式文化"研究之一》，四川大学博物馆、中国古代铜鼓研究学会：《南方民族考古》（第1辑），四川大学出版社，1987年。

③ 张明华：《三星堆祭祀坑会否是墓葬》，《中国文物报》1989年6月2日。

④ 孙华：《关于三星堆器物坑若干问题的辩证》，《四川文物》1993年第4期；《关于三星堆器物坑若干问题的辩证（续）》，《四川文物》1993年第5期。沈仲常：《三星堆二号祭祀坑青铜立人像初记》，《文物》1987年第10期。

⑤ 徐朝龙：《三星堆"祭祀坑说"唱异——兼谈鱼凫和杜宇之关系》，《四川文物》1992年第5期；《三星堆"祭祀坑"唱异（续）——兼谈鱼凫和杜宇的关系》，《四川文物》1992年第6期。

⑥ 葛维汉：《汉州发掘报告》，《华西边疆研究学会杂志》1933—1934年第6卷，林铭均：《广汉古代遗址发现及其发掘》，《说文月刊》1942年第3卷第7期。郑德坤：《四川古代文化史·广汉文化》，《华西大学博物馆专刊》，1946年。

⑦ 冯汉骥、童恩正：《记广汉出土的玉石器》，《文物》1979年第2期。

请有关部门进行检验是否有人骨之类的残骸，经化验检查，暂无人骨残骸之类的物体发现，其骨渣均系动物骨骸，因此其为墓葬的可能性是非常小的。同时鉴于这些坑的四周迄今为止未发现任何同时代的墓葬，其墓葬的"陪葬坑"说法亦是难以成立的。

（二）三星堆一、二号坑是否为"不祥之物"掩埋坑？持此说者，主要有以下两点意见：

1. 两个坑的器物是鱼凫王的，被杜宇灭国后被掩埋，因为他们取之不利[①]；

2. 两个坑一次性用这样多的珍贵品，其国力是承受不了的，只能是异族入侵而进行"宗庙扫庭"的结果[②]。

下面我们就针对三星堆一、二号坑的器物是否是被杜宇灭国后掩埋的这一意见进行讨论：其一，持此说者在其撰文中首先将一、二号坑的时代同时压在西周中期，然后谈到鱼凫被杜宇所灭，掌政于西周后期到春秋前期这一范围内。前面本文在两个坑的时代讨论中指出：两个坑的时代不属一个时代，其最晚的二号坑亦在商末周初，而不会晚到西周中期，就是从三星堆遗址最晚的地层来看，也没有晚到西周中期或春秋，因此其年代的错定必然会导致错误的结论。

其二，既然两个坑是"鱼凫灭国器物坑"，那么这些器物就应当一次性在同一个时间销毁，用一个坑就足以将其填埋，为何要分两个坑，而且两个坑的遗物既有相似性又有明显的差异性。这里所说的相似性，即两个坑都有青铜人头像、人面像、玉戈、璋等；差异性则非常明显，如前所述足以说明两个坑的时代是有先后区别的。

其三，持"两坑为不祥之物"的灭国器物坑意见者，在讨论这两

① 徐朝龙：《三星堆祭祀坑说唱异——兼谈鱼凫和杜宇之关系》，《四川文物》1992年第5期；《三星堆"祭祀坑"唱异（续）——兼谈鱼凫和杜宇的关系》，《四川文物》1992年第6期。

② 林向：《蜀酒探原——巴蜀的"萨满式文化"研究之一》，四川大学博物馆、中国古代铜鼓研究学会：《南方民族考古》（第1辑），四川大学出版社，1987年。

个坑的性质和时代的问题时，都将注意力集中在坑内的遗物被毁的现象上面，却忽视了两个坑在形式上的差异。我们现在有必要再将两个坑的形式简要地叙述一遍：

一号坑为长方形，开口于三星堆遗址第Ⅱ发掘区的第6层下，口约大于底，长450—464厘米、宽330—380厘米。在坑口正中及两侧各有一条宽80—100厘米、深24—26厘米的坑道，从坑道残存的情况分析，两侧坑道可能与中间的主坑道相通，形成一个"环道"。

二号坑的形制，平面呈长方形，开口于三星堆遗址第Ⅱ发掘区的第5层下。坑口长530厘米、宽220—230厘米、深140—168厘米。坑底长500厘米、宽210厘米。

从上面一、二号坑的形式我们可以看出，其开口层位不一，说明了两个坑并不是一个时期的坑，也存在着明显的差异。同时，两个坑的遗物虽然被毁，但放置都是有层次和先后次序的[①]，而不是随意将其杂乱无章地扔在坑中。如果说这些坑都是同一时间的"宗庙扫庭的不祥之物"，将其砸烂抛于野外或随便挖个坑杂乱地扔进去埋了就行了，何必又要用火烧，然后再往坑里有秩序地扔放呢？为什么又要在坑口的正中央或两侧开"道"呢？为何又要将牺牲的动物骨骸完全粉碎成1—2厘米的碎块呢？还有，如果两个坑同时进行"扫穴犁庭"，为何相互仅隔30米距离的一、二号坑中的器物没有相互混杂，反而各置有序，这些不都说明古代的蜀人在此先后进行过某种隆重的宗教活动吗？古人最大的宗教活动又是什么呢？那就是"国之大事，在祀与戎"。

其四，三星堆遗址的三个土堆（即三星堆的得名）与一、二号坑位置紧相连，其分布走向均与一、二号坑一致，都为北偏东35°。三星堆实际上就是三个隆起在地面的椭圆形的土堆，系人工堆积。三星堆的

---

① 四川省文物管理委员会、四川省文物考古研究所、四川省广汉县文化局：《广汉三星堆遗址一号祭祀坑发掘简报》，《文物》1987年第10期。四川省文物管理委员会、四川省文物考古研究所、广汉市文化局、文管所：《广汉三星堆遗址二号祭祀坑发掘简报》，《文物》1988年第5期。

堆子经过人工解剖发现其包含物均属商代。三星堆堆子不是普通的人工堆积，应是一露天"祭坛"（"冢土"）。考虑它与一、二号坑同处在三星堆遗址（城址）的西南部，这一区域应是蜀人举行重大礼仪的场所。关于这一点，笔者早已有论述①，其他学者也有文章论述②，此不赘述。就在这个"郊祀的宗教活动圣地"内，先后还发现了一些小型的祭坑。更重要的是，三星堆遗址二号坑内还出土刻有记录当时人们祭山图案的边璋，以及两件小型的青铜神殿，在其神殿周围还铸有一排排的手持它物作跪拜之状的人。

综合上述诸实物因素及各种条件因素，三星堆遗址一、二号坑的性质也就不言而喻了。

本文之所以要再次把一、二号坑的性质确认为是"祭祀坑"，首先基于我们所说的"祭祀"含义不是狭隘的一种特定祭祀，而是含义广泛而又复杂的一种宗教礼仪。它包含着方方面面乃至各种类型的、简单的、复杂的宗教活动。如社稷的平安、战争、天灾（洪涝、干旱）、驱鬼避邪、丰收、胜利等，这些祭祀典礼在我国古代可以说是无处不存。我们就一、二号坑本身的形式而言，坑本身也是一种宗教仪式的产物，不论是坑的形式及所开的坑道（包括坑内、坑道内的层层夯土），还是坑内被粉碎为1—2厘米的动物骨渣、被焚烧的遗物和两个坑的所在区域及一致朝向，都是非常"考究"的，这种"考究"本身就具有某种宗教祭祀的象征意义，何况还有上文所陈诸重要因素。故笔者作为发掘者在十年前将三星堆一、二号坑的性质初步确认为祭祀坑，现在仍确定它们是祭祀坑。

原载《四川文物》1997年第4期

① 陈显丹：《三星堆一、二号坑几个问题的研究》，《四川文物》（广汉三星堆遗址研究专辑）1989年；《广汉三星堆一、二号坑两个问题的探讨》，《文物》1987年第10期。

② 胡昌钰、蔡革：《鱼凫考——也谈三星堆》，《四川文物》（三星堆古蜀文化研究专辑）1992年。

三说三星堆遗址祭祀坑

　　关于三星堆遗址出土的八个祭祀坑的性质问题，从1986年出土一、二号坑的时候就已展开了热烈的讨论。此后，学界基本上将一、二号坑称为"祭祀坑"，但也有人仍坚持"器物埋藏坑"之说。

　　2019年年底在三星堆一、二号坑旁又陆续发现了六个坑，这六个坑的发现又引起了学界对三星堆发现的八个坑性质的讨论。这次讨论的焦点为三星堆前后发现的这八个"坑"是"器物埋藏坑"还是"祭祀坑"，或是其他性质的坑，为此本文就此问题再谈三星堆八个坑的性质。

　　关于1986年三星堆遗址发现的一、二号坑的性质问题，发掘简报认为两个坑属祭祀坑[①]，笔者也曾撰文阐述过此观点。2019年在三星堆遗址原一、二号坑旁发现的六个土坑应与一、二号坑同性质。在新的六个坑发现之前，也有些学者曾提出或撰文认为三星堆遗址一、二号坑是

---

① 四川省文物管理委员会、四川省文物考古研究所、四川省广汉县文化局：《广汉三星堆遗址一号祭祀坑发掘简报》，《文物》1987年第10期。四川省文物管理委员会、四川省文物考古研究所、广汉市文化局、文管所：《广汉三星堆遗址二号祭祀坑发掘简报》，《文物》1988年第5期。

墓葬陪葬坑[①]、失灵神物掩埋坑[②]、火葬墓[③]、不祥宝器掩埋坑[④]、鱼凫灭国器物坑[⑤]等。综上不同看法，除祭祀坑的说法外，归结为两种看法：一是"墓葬及墓葬陪葬坑"的说法，即与墓葬有关，但持此说者不多；二是"不祥之物、神物掩埋坑说"，持此说者较前者多。根据这些不同的看法，三星堆八个土坑的性质属性有必要深入继续讨论下去，以期获得同人们的共识。

首先，我们讨论一、二号坑是否是墓葬陪葬坑及蜀王火葬墓。关于这一点，在半个多世纪的调查发掘的区域中，除在遗址西边的仁胜村发现有墓葬外，没有发现过墓葬区，特别是在两个坑的周围。何况在蜀地发现的墓葬，蜀人的墓葬几乎都是长方形竖穴土坑墓，到目前为止，没有所谓的"火葬墓"发现。当地砖厂烧砖取土十余年也没有发现墓葬，相反则发现过几个小型的长方形的土坑，这些土坑都是瘗埋器物的小型祭祀坑。如，1929年，在月亮湾燕家院子发现的一坑玉石器基本都是礼仪性的用品，如璋、琮、圭、斧、瑗、璧等，器物且"叠置如简"，但未在坑中发现尸骨，研究者多认为是祭祀之所[⑥]。1964年，在距原坑五六十米处又发现成品、半成品和石坯一坑[⑦]。1986年3月，在六个坑的附近发现一个长方形坑，出土铜瑗及青铜容器残片。1988年，又

① 1986年在广汉召开的"巴蜀的历史与文化"学术讨论会上的意见。

② 林向：《蜀酒探原——巴蜀的"萨满式文化"研究之一》，四川大学博物馆、中国古代铜鼓研究学会：《南方民族考古》（第1辑），四川大学出版社，1987年。

③ 张明华：《三星堆祭祀坑会否是墓葬》，《中国文物报》1989年6月2日。

④ 孙华：《关于三星堆器物坑若干问题的辩证》，《四川文物》1993年第4期；《关于三星堆器物坑若干问题的辩证（续）》，《四川文物》1993年第5期。沈仲常：《三星堆二号祭祀坑青铜立人像初记》，《文物》1987年第10期。

⑤ 徐朝龙：《三星堆"祭祀坑说"唱异——兼谈鱼凫和杜宇之关系》，《四川文物》1992年第5期；《三星堆"祭祀坑"唱异（续）——兼谈鱼凫和杜宇的关系》，《四川文物》1992年第6期。

⑥ 葛维汉：《汉州发掘报告》，《华西边疆研究学会杂志》1933—1934年第6卷；林铭均：《广汉古代遗址发现及其发掘》，《说文月刊》1942年第3卷第7期。郑德坤：《四川古代文化史·广汉文化》，《华西大学博物馆专刊》，1946年。

⑦ 冯汉骥、童恩正：《记广汉出土的玉石器》，《文物》1979年第2期。

发现一个玉石器坑，出土成套的玉环、璧、牙璋等礼器。但从未发现坑内有尸骨或葬具之类，因此其为墓葬的可能性是非常小的。这次六个新坑发掘也没有发现葬具和人骨之类的残留物，同时鉴于这些坑的四周到目前为止未发现任何同时代的墓葬，其墓葬的"陪葬坑"说法亦是难以成立的。

其次，三星堆一、二号坑是否是"不祥之物"掩埋坑？持此说者，主要有以下两点意见：

1. 两个坑的器物是鱼凫王的，被杜宇灭国后被掩埋，因为他们取之不利；[①]

2. 两个坑一次性用这样多的珍贵品，其国力是承受不了的，只能是异族入侵而进行"宗庙扫庭"的结果[②]。

下面我们就针对三星堆一、二号坑的器物是否是被杜宇灭国后掩埋的这一问题进行讨论。持此说者在其撰文中首先将一、二号坑的时代同时压在西周中期，然后谈到鱼凫被杜宇所灭，掌政于西周后期到春秋前期这一范围内。我们根据坑内出土的器物来看，两坑的年代均属商代，根据测定这次六个坑的年代，再次证明属商代晚期阶段，因此八个坑的年代都不会晚于西周后期，乃至春秋。因此其年代的错定必然会导致错误的结论。

而且，既然两个坑是"鱼凫灭国器物坑"，那么这些器物就应当一次性在同一个时间销毁后，用一个坑就足以将其填埋，为何要分两个坑，甚至更多的坑？根据新发现的六个坑和先发现的两个坑的年代来看，八个坑的年代是有差异的，并不是一个时间段的。

此外，持"为不祥之物"的灭国器物坑意见者在讨论坑的性质和

① 徐朝龙：《三星堆"祭祀坑说"唱异——兼谈鱼凫和杜宇之关系》，《四川文物》1992年第5期；《三星堆"祭祀坑"唱异（续）——兼谈鱼凫和杜宇的关系》，《四川文物》1992年第6期。

② 林向：《蜀酒探原—巴蜀的"萨满式文化"研究之一》，四川大学博物馆、中国古代铜鼓研究学会：《南方民族考古》（第1辑），四川大学出版社，1987年。

时代的问题时，都将注意力集中在坑内的遗物被毁的现象上面，却忽视了土坑的形式上的差异。我们现在有必要将一、二号祭祀坑的形式再简要叙述一遍。

一号坑为长方形，开口于三星堆遗址第Ⅱ发掘区的第6层下，口约大于底，长450—464厘米、宽330—380厘米。在坑口正中及两侧各有一条宽80—100厘米、深26—24厘米的坑道，从坑道残存的情况分析，两侧坑道可能与中间的主坑道相通，形成一个"环道"。

二号坑的形制，平面呈长方形，开口于三星堆遗址第Ⅱ发掘区的第5层下。坑口长530厘米、宽220—230厘米、深140—168厘米。坑底长500厘米、宽210厘米。

从上面一、二号祭祀坑的形式我们可以看出，其开口层位不一，说明了并不是一个时期的坑，两个坑也存在着明显的差异。同时，两个坑的遗物虽然被毁，但放置都是有层次和先后次序的[①]，而不是随意将其杂乱无章地扔在坑中。如果说这些坑都是同一时期的"宗庙扫庭的不祥之物"，将其砸烂抛于野外或随便挖个坑杂乱扔进去埋了就行了，为何又要用火烧，然后再往坑里有秩序地投放呢？为什么又要在坑口的正中央或两侧开"道"呢？为何又要将牺牲的动物骨骼完全粉碎成1—2厘米的碎块呢？还有，如果两个坑同时进行"扫穴犁庭"，为何相互仅隔30米距离的一、二号坑中的器物没有相互混杂，反而各置有序？这些不都说明古代的蜀人在此先后进行过某种隆重的宗教活动吗？古人最大的宗教活动又是什么呢？那就是"国之大事，在祀与戎"。

上面就一、二号坑定为祭祀坑。那么新发现的六个坑是否与一、二号坑的性质一样呢？它们之间又是什么关系呢？

就新的六个坑的发现而言，有学者认为一、二号坑和新发现的六个坑都属"器物埋藏坑"。理由大概是在三星堆发现的八个坑中没有发

---

① 陈显丹：《三星堆一、二号坑几个问题的研究》，《四川文物》（广汉三星堆遗址研究专辑）1989年；《广汉三星堆一、二号坑两个问题的探讨》，《文物》1987年第10期。

现被火烧过的痕迹，坑里的遗物都是从其他地方搬运到这里，将其埋藏。下面就六个新发现的坑与一、二号坑的关联进行分析。

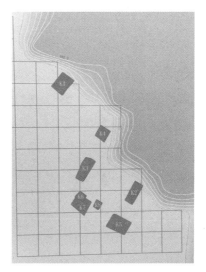

图一　八个祭祀坑平面分布图

新发现的六个坑和一、二号坑都位于一个区域，平面布局约呈"北斗星"形，而且都为"长方形竖穴土坑"，只是规模的大小不同而已，八个坑的方向基本一致（图一），也就是说，这里应是蜀人有意识专门规划的"祭祀区域"。而且新发现的六个坑里的器物堆积叠压也与一、二号祭祀坑相同。坑里的器型也是经过火烧、砸碎后，将青铜器放入事先挖好的坑内，然后再将大量的象牙覆盖在青铜器之上（图二）。

从六个坑里发现的文物也与一、二号坑里出土的种类基本相同。如青铜面具、青铜人头像、金面罩、立人像、尊、神坛、神树、玉石器等。六个坑中除五号坑和六号坑没有发现完整的象牙门齿外，其余四个坑中都有大量的象牙（图三）。由此可见新发现的六个坑中的文物也同样是古蜀王国神殿里的"神器"，既有祭祀者，也有被祭祀的偶像。虽

1.第一层象牙堆积

2.第二层大型青铜器堆

3.第三层小件器物和神树部件堆积

图二　分三层堆积的二号祭祀坑

1.三号祭祀坑上层堆积　　　　　　2.八号祭祀坑上层堆积

图三　三号祭祀坑和八号祭祀坑

然新发现的六个坑内没有发现火烧的痕迹，但在坑中仍有许多的灰烬。由此可见古蜀人是在举行完某种相应的仪式时，将这些遗物进行焚烧、砸碎后，再将这些遗物按"程序"放进预先规划好的坑里进行掩埋。也就是说这八个土坑都是祭祀仪式中的一个组成部分，是事先已经计划好的，所以坑的形制基本相同、方向一致。我们从八个祭祀坑中出土的不同文物也可窥其"奥秘"。如凡是有神坛、神树、大型面具、金杖的坑都较大，如一、二、三、七、八号坑。五号坑基本上放置的是金器和砸碎的牙雕器和碎骨渣，是八个祭祀坑中最小的，但砸碎的骨渣形式类似一号祭祀坑。其次是四号坑，除有几十枚象牙外，器物种类都较少，但这个坑里出土的陶器比例比较大。再有就是六号坑，该坑是八个祭祀坑中最为"特别"的坑。坑中除有一个长方形"木箱"外，没有其他任何器物发现，唯一发现的是在箱底有一小块碳化痕迹，初步判断为"丝织品"，由此可见每个坑都有一定的侧重。我们想想，如果这些坑是埋藏坑的话，为什么不直接埋藏？既然是"埋藏"，那就是考虑在今后有机会取出来使用，既然考虑了今后还要用，何必要费那么多的程序，又是烧、又是砸碎、又有序地将器物放入坑内？

　　另外三星堆遗址的三个土堆（即三星堆的得名）与八个祭祀坑位

置紧相连，其分布走向均与八个祭祀坑大致相同，都为北偏东35°。笔者认为三星堆实际上就是三个隆起在地面的椭圆形的土堆、系人工堆积起来的堆子。经过人工解剖发现其包含物均属商代。笔者认为三星堆堆子不是普通的人工堆积，应是一露天"祭坛"（"冢土"）。考虑它与八个祭祀坑同处在三星堆遗址（城址）的西南部，这一区域应是蜀人举行重大礼仪的场所。关于这一点，笔者早已有论述，其他学者也有文章论述，此不赘述。就在这个"郊祀的宗教活动圣地"内，先后还发现了一些小型的祭坑。

　　本文之所以要再次把这八个坑的性质确认为是"祭祀坑"，首先基于我们所说的祭祀含义不是狭隘的一种特定祭祀，而是含义广泛而又复杂的一种宗教礼仪。它包含着方方面面乃至各种类型的、简单的、复杂的宗教活动。如社稷的平安、战争、天灾（洪涝、干旱）、驱鬼辟邪、丰收、胜利等，这些祭祀典礼在我国古代可以说是无处不存。我们就八个坑本身的形式而言，坑本身也是一种宗教仪式的产物，不论是坑的形式及所开的坑道（包括坑内、坑道内的层层夯土），还是坑内被粉碎为1—2厘米的动物骨渣、被焚烧的遗物和八个坑的所在区域及一致朝向，都是非常"讲究"的，这种"讲究"本身就具有某种宗教祭祀的象征意义。

原载《三星堆：人与神的世界》，上海大学出版社，2022年，第151—155页

初析三星堆八个祭祀坑之关系

　　1986年夏秋之际在三星堆遗址发现了一、二号大型的祭祀坑，引起了各方面的高度重视，并有许多专著和论文问世，研究领域相当的广泛。尤其是对两个大型祭祀坑的性质及出土文物本身的研究、文化交流等方面为甚。正当两个祭祀坑研究的热潮如火如荼之时，2019年年底又在三星堆遗址发现了六个新的祭祀坑，这六个新发现的祭祀坑与1986年发现的一、二号祭祀坑同处于一个区域，为此，笔者就这先后发现的八个祭祀坑之间的关系及其与成都金沙遗址的关系做相应的初步研究，以求教于方家，以期取得抛砖引玉的作用。

　　要研究三星堆八个祭祀坑的关系乃至与金沙遗址的关系，首先要研究成都平原的原始聚落遗址。根据考古学家的考古发现和研究，中国大约在旧石器时代晚期进入母系氏族公社的初级阶段，而在距今8000年左右的新石器时代早期，氏族公社开始繁荣；到距今6000年左右，母系氏族公社发展到了鼎盛时期，并逐渐向父系氏族公社过渡。一个氏族聚集在一起，组成"聚落"（或称"村社""公社"）。随着人口的增加，又衍生出新的氏族，就分成若干片，建设新的聚落；聚落栉比相邻，组成"胞族"，联合成部落。氏族林立，各氏族都有自己的图腾标记；氏族的衍生增加，新的图腾也被衍生创作；因此在一个部落中，也就有多种图腾，有原生的，也有衍生的、再衍生的①。也就是在这样的一个时间段，在目前的中国范围内出现了许许多多的、大小不一的氏族或部落。

在对中国新石器时代、青铜时代乃至早期铁器时代的研究中，学界又将中国文明和国家的起源、形成和发展划分为三个阶段，即苏秉琦提出的"古国、方国（王国）、帝国"三大阶段②。

"古国"阶段大体处在公元前3500年至公元前2500年，是社会复杂化发展的必然阶段。苏秉琦先生将"古国"定义为"高于部落以上的、稳定的、独立的政治实体"。1986年他看了成都平原的三星堆遗址所呈现的各种遗迹遗物现象，提出了"古城、古国、古文化"。也就是说，距今5000年前后的成都平原的古蜀文化正处于"古国"这样的阶段。

距今5000年前后的成都平原正处于"古国"的形成与发展阶段。此时在成都平原及其周边也形成了不少的聚落，发展至距今4000年左右形成了大大小小的城址若干处。就目前考古发现的就有广汉三星堆城址、新津宝墩古城、都江堰芒城、大邑盐店古城、温江鱼凫古城、郫县古城、崇州双河、紫竹等九处城址。故后来的《华阳国志》的记载中有蜀之先名蚕丛、白鹳、鱼凫、杜宇、开明等，但这些名称的先后，笔者认为开始并不是指古蜀王国蜀王执政的先后顺序，而是指在成都平原乃至不同区域同时存在的不同部落或氏族之"名称"，他们在这一时期共存并在一段时期内和平共处。因为《华阳国志》成书于晋代。

通过近些年的考古工作，一个原以为是虚拟的古蜀王国正在不断地变为现实。从成都平原考古发现的九处古城址来看，他们分别当属《华阳国志》中提到的蚕丛、白鹳、鱼凫、杜宇等氏族的聚落。因此笔者认为就目前八个祭祀坑出土的文物和遗迹现象来看分别与鱼凫、蚕

---

① 汤和森：《图腾层次论》，云南人民出版社，1987年。
② 中国社会科学院考古研究所、中国历史博物馆、山西省考古研究所：《夏县东下冯》，文物出版社，1988年。

丛、杜宇等几大氏族有关，也就是说这八个祭祀坑分别与鱼凫、蚕丛、杜宇、开明有关。而一、二、三、七、八号祭祀坑中出土的重器很有可能分别为鱼凫、蚕丛宗庙之器。

一、八个祭祀坑外形的对比

就八个祭祀坑的外形而言，除四、五、六号祭祀坑约呈正方形竖穴土坑外，一、二、三、七、八号祭祀坑都为长方形竖穴土坑。其中各祭祀坑的尺寸又有所不同。就形制而言，二至八号祭祀坑都基本相似，不是近正方形，就是长方形，唯有一号祭祀坑具有"左、中、右"三条"坑道"（图一）。

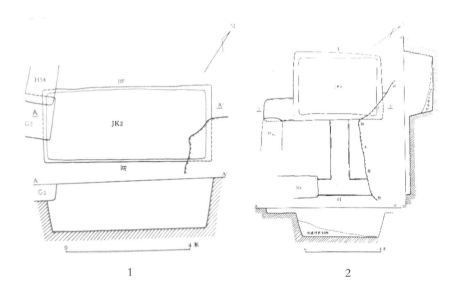

图一　一、二号祭祀坑平面图比较

二、祭祀坑的埋藏物对比

从现有的资料来看，三、七、八号祭祀坑除象牙外，出土的器物依然是以青铜器为主、玉石器次之；而五、六、七号坑又有特别之处。

五号祭祀坑坑小，埋藏器物相当碎小，以金、玉、牙雕器为主；六号祭祀坑是"狭长形竖穴坑"，埋藏的是一个长方形"木箱"；七号祭祀坑埋藏的是许许多多的青铜器"零部件"，其中有许多的眼型器和神树上的"挂饰"，最为特别的是"龟背形网格铜器"；约近正方形的四号祭祀坑以象牙为主，陶器次之，玉石器再次之。其坑的南壁有一"土台"。

由于2019年发现的六个祭祀坑的发掘整理工作还在进行中，因此，各坑的出土文物还未完全统计出来，但是我们已知新出土的三、七、八号祭祀坑与二号祭祀坑是同一批次的祭祀坑，现已证明"同一件器物的残片"在这几个坑里都有发现。因三、五、六、七、八号祭祀坑的修复统计结果还有相当的时间才能出来，因此现在先以1986年发掘的一、二号坑进行主要比较（图二）。

1.一号祭祀坑出土器物

2.二号祭祀坑出土器物

图二 一、二号祭祀坑出土器物比较

一号坑的埋藏物有铜、金、琥珀、玉、石、陶、骨器、象牙等共443件，海贝62枚和约3立方米左右的烧骨渣。器物主要为玉石器，在443件器物中，玉石器就占了199件之多，其次是青铜器有178件。一号祭祀坑埋藏的玉石器种类比二号坑的玉石器种类多，形体也比较大，尤其是"长条形的玉璋"，长达162厘米（残长）、宽22.5厘米，以各式各样的牙璋最具特色。但所埋葬的器物数量和种类没有二号坑的多。二号坑埋藏的器物主要以青铜器为主。在出土的1494件各类埋藏物中有735件青铜器，占了一半，玉石器486件（含珠320件、管55件、绿松石3件）。其种类比较少，除去管、珠之类的装饰品外，只有少量的璋、戈、凿、瑗等类。但二号祭祀坑的青铜类造型特别丰富，有青铜人物造像、青铜树、青铜祭坛、铜瑗、铜戈、尊、罍、水牛头、鹿头、各式小型的鸟，青铜器中又以人物造像为主。人物造像中最多的是青铜头像和青铜人面具。在一号祭祀坑中主要埋藏的是人头像，共计13件，数量虽然不多但形式多样，其大小有别，面相不一，整个人头的体量比二号祭祀坑埋藏的青铜人头像稍小，脸较圆。青铜面像2件，其中一件仅高7厘米、宽9.2厘米、厚0.4厘米。青铜人像1件，为跪坐人像，高14.6厘米、宽8.2厘米。一号坑中最主要的器物是"金杖"。二号祭祀坑内埋藏的青铜人像则高达260厘米以上，面具高66厘米、宽138厘米。二号祭祀坑埋藏的青铜面具和青铜人头像、动物面具等，都是一号祭祀坑的人像和面具无法相比的。高达近4米的青铜神树更是唯一的一株通天树，几株青铜树合在一起，更加体现了桑林的高大茂密。

1. 青铜器比较：一号祭祀坑出土的青铜器主要为铜瑗、青铜人头像13件、跪坐人像1件、锯齿形铜戈44件、青铜尊1件、小型的青铜面具2件；二号祭祀坑出土的青铜器有人头像44件、青铜人面具20件、青铜兽面具9件、铜眼形器71件、铜眼泡（纵目眼球）33件，眼球的直径通常在6—12厘米。青铜容器20件、锯齿形青铜戈17件。在青铜器的比较中，最能看出差异的是青铜"眼形器"，在二号祭祀坑中发现了100多件眼型器及纵目眼球，在后来发现的三、七、八号祭祀坑中都有大量发现（四、五、六号坑中没有发现）说明了它们之间的关系。反之，在一号祭祀坑中没有发现一件眼型器和纵目眼球，这也从另一方面说明了一号祭祀坑与其他坑的巨大差异。

2.玉石器比较：一号祭祀坑出土的玉石器数量多，形式多样，其中玉璋40件、玉戈18件、石戈27件、玉斧12件、石斧34件、玉凿35件；二号祭祀坑出土玉璋17件、玉戈21件、玉凿43件。

3.金器比较：一号祭祀坑出土的金器主要有金杖、金面具、金虎、金料块等；二号祭祀坑出土的金器有金面具、金鱼形器、金璋形器。

4.其他比较：一号祭祀坑出土各类陶器36件；二号祭祀坑没有发现陶器。

两坑中的比较最值得注意的是：一号祭祀坑中没有发现一件纵目人像和纵目"零件"（纵目眼球）；二号坑中发现了33件纵目"零件"和巨大的纵目人像。一号祭祀坑发现的自然界动物只有一件青铜虎和一件龙柱，二号祭祀坑中则出土了龙、蛇、鹿、水牛、怪兽及各式各样的昆虫挂饰。两者之间的差异，暗示了二者之间原来所依赖生存的环境有区别。很显然，二号坑的主人来自山区。同一件器物残件的碎片，在二、三、七、八号祭祀坑中都有交叉发现，说明这四个祭祀坑是同一时间、同一批次的。恰好在这四个祭祀坑中都埋藏有神树、神坛、纵目人像和相同的神兽等。最后的发掘工作证实：三号祭祀坑中出土的鼎尊铜人器型上尊的口沿残部与二号祭祀坑中的一件残沿相匹配；二号祭祀坑出土的"鸟身人像"与八号祭祀坑中出土的"头顶弧形尊"的人体下半部相连接；在七号坑中又发现有八号坑中神坛上的小人。

所以这次对这几个坑的测年数据都在距今3200—3000年。但这并不代表一号祭祀坑的年代。虽然在八号坑中发现的一件青铜人头像与1号祭祀坑中的2号青铜人有相似之处，但经过我们仔细观察，发现他们之间是发生了变化的（图三）。这种变化即是时间造成的变化。

图三　K1、K8 人头像比较

三、一、二号坑开口形式比较

两个祭祀坑都位于三星堆遗址的中部，紧邻三星堆堆子的南边约50—60米，南城墙以内300—400米，处于整个遗址的中心部位。两个坑的直线距离仅30米之远，可说是完全处在同一个区域。它们的开口都是在生土层之上，但开口层位不在同一个深度：一号祭祀坑坑口距地表深60—75厘米；二号祭祀坑坑口距地表深50—60厘米，也就是说该区域的地势堆积有点"坡度"。从一号祭祀坑的开口层位来看，其南壁的地层剖面一半有六层，一半只有五层，第六层的堆积只是局部的[①]。

一号祭祀坑和二号祭祀坑的形制和埋藏器物都有明显的差异。这些差异说明了两坑的器物"所有者"和两坑的"制造者"属三个不同的政治集团。这三个政治集团很可能就是"鱼凫""蚕丛""杜宇"三大集团。但是这三个集团孰先孰后，这就不能只看《蜀志》所记载的蚕丛、白鹳、鱼凫、杜宇、开明之顺序。从一号祭祀坑中我们能看见最具有权力代表性的器物是金杖（图四），而金杖上的"图语"暗示它就是"鱼

① 见四川省文物考古研究所：《三星堆祭祀坑》文物出版社，1999年，图六，图七九地层剖面图。

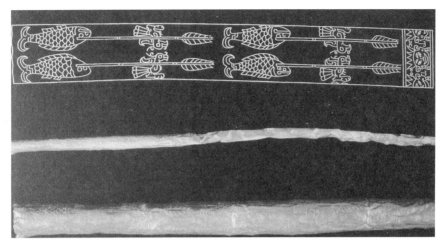

图四　一号祭祀坑出土的具有代表性的王权之器——金杖

凫"集团的"标识"。鱼凫集团的"标识物"为何被毁而被埋藏？显然
是鱼凫的政权已被其他集团给颠覆了。但颠覆鱼凫集团的是谁呢？他应
当是"蚕丛"集团。当山地的资源满足不了蚕丛集团更大的需求时，蚕
丛集团便向成都平原的鱼凫集团的地盘开始了侵吞，并击败了鱼凫集
团，将其宗庙祭器等重器毁之。这就是一号祭祀坑产生的背景。鱼凫集
团失败以后，其重心迁至于今天成都金沙（十二桥时期）遗址，在成
都十二桥遗址发现的陶器群与三星堆出土的陶器群最为密切、最相近。
十二桥发现的大型木构建筑当为蜀人迁都的宫殿位置所在。而成都的金
沙遗址只是王室祭祖的一个重要场地。从金沙遗址中出土的金冠上所刻
的鱼、鸟、图案来看，它呈现出了衰败的景象，不再是当年在三星堆时
期时的"财大气粗，制作精良"，而是制作粗糙、简易、体小，其金冠
的体量也远比三星堆时期的金杖显得小气，有一种没落的感觉。尤其是
青铜人物及青铜礼器等方面，从整个金沙出土的遗物来看其体量和气势
都远不如三星堆时期，但是，金沙出土的一切遗物和遗迹都显示出金沙
与三星堆是一脉相承的，特别是金沙遗址出土的鱼凫纹金冠带和鱼凫纹

铜锥形器，充分说明了它和一号祭祀坑的关系[1]。

从一号祭祀坑出土的牙璋等玉器来看，一号祭祀坑的时代要早于二号祭祀坑。

例如，在一号祭祀坑中出土的玉石器和牙璋都具有商代早中期的特点，出土的龙虎尊、羊首牺尊、铜盘等青铜残件[2]分别与湖北盘龙城、殷墟早期的青铜器相似[3]。一、二号祭祀坑的年代早晚问题，在《三星堆祭祀坑》发掘报告中已明确阐述，这里不再赘述。

根据二、三、七、八号祭祀坑出土的遗物，已完全认定它们属同一批次、同一

图五　二号祭祀坑出土的具有代表性之器——纵目神像

时期，从二、三、七、八号祭祀坑所出同一器型残件和埋藏的大量"纵目眼球"来看，他们当属同一个"集团"的人所为。尤其是二号祭祀坑出土的纵目大型神像（图五）和八号祭祀坑出土的具有纵目人的神坛和小型纵目面具告诉我们，他应是颠覆鱼凫集团的蚕丛集团。蚕丛在推翻了鱼凫氏后，在三星堆得到了长足的发展，所以才有雄厚的实力来制造许许多多的重器和礼器，甚至有雄伟的神庙。而许多重型的神器又是鱼凫执政时期不见的重器，如巨大的纵目青铜面具、高大的青铜神树、高

---

① 参见成都文物考古研究院、成都金沙遗址博物馆:《金沙遗址祭祀区出土文物精粹》，文物出版社，2018年。

② 四川省文物考古研究所:《三星堆祭祀坑》，文物出版社，1999年，图二二九，第343页。

③ 湖北省博物馆:《盘龙城商代二里岗期的青铜器》，《文物》1976年第2期。中国社会科学院考古研究所安阳工作队:《安阳武官村北的一座殷墓》，《考古》1979年第3期。

大的青铜立人像、各种神坛等，可以说，都是蚕丛族的宗庙神器，尤其是纵目面具体现的是蚕丛部族的祖神形象。《华阳国志·蜀志》云："有蜀侯蚕丛，其目纵。"除此外，在二号祭祀坑中发现的三十余件纵目眼球和八号祭祀坑中出土的小型纵目面具和坐在神坛上的纵目人像，说明了纵目民族对光明的崇拜和对大自然太阳神的崇敬的需求，所以才会铸造大量的纵目眼球。然而不幸的是，他也被后来者所灭，所以他的宗庙神器也被颠覆者用相同的手法给毁灭。蚕丛的毁灭者又是谁呢？他可能是被西进的"杜宇"联合"鱼凫氏"残部所灭。故《山海经·大荒西经》云："有鱼偏枯，名曰鱼妇。颛顼死即复苏。"所谓的"颛顼死即复苏"，实际上就是暗示蚕丛政权的灭亡。因为蚕丛来自成都西北岷江上游[①]，而鱼凫氏的再度复出也已无力控制国家的命脉，此时能控制国家命脉的是被鱼凫氏借用复仇力量的"杜宇氏"。所以金沙遗址反映出的"鱼凫氏"所属的所有"重器"都已呈现出"衰败不景气"的"熊样"。尤其是在成都金沙遗址中发现的"鱼凫纹"金冠带，比起三星堆出土的"鱼凫纹"金杖的制作工艺相差很大。由此可见，此时的蜀国已不为蚕丛和鱼凫氏等成都平原的氏族所掌握，而是被外来的杜宇氏所控制。其理由如下：

1. 金沙出土的"金冠"上的"鱼、鸟、戴冠人头像"和三星堆出土的"金杖"上的图案是一致的，只是金沙的已明显粗糙简易，但仍能看出他们是同一族属的传承者。

2. 金沙虽然没有发现青铜的虎（一号祭祀坑出土青铜虎），但出土了大量的石虎和石蛇，石虎和石蛇都是巴蜀之崇拜的重要图腾。可以看出当年在"鱼凫"时期有"虎族"的人[②]。

3. 此后在成都平原及周边地区开始出现大量的"船棺葬族人"，一改西周以前古蜀人惯用的"长方形竖穴土坑墓"。尤其是在金沙遗址中

---

① 《山海经·海内经》说岷江上游是颛顼的出生地，蚕丛与颛顼有密切的关系。
② 注意，在二号祭祀坑中没有发现任何质地的虎形器，但发现3枚虎牙。

发现大量的船棺葬和"二次葬"，从这批族人中发现的船棺葬、大量青铜兵器和重器来看，当是另一支具有实力的集团对原有的鱼凫族残部和蚕丛王朝进行了改朝换代，并进入了一个新的"战国时期"。也是在此阶段后，在成都平原发现的许多墓葬中都有船棺的葬式出现。如我们所知的什邡船棺葬、商业街船棺葬，最近在蒲江发现的船棺葬等，都具有相当的规模，显然，这些墓葬具有王者的气势，尤其是商业街船棺葬更显其"王家的风范"。关于船棺葬，已有许多文章就其出土的地域、随葬器等方面进行了研究，并认为，这是巴人或随巴人入蜀的民族的葬俗①。他们习于水性，很早就使用独木舟。《后汉书·南蛮西南夷列传》载："（廪君）又令各乘土船，约能浮者，当以为君。……（廪君）乃乘土船，从夷水至盐阳。"1972年，在湖北红花套新石器时代遗存中出土一件精美的陶船，当为巴人仪式用品，体现出巴人生前的生活反映在死后的葬俗之中，就是以船棺或独木舟（棺）为葬具。故在西周后的成都平原出现大量的船棺、独木棺等。随着这些新型墓葬出土的器物也发生很大的变化。在这些墓中出土的许多青铜器都是5件一组或是5的倍数。如新都马家一号大墓出土的鼎、壶、剑、戈等，成都羊子山172号墓出土的5釜、5盘等②。一般认为，这与蜀国的开明王尚五有关，与《华阳国志·蜀志》所载的"以五色为主，故其庙称青、赤、黑、黄、白帝也"一致。施劲松先生认为："这实则与巴相关的文化特征。"③另外，这些墓葬的出土物相当多地反映出了外来的青铜器，其中多为楚式风格，这里不得不结合文献记载中与古蜀王国的兴衰密不可分的两个人物：一是逆江而上至朱提复活的杜宇，《蜀王本纪》说："朱提有男子杜

---

① 冯汉骥、杨有润、王家祐：《四川古代的船棺葬》，《考古学报》1958年第2期。

② 四川省博物馆、新都县文物管理所：《四川新都战国木椁墓》，《文物》1981年第6期。四川省文物管理委员会：《成都羊子山第172号墓发掘报告》，《考古学报》1956年第4期。

③ 施劲松：《蜀文化中的楚文化因素》，李绍明、林向、赵殿增主编：《三星堆与巴蜀文化》，巴蜀书社，1993年。

宇，从天而下，自称望帝，亦蜀王也。"朱提在云南昭通；二是杜宇后的另一位人物——鳖灵。鳖灵即廪君，《蜀王本纪》载："荆有一人名鳖灵，其尸亡去，荆人求之不得。"《舆地纪胜》卷一六四引《华阳国志》云："荆州有一人从井而出，自号鳖灵。灵死，其尸溯流而上，至汶山忽复生，杜宇神之，主为相。会巫山壅江，蜀地潦水，鳖灵遂凿巫山，开广汉金堂江，民得安居，宇遂禅以位，灵嗣位，自号丛帝。"从以上文献资料来看，杜宇和鳖灵都不是成都平原的氏族，都是外来的"入侵者"。先看杜宇，他是从朱提来的。《蜀王本纪》说："望帝积百余岁。"假定杜宇的蒲卑氏为五世、六世来计算，应该是125年到155年，这两代就共有500年内外。秦灭蜀在周慎王五年，为公元前316年。上推500年为公元前816年，是周宣王十二年[1]，此时杜宇夺取了古蜀王国的政权，开始弃王称帝。而金沙遗址出现的船棺葬也大致在这一时期。考古资料与文献记载的杜宇王朝也就基本吻合。而鳖灵实为巴王，文献说原在鄂西清江流域的鳖灵带众人溯长江逃亡了。鳖灵率部投靠了杜宇氏蜀国。要知道巴和楚之间有密切关系。《巴志》载"楚主夏盟，秦檀西土巴国分远，故于盟会希"，巴成为楚的附庸。即与其他国家交好，亦须取得楚的领导和承认。如公元前703年，巴子欲与邓为好，而楚使道朔偕之以行，楚有军事，巴必随之出征。如公元前689年，楚子使斗廉率兵攻申，巴师应战出征；又公元前611年，巴人从楚师灭庸等[2]。均足以说明巴楚之间的关系。所以在古蜀文明的后期在成都平原发现许多的楚文化因素也就不足为奇。此时的鳖灵可能借用了楚的势力率部西进，沿江抵达成都平原，在站稳脚跟后又推翻了杜宇氏，夺取了政权，并很快融入了当地的生活，放弃了原来以渔猎为主的传统生产方式，改为注重农业生产。

这就是后来文献记载的"后有王曰杜宇（刘琳推定为春秋中期以

---

① 蒙文通：《巴蜀古史论述》，四川人民出版社，1981年。

② 邓少琴：《巴蜀史迹探索》，四川人民出版社，1983年，第25页。

前）教民务农……七国称王，杜宇称帝，号曰望帝……会有水灾，其相开明决玉垒山以除水害。帝遂委以政事，法尧舜禅授之义，遂禅位于明。帝升西山隐焉。时适二月子鹃鸟鸣，故。巴亦化其教而力农务，迄今把巴、蜀民农时，先祀杜主君"的实际来历。所谓的"法尧舜禅授之义，遂禅位于开明"，实际上就是杜宇政权被开明击败取代，所以才有"蜀人悲子鹃鸟鸣也"。如果真的是法尧舜之法，蜀就不会"悲"了。开明氏的西进对夺取古蜀政权取得了绝对性的胜利。

成都金沙遗址博物馆编:《金沙遗址博物馆成立二十周年纪念文集》，待刊

三星堆遗址与三星堆文化研究

广汉三星堆遗址发掘概况、初步分期

——兼论"早蜀文化"的特征及其发展

　　三星堆遗址位于广汉市南兴镇（原名广汉县中兴场）三星村，是一处重要的早期蜀文化遗址群。其分布面积达12平方千米，在四川古代史的研究中占有极其重要的地位。三星堆实际上是三个起伏相连的黄土堆，隆起的顶部为椭圆形，南北长，东西窄，最高处高出堆旁田地约10米。由于近年来的诸多原因，现仅残存部分。

　　1980年5月至1986年10月，四川省文物管理委员会、四川省文物考古研究所先后会同四川大学、广汉市文物管理所等单位对该遗址进行了多次发掘，使我们获得了丰富的文物资料。但由于种种原因，近几年的发掘资料除1980年5月至1981年的第一次发掘资料已发表外[①]，其余均未公布。因此，现将近几年的发掘概况、初步分期及相关问题简介于后，其目的是为了让研究者在正式简报或报告整理发表之前，对该遗址的大致分期情况有所了解，期能对研究广汉三星堆遗址文化的内涵、年代等诸问题有所帮助。这也是笔者的根本愿望。有不妥之处，请专家学者予以赐教。

---

①　四川省文物管理委员会、四川省博物馆、广汉县文化馆：《广汉三星堆遗址》，《考古学报》1987年第2期。

一、1980 年至 1986 年发掘概况

1980 年 5 月，四川省文物管理委员会考古队在三星堆堆子的东侧进行了试掘，获得了陶、石器。同年 11 月至 1981 年 5 月，在 5 月的试掘基础上，又在三星堆堆子中部的东侧进行发掘。按坐标法将发掘区分为 A、B、C、D 四个区域，开 5 米 × 5 米探方 44 个，发掘面积为 1100 平方米，加上 1980 年 5 月试掘的 5 个探方，共开方 49 个，计发掘面积为 1225 平方米（图一）。后来我们将这一发掘地点编为三星堆遗址的第 III 发掘区。此次发掘，发现房屋遗迹 18 座、灰坑 3 个、墓葬 4 座，玉石器 110 多件、陶器 70 余件及陶片 10 万余片。

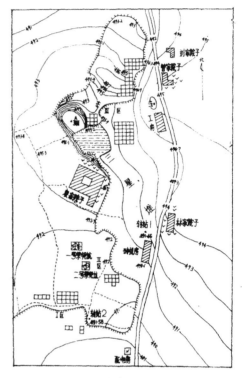

图一　发掘区地形图

（一）房屋遗迹

房屋基址绝大部分分布在原生地、地势较高的东北部。打破叠压关系比较复杂，后期扰乱破坏也较严重，但从繁多的柱洞和沟槽遗迹，仍可窥视出一些房基的布局和大体结构。他们均为地面木构建筑，平面绝大部分呈长方形和方形，仅两座为圆形。面积一般在 10—25 平方米，门向不一，多在一侧开门，居住面较坚实，似经过踩踏或拍打。少数在上面还加一层白膏泥。18 座房址，根据地层和叠压打破等关系，可分

为早、晚两期，其年代分别在夏商之际。

早期房址共3座，平面呈圆形的2座（F16、F18）、呈方形的1座（F17）。晚期房址，根据相互间的打破关系等，又可分为甲、乙两组。两组房址均为地面木构建筑，基本特征一致，但也稍有差异。如甲组房址的墙基沟槽内还掘有小沟槽，而乙组则无。这两组房基沟槽通常宽25—30厘米、深25—30厘米，沟壁整齐坚实，沟底掘柱洞或小沟槽，柱洞直径一般在14—30厘米、深20—60厘米，洞距一般在60—110厘米，其墙体为"木骨草拌泥墙"。

（二）墓葬

共发现4座，时代大致在夏末商初。系长方形竖穴土坑墓，无葬具及随葬品，仅在填土内发现一些陶片。葬式有直肢和曲肢。墓主多系14岁以下的幼儿，仅M1为25岁左右的成年女性[①]。

（三）陶器

能复原者和较完整者计70余件，主要类型有圈足豆、小平底陶罐、高领罐、翻领罐、深腹罐、盉、高柄豆、鸟头把勺、圈足盘、壶、瓶、杯、碗、碟、盖等。质地以夹砂褐陶为主。

（四）生产工具

计100多件，其质地主要为陶、石两大类。其种类有纺轮、网坠、刀、凿、碎、斧、矛、锥、杵等。石器基本上通体磨光。石质多系片岩、页岩、板岩等。

此次发掘，初步认识了广汉三星堆遗址文化的特征是以小平底陶罐、圈足盘、鸟头把勺、高柄豆、高圈足豆为基本典型器物；确立了广汉三星堆遗址时代的上限为新石器时代晚期。通过室内整理，将此次发

---

① 经秦学圣先生鉴定。

掘的遗物和地层的分层（发掘地层共分8层）情况[①]，分为三大时期。第8层至4层为第一期，属新石器时代晚期，出土遗物主要有镂孔高圈足豆、平底器及荷叶边口沿的夹砂陶器及个别的小平底陶罐。陶质陶色以泥质灰陶为主，纹饰以几何形刻划纹、细弦纹和小型的附加堆纹为主。第3层为第二期，属夏至商代前期，出土器物主要有镂孔高圈足豆、小底陶罐、高柄豆、深腹罐等。陶质陶色以夹砂褐陶为主。第2层为第三期，属商代中期。出土器物主要有镂孔圈足豆、小平底陶罐、高柄豆、器盖、杯、盘、鸟头把勺、陶盉等器形，陶质陶色仍以夹砂褐陶为主。

　　1982年4月至12月，我们又在三星堆第三个堆子的南侧进行了两次小规模的发掘（属三星堆遗址第Ⅰ发掘区），面积为150平方米。这两次发掘的重要收获是发现了商末周初的地层。出土物与三星堆遗址商代中期的器物相衔接。此次发掘地层共分6层：1至2层为农耕土和宋代层，3至6层为文化层，出土遗物主要有小平底陶罐、乳头状足的

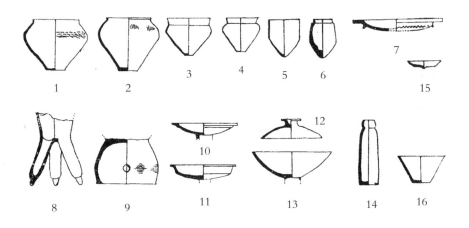

1、2.小平底陶罐　3、4.高领小平底陶罐　5、6.尖底罐　7.圈足圈底盘
8.陶盉　9.镂孔高圈足豆　10、11、13.高柄豆豆盘　12.器盖
14.陶瓶　15.尖底盖　16.陶杯

图二　1982年发掘出土部分陶器图

①　经秦学圣先生鉴定，原报告的器物层位编号属文化层编号非地层顺序号。

陶盉、尖底盏、薄胎尖底罐等（图二）。
这些出土遗物又恰好与新繁水观音遗址
出土的器物相衔接，从而弥补了四川地
区从商代晚期至西周初期的这一空白缺
环。另一个重要的收获则是窑址的发
现，这座窑址面呈马蹄形、窑底为斜坡
形、窑壁较直、窑口约44厘米，窑后有
一烟道。窑长220厘米（不包括烟道）、
宽163厘米、深12—25厘米（图三）。

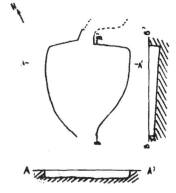

图三　1982年第Ⅰ发掘区发现的露天窑址

　　1984年3月14日至5月12日我们在距三星堆北面约600米的真武宫
西泉坎开了7个5米×5米的探方，发掘面积为175平方米。出土了大量
的陶石器，出土陶器的类型和特征与三星堆出土的文物同属一个体系。
其主要类型有小平底陶罐、尖底罐、高柄豆、鸟头把勺、尊形器、盖
纽、三足形炊器的足等（图四）。这使我们对该遗址的分布范围及面积

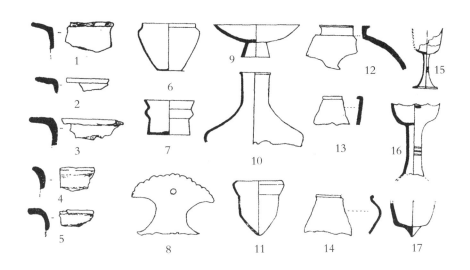

1—5.宽沿器　6.陶罐　7.尊形器　8.盖纽　9.高圈足盘

10.长颈壶　11、17.尖底罐　12.高领罐　13.深腹罐　14.小平底陶罐

15.高足深腹杯　16.高柄豆

图四　1984年西泉坎出土部分器物图

有了更加清楚的认识。同时在这里发现了大量的成品及半成品的石璧和废料及房屋基址，从而推测这里可能是石璧的加工作坊。第一个双手倒缚的石雕奴隶像也是在这里发现。与此同时，我们通过反复调查，发现了三星堆遗址的城墙。这为该遗址所处的社会性质的研究提供了重要的线索。同年10月至1985年1月，我们配合砖厂取土又在三星堆第一个堆子的北侧下进行发掘，面积为125平方米。所获之物主要是夏商之际的陶石器。

1986年3月至6月，为配合砖厂取土和教学任务，我们与川大考古专业师生联合进行了发掘，面积达1325平方米，是历年来发掘面积最大的一次。此次发掘也是文化层堆积最厚、地层叠压关系明确、出土物最丰富的一次。这里的文化层堆积达250厘米左右，通过发掘，可将这里的地层划分为16个大的地层、20余个地层单位。为此，给我们提供了验证以前各次发掘地层叠压关系的一次重大收获（表一）。这次出土遗物种类主要有荷叶边形的深腹炊器、A型高柄豆、壶、杯、瓢、三足形炊器、陶盉、器盖、鸟头勺把、瓶、小平底陶罐、大口瓮、雕花漆器等器物近2000件，灰坑109个，房址数十座。此次发掘，不论是器物的演变或是地层的叠压打破关系都较为清楚。从时代来讲，从新石器时代晚期至西周，两千年时间的延续从未间断过，这为认识陶器的演变和分期提供了极为重要的资料。

表一　广汉三星堆遗址历次发掘分期对照表

层次 / 分期 \ 发区	1980—1981年 Ⅲ	1982年 Ⅰ	1984年 Ⅱ	1984年 西泉坎	1986年 Ⅰ	1986年 Ⅱ	1986年 Ⅲ	备注
近至现代 汉代	1	1 2	1	1	1 2 3	1 2 3	1 2 3	

续表

发区 层次 分期	1980—1981年 III	1982年 I	1984年 II	1984年 西泉坎	1986年 I	II	III	备注
四期		3 4 5 6	2 3 4 5		4 5 6 7 8	4 5 6 7 8	4 5 6 7 8	第四期根据地层和出土资料分析，还可以分为前、后两段，这步工作待今后的详细分期工作进行。
三期	2		6	2			9 10	
二期	3			3			11 12	
一期	4 5 6 7 8			4			13 14 15 16	第一期亦可分为前、后两段，前段为15、16层，主要出土器物为平底器、圈足豆、宽沿器。后段为13、14层，开始出现极少量的小平底陶罐和高柄豆。

二、三星堆遗址文化类型的分布范围及初步分期

（一）主要分布范围

以小平底陶罐、圈足豆、尖底罐、高柄豆、鸟头勺把为基本组合的陶器，是三星堆文化所代表的"早蜀文化"，具有浓厚的地方特色。

这种文化因素在成都青羊宫遗址[①]、方池街[②]、指挥街[③]、十二桥[④]、新都县新繁水观音[⑤]、汉源背后山、麻家山[⑥]、雅安地区的沙溪[⑦]、荥经县同心村[⑧]等遗址均有发现，出土的小平底陶罐、尖底罐、圈足豆、高柄豆等均与三星堆遗址文化显示出同一风格，从而可知三星堆遗址文化的分布主要集中在川西平原较广泛的地区。中心地区大致处于现在行政区划的广汉、彭县、成都地区。在川北的阆中也有发现，但尚缺乏科学发掘资料，是否还存在着某些地域性差异，有待今后探讨。

（二）三星堆遗址陶器的初步分期

我们研究三星堆遗址的陶器分期，首先是以可靠的地层堆积和遗迹的早晚关系及类型学上的排比作为依据。因此，这里主要选用了我所在1980年至1986年的发掘资料，对三星堆遗址的陶器进行初步分期。

第一期：出土的陶器以泥质灰陶为主，其比例占整个陶质器物的80%左右。其地层主要是第Ⅲ发掘区的第16层至13层，西泉坎的第4层。出土遗物大部分是碎陶片，能看出器形或复原者极少。可辨器形主要有平底器、宽沿器、镂孔圈足豆、喇叭形器、钵形器、荷叶口沿炊器和个别小平底陶罐等（图五）。纹饰主要为细绳纹、平行线纹、附加堆纹，其次有少量方格纹和粗绳纹。其时代大致在新石器时代晚期（距今4740—4070年）。

第二期：泥质灰陶比例急剧下降，由第一期的80%左右下降到28%

---

① 四川省博物馆：《成都青羊宫遗址试掘简报》，《考古》1959年第8期。

② 资料存成都市博物馆。

③ 四川大学博物馆、成都市博物馆：《成都指挥街周代遗址发掘报告》，四川大学博物馆、中国古代铜鼓研究学会：《南方民族考古》（第1辑），四川大学出版社，1987年。

④ 四川省文物管理委员会、四川省文物考古研究所、成都市博物馆：《成都十二桥商代建筑遗址第一期发掘简报》，《文物》1987年第12期。

⑤ 四川省博物馆：《四川新凡县水观音遗址试掘简报》，《考古》1959年第8期。

⑥ 资料藏汉源县文化馆。

⑦ 资料现在整理中。

⑧ 资料现在整理中。

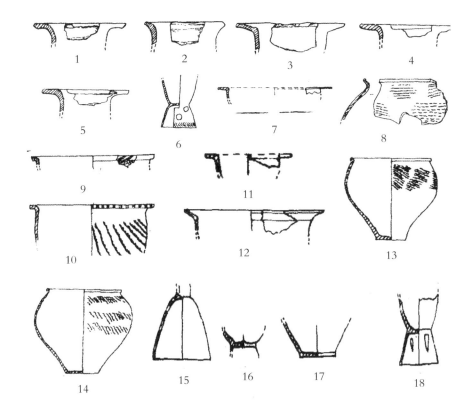

1—5.宽沿器　7、9、11、12.宽沿盆形器　8、13、14.小平底陶罐
6、16、18.高圈足豆　10.深腹盆形器　15.高柄豆圈足　17.平底器

图五　第一期陶器图

左右，其质地以夹砂褐陶为主。主要地层有第Ⅲ区的第12层、第11层，西泉坎的第3层。在这一期中，第一期出现的器物继续流行，但亦有所变化。如一期出现的内黑外褐的镂孔圈足豆，在第二期豆盘加深加大，圈足由原来的外撇变得向内弧曲。小平底罐数量增多。第二期新出现的器形有喇叭形大口罐、陶盉、B型高柄豆、酒瓶、圈足盘、器盖、觚、杯、碗、碟等（图六），并出现个别鸟头把勺。纹饰品种增多，常见的纹饰有粗绳纹、细绳纹、刻划纹、戳印纹、附加堆纹、锥刺纹、平行线纹、凸棱纹、人字纹、"心形"纹等，以粗绳纹为主，细绳纹次之，其时代大致在夏至商代前期（距今4070—3600年）。

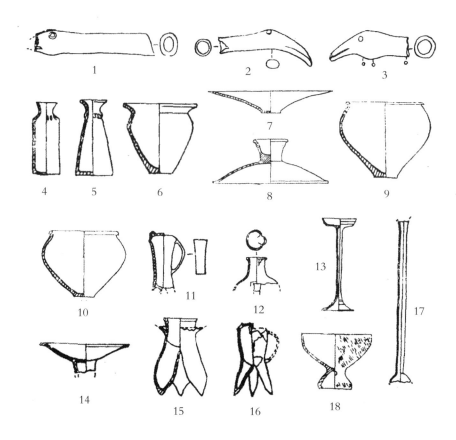

1—8.鸟头勺把　4—5.陶瓶　6.盘口形罐　7.喇叭形敞口坦盘　8.器盖
9—10.小平底陶罐　11、16.陶盉　12.壶　13、14、17.高柄豆
15.三足形炊器　18.高圈足豆

图六　第二期陶器图

第三期：陶质陶色仍以夹砂褐陶为主，泥质陶的比例略比二期下降。其地层主要有第Ⅲ发掘区的第10层、9层，西泉坎的第2层。在器形方面形式多样，主要有小平底陶罐、高柄豆、圈足豆、高颈罐、圈足盘、壶、陶盉、酒瓶、杯、瓠、瓠形器、圜底盘等。鸟头把勺在这一时期盛行，并出现了宽沿敛口的三足形炊器，及大量的酒器、长颈壶、长颈圈足壶等及个别的尖底器。第三期的纹饰除二期纹饰外，还出现米粒纹、乳钉纹、蚌纹和云雷纹。其时代相当于商代中期（图七）。

第四期：主要地层有第Ⅲ发掘区的第8层至第4层，第Ⅰ发掘区的

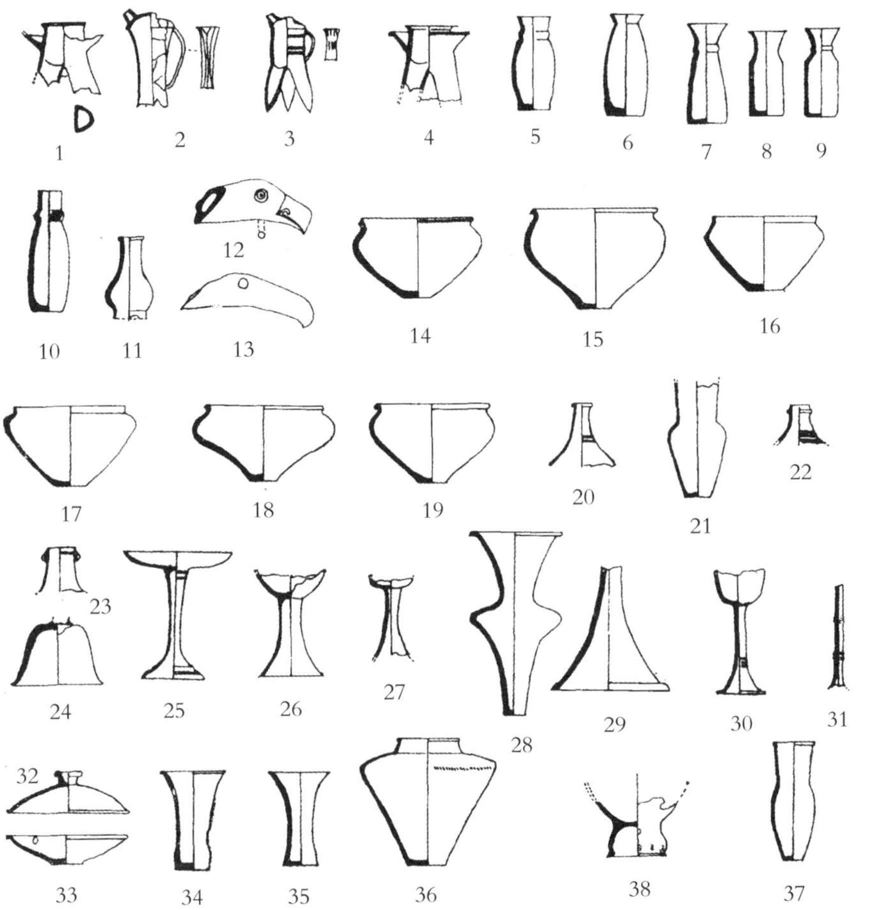

1、4.三足形炊器　2、3.陶盉　5—11.陶瓶　12、13.鸟头勺把
14—19.小平底陶罐　20—23.陶壶　24—27、29—31.高柄豆
28.壶　32.器盖　33.碗　34、35.觚　36.瓮　37.壶　38.圈足

图七　第三期陶器图

第8层至第4层；第Ⅱ发掘区的第8至第4层。此期泥质灰陶占比下降至11%左右，夹砂灰陶比例增高。根据器物的变化，这一期还可以分为前后两大段，前段器形大致与三期的器类相同，但质地以夹砂褐陶为主，灰陶次之，尖底罐流行，鸟头形把勺渐少。至后段，器形基本为素面，纹饰少而单调，仅见个别有绳纹。泥质陶的比例有所回升，器形变得较高大，尖底罐多为薄胎泥质陶，鸟头把勺及三足宽沿形炊器基本消失，

个别罐子的底部开始出现圈足。其时代大致在商末周初（图八）。

上面，我们着重依据有关三星堆遗址的地层资料结合出土器物的分析，按照器物的组合和一些器形的发展变化做了大致的分期工作。下面我们再将上述的分期作为依据，对主要陶器发展序列作一初步分析。这一工作对文化分期不仅是必要的，也是对分期所涉及的遗址各区资料的一次验证。

1. 圈足豆：第一期的圈足豆，豆盘深而细高，束腰，高圈足，圈足上一般都镂有2至3个圆孔或三角形孔。至第二期，豆盘加大，平唇、直口，束腰，圈足变矮而内收，圈足上只饰一个或两个相对称的孔。发展到第三期，盘口变为斜尖唇、口微敛，盘与圈足交接处的束腰距离增大，圈足较矮而内折。至第四期，圈足豆的圈足变成弧足而外撇，圈足增高。

2. 小底陶罐：可分为A、B、C三大型。

A型小平底罐始出现于第一期的最晚阶段，其数量也极少，陶质陶色多为夹砂灰陶。形制为斜沿、侈口，溜肩，鼓腹、腹下斜收微内凹，小平底，底径多在6厘米左右，整个器形显得瘦高。至第二期，小平底罐数量大增，A型小平底陶罐变为尖唇、斜沿微下翻，腹略比第一期的外鼓，小平底，底径多在5厘米左右。整个器形显得比第一期的微矮胖。到第三期，演变为尖唇、侈口、鼓肩，浅腹，小平底，底径多在4厘米左右，陶胎比第一、二期的胎略厚，整个器形显得矮胖。至第四期前段，罐口部微侈、尖唇、斜沿增高，圆鼓肩、较广，斜腹较陡，小平底，陶胎普遍较第一、二、三期的陶胎厚，整个器形又比三期的矮胖。至第四期的后段，A型罐的造型又比前段的瘦高，出现了返祖现象。

B型小平底陶罐出现于第三期，圆唇、口微侈，折肩，斜腹，平底。至第四期前段则发展为尖唇、斜沿口微侈，斜弧腹，小平底。到第四期后段，变为圆唇、敞口，小折肩，斜直腹，平底微内凸；或高领，敞口，小折肩，小平底，底径多在3—3.2厘米。

C型小平底陶罐始于第三期，尖唇、侈口，高领，圆肩，鼓腹，圈

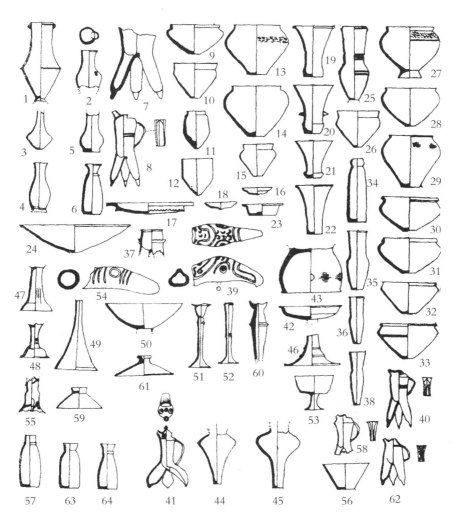

1—3、25、44、45.陶壶　4—6、34、57、63、64.陶瓶

7、8、40、41、58、62.陶盉　9、10、13—15、26、28—33.小平底陶罐

11、12.尖底罐（杯）　16、18.尖底盖　17.圈足圈底盘　19—22.觚

23.陶盆　24.陶钵　27.圈足罐　35、36、38.长颈壶

37.三足形炊器　39、54.鸟头勺把　42、46—53、55、60.高柄豆

43.圈足豆　56.陶碗　59、61.器盖

图八　第四期陶器图

足，圈足与器底交接处为束腰，较高，整个器形显得矮小。至第四期，器形较大，肩比第三期的圆、鼓，喇叭形矮圈足，圈足与器底交接处的腰没有第三期的腰束得厉害，也没有第三期的高。

3.高柄豆：可分为A、B、C、D、E型。

A型，始出现于第一期的最后阶段（第13层出土）。高柱状柄、高圈足，柄身中空和足部相通。至第二期，高圈足变小，柄加长；发展到第三期，圈足高而外撇，像口"吊钟"。

B型，始出现于第二期，小浅盘，折壁，柱状柄，矮喇叭形圈足。到第三期，发展为敞口大坦盘，柱状柄，较第二期粗矮，喇叭形圈足隆起，显得比第二期的高。至第四期，喇叭形圈足足底部分呈"平沿"状，豆盘变小，平沿浅盘，折壁。

C型，始出现于第三期，其形制为粗短柄，喇叭形圈足，深腹杯，至第四期，喇叭形圈足变成折肩，平沿，足壁较第三期直。

D型，始出现于第三期，为瘦高型喇叭形圈足。至第四期，圈足变得更加细小、瘦，足弧壁更陡。

E型，为竹节状柄。出现于第三期，形制为短柄矮低小喇叭形足，直竹节柄。至第四期竹节柄演变成锥形状，上粗下细。

4.陶瓶：可以分为A、B、C、D四型。

A型，始出现于第二期，形制为方唇，敞口，束颈，斜直腹，器身略呈等腰三角形，平底。至三期，演变为窄平沿，束颈较高，斜直腹，近底处两侧微内弧。发展到第四期，变为斜沿，尖唇，束颈，斜弧腹，腹下明显内折成平底。

B型，始出现于第二期，形制为敞口，圆唇，束颈，折肩，直腹较高，平底。至第三期，敞口变大，颈较粗、长，折肩，直腹较第二期的矮。发展到第四期，变为平唇、口微敛、颈较短，折肩，直腹，平底，整个器身显得较为粗壮。

C型，第三期出现，形制为平唇，直口，直颈，溜肩，弧腹，平底。到第四期，发展为平唇，口微敛，斜直颈或敛口、短颈，腹比第三期的微弧，平底。

D型，始出现于第三期，形制为平沿方唇，侈口，长颈，鼓腹，圈足较高。至第四期，形制为粗长颈，鼓腹，圈足外撇，变得较第三期的矮。

5. 鸟头勺把：始于第二期，数量较少，形制简单，长喙无勾嘴，眼睛位置都比较偏高。咽喉及颈部有一至三个小孔，一般为素面。发展至第三期，数量增大，嘴喙变短，短勾嘴，眼睛的刻画位置及比例适当，并在头顶及嘴角部位开始饰云雷纹。咽喉处及颈部饰一个小孔或没有孔。发展到第四期，鸟嘴短小，勾嘴较厉害，或嘴部简化，但在头顶、颈部、眼眶处多饰云雷纹、颈下或咽喉下一般不饰小孔。

6. 陶盉：根据形态的不同可分为A、B两型。

A型，始于第二期，管状流，顶较平，半开口，折肩，束腰，宽把，素面。发展至第三期，流变得较长，顶较隆起，口只开小半，束腰，宽把，上饰几何纹。至第四期，盉顶隆起更高，折肩尖出，束腰，盉身变得较短，裆外撇，宽把较短，上饰几何形刻划纹。

B型，整个器身显得比A型矮胖，始于第二期，其形制为：顶较平，半开口，管状流，鼓腹，束腰，三袋状足、较瘦，足尖为尖乳状。至第三期，盉顶隆起，大半封顶，开口约占盉顶的三分之一，管状流较粗、长，腹微鼓，三尖状袋足直接从鼓腹处撇出，盉身粗壮，上饰三道凹弦纹，宽把，把上饰几何形刻划纹。至第四期，盉顶高隆，细长管状流，盉口开在中部，约呈夹角，折肩，斜直腹，三乳状头袋足，乳头足变得高大，宽把，把上饰几何形刻划纹。

7. 三足形炊器：自第二期出现，形制为斜尖唇，侈口，宽沿，深腹，三大袋足，袋足较粗、较高。到第三期，由第二期的斜尖唇变为尖唇，敛口，斜直腹，腹较第二期的浅，宽沿较陡斜。发展至第四期，为尖唇，斜沿，敛口，斜直腹，腹更比第二期的浅，宽沿较平缓地外伸（图九）。

图九 广汉三星堆遗址分期发展图

续表

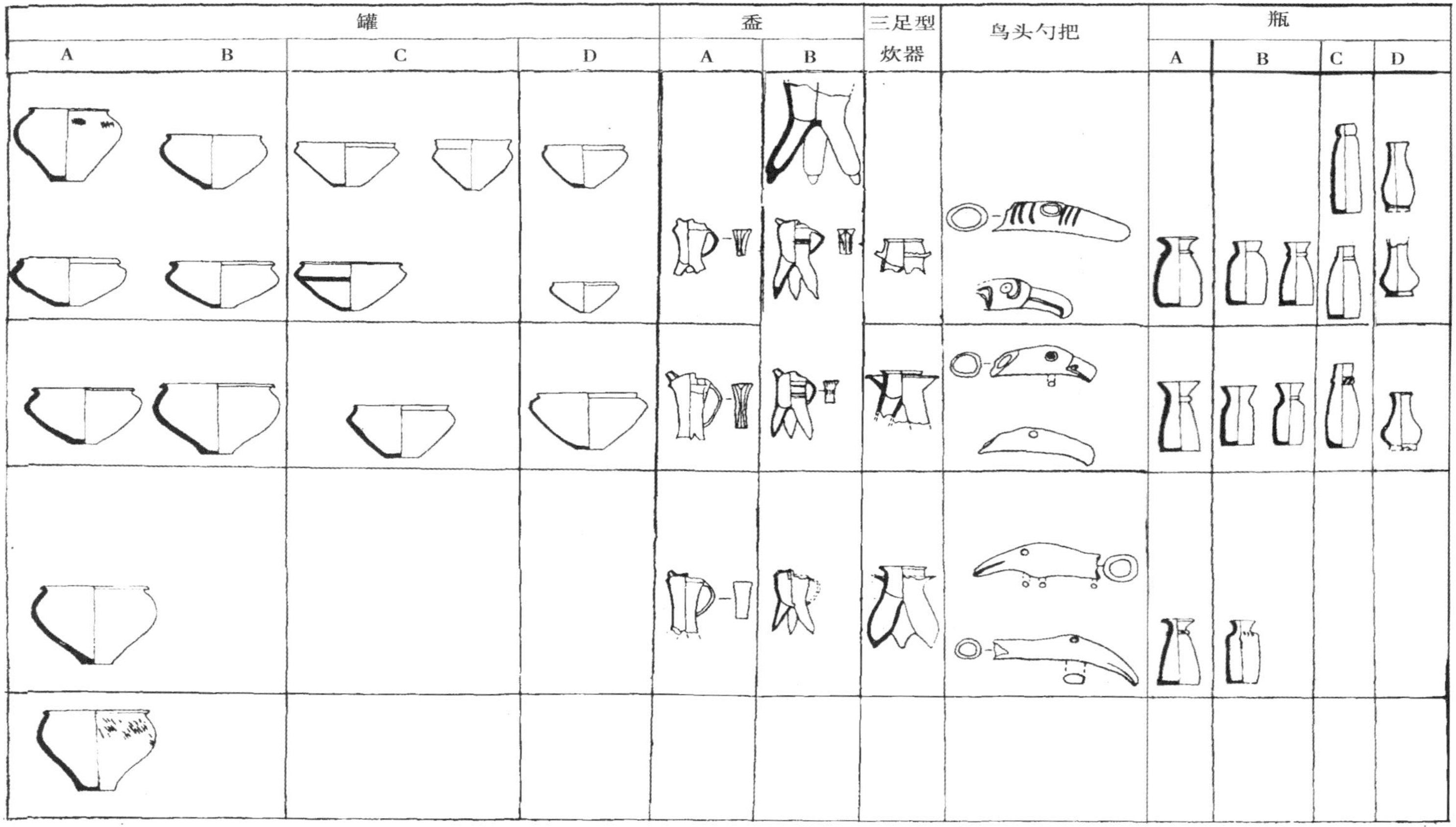

三、从三星堆出土的遗迹遗物看"早蜀文化"的特征及其发展

上述历次发掘出土的实物,使我们收获甚大,初步弄清了该遗址文化的特征及其分布范围。通过地层叠压打破关系及其类型学上的排比,使蜀文化的来龙去脉有了明显的轮廓。过去,人们对川西的"早蜀文化"不甚了解,因此有些人认为"川西平原在西周以前根本就没有蜀文化……蜀文化是西周以后从中原文化脱胎分化出来的"[①]或"蜀文化是西周以后从汉水流域入川的"[②]等论点。这就给人们提出了以下两个问题:第一,西周以前川西平原有没有一支早蜀文化存在?如有,它的文化特征是什么?第二,它的发展关系如何?下面就这两个问题提出讨论。

(一)早蜀文化的存在及其特征

1.早蜀文化的存在

这里所提到的早蜀文化,是指西周以前的早期蜀文化。《华阳国志·蜀志》记载蜀"历夏、商、周"。笔者根据近几年对广汉三星堆遗址历次发掘所获得的大量实物资料分析,认为《蜀志》所载应为信史。地下的实物史料充分证实了川西平原在西周以前存在着一支古老的地方类型文化,并在距今四千年左右已进入了文明社会。如三星堆遗址发现有人工堆积起来的土埂,这些土埂显然可以认为是人工垒筑的"城墙"[③]。在这个城墙的范围内,发现了生活区、作坊、窑址以及大量的房屋遗址。这些房子都有一定的规模,分布密集。在生活区内还发现大量的玉石礼器,如玉琮、璧、圭、璋、剑、瑗、环、斧等。这些遗物显然不是一般人所具备的,而应是王公贵族所拥有的。遗址中发现的两个双

① 孙华:《蜀族起源考辨》,《民族论丛》1982年第2辑。

② 李伯谦:《城固铜器群与早蜀文化》,《考古与文物》1983年第2期。卢连成、胡智生:《宝鸡茹家庄、竹园沟墓地有关问题的探讨》,《文物》1983年第2期。

③ 陈显丹:《论广汉三星堆遗址的性质》,《四川文物》1988年第4期。

手反缚的石雕奴隶像说明了在这个时期奴隶制的存在。

1986年7月至9月，在三星堆遗址又发现了两个大型的祭祀坑，出土了近千件的珍贵文物。其中尤以礼器为主，如尊、彝、璧、圭、琮、璋等，一号坑出土的金杖更是体现了王权的所在。这一重大发现更加充分证明了三星堆遗址曾是一个古代王国——蜀国的所在地。

广汉三星堆遗址的年代，根据地层的叠压打破关系、类型学上的排比和碳十四测定，上限大致在新石器时代晚期（距今4740±135年），下限在商末周初（距今2875±80年）。可见这支土著文化早在西周前就存在了，而且延续近两千年而不间断，证明蜀文化并非是西周以后才从其他地方迁徙而来。

2. 早蜀文化的特征

从上节中，我们知道三星堆遗址的延续时间约两千年。那么它的文化特征是什么呢？下面我们就根据三星堆遗址出土的陶器、生产工具、房屋遗址来看它的特征。

（1）陶器

一般说来，陶器在考古学中是判断一种文化的地域性和族属的重要依据。根据广汉三星堆遗址的多次发掘及川西各地的调查发掘，我们可以看到三星堆遗址文化的常见遗物是陶器，因而要确定三星堆文化的面貌，把握其主要特征，首先就得识别陶器。

三星堆遗址的陶器种类有：圈足豆、小平底陶罐、尖底罐、双耳罐、高领罐、鸟首和马首把勺、高柄豆、陶盉、酒瓶、觚、杯、碟、盘、圈足盘、瓮、缸、长颈壶、器盖、三足形炊器等种类。在这些器形中则以圈足豆、小平底陶罐、尖底罐、鸟头把勺、陶盉、长颈圈足壶、酒瓶、喇叭形器、高柄豆、三足形炊器为常见的器形，也是最富有特征的器形。其造型具有浓厚的地方风格。如小平底陶罐，口都较大，底很小，口径往往大于底径3—5倍。尖底罐有薄胎、也有厚胎。许多薄胎尖底罐近似山东龙山文化的蛋壳陶，胎仅厚1—1.5毫米。其底尖得不能自立，放置得靠器座。高柄豆一般高达33—48厘米，有的竟高达100

厘米左右。三足形炊器均在腰部上方加一宽沿，沿多在10厘米左右，犹如当今四川"泡菜坛"的坛沿，上面既可放食物又可加盖，三个大袋足不仅容量大，传热功能也很佳。这些遗物的造型，堪称三星堆遗址文化珍贵的工艺品，这也是其他地区文化未见的。

三星堆遗址文化的陶系早期以泥质灰陶为主，二、三、四期以褐色夹砂陶为主，其次是夹砂灰陶，再次是红陶，黑陶最少。其中有很多器物是褐灰或褐黄相间，火候不均。尖底罐和高柄豆多为泥质灰陶，这些器物的外表，根据当时出土情况来看，大部分都经过打磨和穿过黑白两色陶衣[①]。这种独特的器形配合以醒目的色调，自然形成了特有的文化特征。

三星堆遗址文化常见的纹饰主要有粗绳纹、细绳纹、弦纹、压印纹、附加堆纹、划纹几何形纹、方格纹、戳印纹、圆圈纹、"F"纹、人字纹、波浪纹等。纹饰一般都很简练，大多数纹饰都施于器物的特定部位。如粗绳纹和细绳纹多施于小平底罐的肩；云雷纹多施于鸟头把勺的鸟头部位；人字纹、"F"纹通常饰在高柄豆的柄部或陶盉鋬的腰部；戳印纹几乎限定于陶盉耳的上端；镂孔多饰于器物的圈足或鸟头把勺的把上及高柄豆的柄上，主要饰于后二者。勺把和高柄豆的柄上一般是一至二个小孔，孔径一般在0.3—0.5厘米。勺把的两个小孔多饰于鸟的下喙近咽喉部位及颈与器身的交接处。

三星堆文化的陶器器壁多转折变化，突棱发达。陶器的附件如耳、鼻、鋬、把、足、纽等，不仅装置位置得当，使用方便灵活，而且形象多样，富有装饰性和艺术性。如陶盉，有的盉顶上饰一动物形象，盉流两侧饰两只眼睛，流则自然成了嘴，而三足做成动物在爬行似的足，安排得恰到好处，身、腰、足的比例恰当，转角、轮廓相当清晰（图八，41）。器盖的纽和勺把的顶端常做成鸟头、鸡冠状、花蒂形、羊、虎、

---

① 由于成都平原土质湿而黏，器物出土时往往被泥土黏去表面一层陶衣，故器形外表看起来较粗糙。

蟾蜍、鸱鸮、鹰、杜鹃等飞禽走兽的形象，既实用又美观。这是三星堆文化的又一大特征。

三星堆遗址文化的陶器制法，一般有手制和轮制。轮制有慢轮、快轮。尤其是尖底薄胎陶罐，陶胎大多在1至1.5毫米之间，这就更反映了当时快轮的使用。因为陶胎越薄、越均匀，则要求快轮的旋转速度越高，轮盘的安装也越要平稳。手制仅限于少数陶器，如陶盉、高柄豆、勺等器形的把、柄、足、耳之类。总之，三星堆文化的陶器造型在其多样性、科学性和艺术方面都反映出了较高的手工业制陶水平和浓厚的地方特色。

（2）生产工具

广汉三星堆文化的生产工具，除纺轮、网坠大部分为陶质外，余皆石质。器形制作精致，棱角整齐，通体磨光。主要种类有：剖面呈棱形的石斧、断面近方形的石磅、长条形的石凿、半月形的弧背刀等，均为小型磨制石器。石杵、石锥、石矛等数量较少，以斧、磅、凿、纺轮为主。其石质多系片岩、页岩和板岩。石纺轮的制作，通常是利用制石璧钻下的石心，再穿孔加工而成。穿孔主要采用琢穿和管钻两种办法。整个遗址没有发现大型的有肩或有段石器，而是以小型的磨光石磅、斧、凿为主。这亦是三星堆遗址的一个重要特征。

（3）房址

三星堆文化的房址全部为地面建筑，从平面来看有圆形、方形、长方形三种。多数为长方形。房间面积多在14—35平方米，个别达60多平方米。其建筑材料采用土、木、竹等。其建筑方法多以榫卯和分段搭接技术为主的穿斗式骨架和抬梁构架方法[1]。四周墙基多挖沟槽，槽宽17—37厘米，深20—55厘米不等。沟壁整齐坚实，沟底掘小槽子或柱洞。洞径一般为14—30厘米，深20—60厘米。柱洞间距一般为60—110厘米。沟底的小槽宽5—10厘米。沟底平整，柱间立小木（竹）棍，

---

① 江道元:《四川广汉文化的居住建筑初探》,《香港建筑》1988年第6期。

再于沟内填土埋实，小棍上编缀竹、木条等物，然后两面涂草拌泥而成"木骨泥墙"。

从上述三星堆文化的特征中，我们可以看出整个三星堆文化内涵有别于鼎、鬲、甗三足器为主要炊器的中原文化，有别于以彩陶为主的西北文化等。显然三星堆文化是具有浓厚的地方特色的一支古代文化。这种以小平底陶罐、尖底罐、高柄豆、圈足豆、鸟头把勺、三足形炊器为基本组合的陶器以及小型磨光石器为特征的文化，充分反映出一个民族、一种文化的固有特征。

3. 早蜀文化的发展

上述三星堆文化小平底陶罐、圈足豆、高柄豆等器形的演化序列，已清楚地向人们展示出了早期蜀文化的特征及自身的发展。这就不难看出三星堆遗址与川西平原诸遗址之关系。如三星堆遗址四期的小平底陶罐、尖底罐、高柄豆、陶盉等基本典型器物在成都十二桥商周遗址、新繁水观音商周遗址、成都指挥街周代遗址、雅安沙溪西周遗址都有出土，具有一定的承袭关系。如三星堆遗址四期的尖底罐、小平底陶罐在新繁水观音遗址演变成尖斜唇、侈口、口径大于肩径的小平底罐。三星堆遗址四期的直口、直腹的尖底罐，在新繁水观音遗址和成都十二桥遗

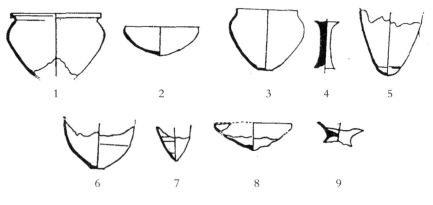

1、3、6.小平底陶罐　2、8.尖底罐　4.高柄豆
5、7.尖底器　9.圈足豆

图十　雅安沙溪遗址出土的部分陶器

址及雅安沙溪遗址则多为侈口、腹微曲的尖底罐。在雅安沙溪周代遗址盛行的陶盉则变成大侈口、长流体肥胖的乳头袋足（图十）。这些器物一直发展到春秋战国时期仍保留了传统风格。如尖底罐、盏（盏是三星堆遗址祭祀坑所出主要陶器）在雅安荣经县的民新村、南罗坝春秋战国遗址①、成都南郊战国墓②、成都百花潭中学10号墓③、成都青羊宫遗址的战国文化层④中都有发现。

在纹饰符号上，三星堆遗址的主要纹饰粗绳纹一直到西周、春秋、战国各时代的陶器上仍为主要纹饰之一。而鸟、花蒂、手心、虎、蟾蜍等纹饰、泥塑形象和"星月"纹在春秋战国时期的蜀兵器上更是常见，充分显示出同一文化的内在联系、传统关系和承袭因素。春秋战国时期的蜀文化无疑是继广汉三星堆早期蜀文化发展而来的。

附记：本文中的沙溪遗址的部分陶器图，由雷雨同志提供，特致以谢意。

原载四川大学博物馆、中国古代铜鼓研究学会：《南方民族考古》（第2辑），四川科学技术出版社，1989年，第213—231页

---

① 资料现在整理中。
② 赖有德：《成都南郊出土的铜器》，《考古》1959年第8期。
③ 陈显丹：《略说巴蜀墓葬随葬品的组合及其纹饰符号的异同》，《四川史学通讯》1984年第5期。
④ 四川省博物馆：《成都青羊宫遗址试掘简报》，《考古》1959年第8期。

论广汉三星堆遗址的性质

　　三星堆遗址位于广汉县城西11公里的南兴镇三星村，是四川地区时代最早，面积最大的"蜀文化"遗址。其时代从新石器时代晚期（距今4700年）至西周初期（距今2875年），遗址分布面积达10平方公里以上，现已建议命名为"三星堆遗址文化"①。

　　广汉三星堆遗址文化自1929年真武村燕氏在其宅旁淘沟车水灌田时，于沟底发现一坑璧、圭、琮、璋等玉石礼器以来，就一直引起考古学家们的重视和关注。半个世纪以来，文物考古工作者曾多次对该遗址进行了调查和试掘工作，获得了不少的珍贵资料。最为突出的是1980年以来对三星堆遗址进行的六次发掘工作，发现了数以万计的陶、石、玉、骨、青铜器、雕花漆木器等，以及大量的房屋遗址、灰坑、墓葬、石料、窑址等遗迹遗物，初步揭示了这座地下宝库的奥秘。这些发现为我们探索古蜀文化的起源、发展及其演变都提供了重要而珍贵的实物史

---

① 四川省文物管理委员会、四川省博物馆、广汉县文化馆：《广汉三星堆遗址》，《考古学报》1987年第2期。

料，证明了蜀"历夏、商、周"①之史事。1984年3月至1986年9月期间的调查和发掘工作所获得的资料及两个大型祭祀坑的发现，对于我们探讨和研究整个三星堆遗址的性质具有重要的意义。历次调查、发掘所获资料分析表明，三星堆遗址是一座都城遗址。

一、城的象征——城墙

1984年，我们对三星堆遗址的东、西、南三面高出地面的三条"土埂"进行了反复的调查和横剖面的观察，发现这些"土埂"全系人工堆积而成的防御体系——城墙。其横断面呈梯形，城墙是分层夯筑而起，每层厚度为12—25厘米。城墙现存高度2—7米，残宽5—30米。现东墙残长1000多米，西墙残长约600余米，南墙残长约180余米。遗址的北部是宽大的鸭子河，是古城的一道天然屏障。这种以三面筑墙，一面环水的古城，在我国古代的城邑中是屡见不鲜的。城墙的存在，意味着国家（或城）的存在。因为城的象征就是城墙。正如恩格斯所说："在新的设防城市的周围屹立着高峻的墙壁并非无故……而它们的城楼以已经耸入文明时代了。"②可见三星堆遗址至少在三千多年前已进入了阶级社会，有了国家。

另在城墙内发现的两个双手倒缚、双膝下跪的奴隶石雕像是三星堆遗址进入奴隶制国家的又一佐证。

---

① 过去有人认为《华阳国志·蜀志》所云"蜀之为国，肇于人皇……历夏、商、周"，非史事，蜀文化是西周以后才进入川西平原的。三星堆遗址出土的实物考证证实了这段史事的可靠性。参见陈显丹、陈德安：《从三星堆遗址看"早蜀文化"的特征及其发展》，巴蜀史及文化学术讨论会论文。

② 恩格斯：《家庭、私有制和国家的起源》，人民出版社，1972年。

二、城所具备的设施

在三星堆遗址的城墙内，就仅揭露的3000平方米左右的面积而言，就发现了大量的房屋基址，其分布密集，具有一定的规模，建造技术较高，均采用木骨泥墙或榫卯搭接方法。房址有方形、长方形、圆形三种。有的房址面积达64平方米以上，有可能属"宫殿"之类的建筑物。在1986年3—5月的发掘工作中，我们又发现了一片生活居住区，在这个生活区中除发现大量的房址、灰坑外，还发现了当时生活区中的一个"垃圾"点。在这个垃圾点中，仅发现的碎陶片就有数万片，并发现了大量的陶酒器，如陶盉、陶觚、陶杯等，以及精美的工艺陶塑，如虎、羊、猪、马、鼠、蛙、鹰、鸮、鹦鹉、杜鹃鸟等。与此同时还发现了一条宽约1.5—2米、深0.4—1.2米的沟，这条沟由东北至西南向，与房址排列的方向同，可能是当时的排水设施。

在整个遗址内还发现了大量的璧、圭、琮、璋、瑗等玉石礼器和戈、矛、镞等兵器。遗址内还发现大量的石料、半成品和加工过程中废弃的玉石器。有的上面还留有许多切割痕迹和管钻痕。显然，遗址内历次出土的璧、圭、琮、璋、瑗等玉石礼器系就地制作的。根据这些情况分析，这里有玉石器的加工作坊。如1984年我们在西泉坎[①]发掘时，在清理出数座房子的附近发现大量的石璧，其中有完整的、半成品和废件，都集中于一处，这里可能就是石璧的加工作坊。在此附近，曾于1929年和1964年先后发现过大量的玉石料窖藏（库房），两处都有石器的成品、半成品及石坯等。1986年的发掘工作中，我们在第Ⅲ发掘区又发现大量的石头堆积在一起，其中也有部分已被切割。有的还可清楚地看到一块被锯割成厚薄相当的四块薄片，但未被完全切割开的石料。这些都是石器加工作坊存在的明显迹象。除玉石器的作坊外，1983年初，在三星堆遗址第Ⅰ发掘区还发现了陶窑等遗迹。1986年发现的两

---

　　① 西泉坎属三星堆遗址文化的一处，位于鸭子河的南岸，其发掘材料待发表。

个商代祭祀坑中出土了大量翻模铸造用的泥芯（内范）及青铜熔渣结核和成块的金料。遗址内出土大量的厚胎夹砂坩埚说明了冶金铸造业的发展，并已达到了相当的水平。大量酒器的发现，说明了酿酒业的兴旺。这些都是与各自的作坊加工分不开的，也是一个城（邑）不可缺少的设施。可见这些手工业早已脱离了农业而成为独立的生产部分，并具有明显的商品生产的性质，它不仅存在着行业间的分工，而且在同一行业的内部也有了一定的分工（如铸造有绘画翻模、冶炼等）。这些都充分表明了三星堆遗址是一座文明古城。

三、早期的蜀都——三星堆遗址

上述城墙的发现以及作为一个城市不可缺少的各种作坊和生活设施的发现，证明了三星堆遗址是一座古城，但属什么性质的城呢？《释名》云："城，盛也。盛受国都也。"笔者认为三星堆遗址应是早期的蜀都。

其一，半个世纪以来，在该遗址内发现了大量的玉石礼器，如璧、圭、琮、璋、瑗、戈、剑、斧等。这些礼器在等级森严的奴隶制国家中绝非普通平民所拥有的，尤其是直径达60—70厘米的石璧和1米多长的玉璋[1]更不可能为一般人所有，只有王公贵族才能拥有这样的礼器。大量的酒器和精美工艺陶塑品的发现也告诉我们，这里应属上层人物的活动场所。

其二，1986年7—9月在三星堆发现了两座大型祭祀坑，出土珍贵文物近千件。祭祀坑的发现为确定这个城（遗）址的性质提供了重要的实物依据。

《左传》庄公二十八年说："凡邑，有宗庙先君之主曰都。"三星堆遗址既有"宫殿"式的房址发现，也有大量宗庙之物发现。如大量的礼

---

[1] 出于一号祭祀坑的大璋残长167厘米，宽23厘米，是目前我国出土的最大的玉璋。

器和象征王权的金杖，以及高大的青铜面具。这些青铜面具有似人者，有似神者，还有半神半人者。如直径达138厘米、高65厘米的青铜"神像"，两只眼球突出似"螃蟹"眼。还有的在眼球上涂色，额上饰一高高的云形纹。这可能是蜀人宗庙所供奉的先王神像。《华阳国志·蜀志》云："有蜀侯蚕丛，其目纵。"即可能是这类神化了的"蚕丛"之神像。《礼记·祭法》载："有虞氏禘黄帝而郊喾，祖颛顼而宗尧；夏后氏亦禘黄帝而郊鲧，祖颛顼而宗禹；殷人禘喾而郊冥，祖契而宗汤；周人禘喾而郊稷，祖文王而宗武王。"《祭法》所说的祖宗人物虽然不完全是事实，但反映出被有虞氏、夏族、殷族、周族崇拜为远古祖先的黄帝、帝喾、鲧、冥、稷等都是历史传说人物。殷族和周族的"祖"和"宗"是建国元勋。《初学记》《艺文类聚》《太平御览》引《蜀王本纪》皆说："蜀王之先名蚕丛……"可见三星堆遗址祭祀坑所祭之祖可能是蜀"始称王"的蚕丛，而蚕丛氏是蜀中古代最早之一部族，又是最先称王的始祖。所谓禘祭，是国王一年一次对祖先的大祭，诸侯以下是不能举行的。因其所祭的对象是推始祖所自出之帝，并以始祖配祭，这种具有最高权威的祭祖神权，只为王者垄断，别人是不能沾边的。我国古代的祖先崇拜等级制度规定，士、庶人的祖先崇拜权"不过其祖"，不允许再"追元尊先"[1]。

其三，在两个大型祭祀坑中分别发现了一百多件玉石礼器及3立方米的动物骨渣和数十枚象牙，说明其祭礼相当隆重，规模之大。3立方米以上的骨渣说明了用牲的祭礼是"太牢"。从"故瘗用百瑜……百圭、百璧"和"君无故不杀牛……灌以圭璋，用玉气也"[2]可知，能够在此用百璧、百圭，其礼为太牢者非王者莫属。

其四，商周以来，天子祭社主要的社神用树。《论语·八佾》云："哀公问社于宰我。宰我对曰：社，夏后氏以松，殷人以柏，周人以

---

① 朱天顺：《中国古代宗教初探》，上海人民出版社，1982年。
② 《礼记·正义·郊特性》。

栗。"在三星堆遗址二号坑内发现的枝叶茂盛的铜树，一方面是作为蜀地通天的"天梯"，另一方面也是作为祭祀社神之"树林"。在这些树的周围有许多的青铜人像面具等，他们应是祭祀社神活动时的"蹈具"。有的人头上还饰有羽毛似的装饰，这应是在祭祀时的"图腾跳舞"。这种图腾跳舞，在我国远古人民和现今少数民族都不乏其例。传说商人先妣简狄，是吞玄鸟而生契的[①]。商汤时，伊尹创作了《桑林》乐舞。桑林原是商人祭祀氏族祖先的地方[②]。其社为柏。可见三星堆遗址出土的神化了的青铜面具和三棵青铜树，都是蜀王用于祭祖先和祭社的。

其五，祭祀坑内出土的用纯金皮包卷而成的金杖，上面线刻有人像，戴王冠象征当时最高首领。而金杖本身也是王权的象征，因此该物也是非王者莫属的权威性礼器。

综上所述，可见三星堆"城址"是三千多年前蜀国的政治、文化、军事、经济的中心。根据出土的金杖上雕有"王者像"和鱼、鸟纹图案和巨大的青铜鹰头以及遗址内出土大量的"鱼鹰"（俗名鱼老鸦）、杜鹃鸟等艺术品来看，三星堆"城址"可能是鱼凫——杜宇王朝时期的都城。

原载《四川文物》1998年第4期

陈显丹卷

---

① 《史记·殷本纪》。

② 孙景琛:《中国舞蹈史》(先秦部分)，文化艺术出版社，1983年。

浅析三星堆古城布局

"蚕丛及鱼凫，开国何茫然"，这是唐代大诗人李白对于古蜀王国建立于何时而发出的感慨。就是这一问，难倒了无数的史学家，史学家们即使是使出浑身解数，翻遍所有书籍也无法回答李白的问题。然而努力不懈的考古学家们却用自己辛勤的野外调查发掘与研究回答了诗仙李白的问题。三星堆遗址几面城墙的发掘确定了三星堆遗址的性质，同时也解决了历史的"悬念"。

自20世纪80年代确认三星堆古城址以来，人们对三星堆古蜀遗址有了新的认识，确认它就是古代蜀王国政治、文化、军事和经济中心。但是，由于考古工作和研究等方面的局限，三星堆古城的布局一直处在朦朦胧胧的阶段，下面笔者就现有考古资料和一些调查了解的情况对三星堆古城的布局进行一次尝试性的探讨，以期起到抛砖引玉的作用。

一、三星堆古城墙的发掘情况

对三星堆古城墙的认识开始于20世纪80年代中期。四川省文物考古研究院的考古工作者在这里发掘时，顺便对遗址周围进行调查，发现在遗址内有几条高出地面的"土埂"，而这些"土埂"正是当地农民烧砖取土所在地。调查期间，发现这些"土埂"里包含有陶片等遗物和夯土痕迹。于是考古专家们认为这些"土埂"很可能是人工筑造的。为彻底弄清这一情况，四川省文物考古研究院在国家文物局的批准下于1990—1999年期间对三星堆遗址的"土埂"进行发掘[①]。

（一）东城墙的发掘

1990年1月及12月，四川省文物考古研究院的考古工作人员对遗址东部的"土埂"进行解剖性发掘，其位于三星堆遗址最东面，略呈东北—西南走向，地面现存部分总长约1090米，发掘面积共400平方米。经过两次解剖，证明这些"土埂"完全是人工堆积起来的，说明这些所谓的"土埂"就是城墙。城墙均由五花土分层夯筑，每层夯土厚约13—20厘米。城墙横断面为梯形，墙基宽40余米，顶部残宽20余米。墙体由主城墙（墙心主体部分）和内侧墙、外侧墙三部分组成。主城墙呈梯形，采用平夯法夯筑，两侧中部经铲削修整，并用圆木棒垂直拍打，表面十分平整、光滑、坚硬。内、外侧墙采用分段夯筑法夯筑，每段夯筑到一定高度并经切削修整后，又再添土继续夯筑。最为重要的发现是主城墙局部已使用土坯砖，这些"砖"的规格为长40厘米、宽30厘米、厚10厘米。这是目前我国城墙建筑史上发现的使用最早的土坯垒砌城墙实物例证。内、外侧城墙多数呈倾斜状的斜行夯层，有些夯层还带有随意性。由此推断，版筑技术在古蜀王国这一时期尚未出现。在这一阶段的发掘工作中发现"水门"遗迹一处。

关于城墙的时代，考古工作者在城墙夯土内发现的陶片均属三星堆遗址一期，距今5000—4100年。也就是说三星堆古城墙内出土的文物至少已有4100年了。在东城墙内侧发现城墙夯土也压在三星堆遗址一期文化层之上，同时又被三星堆遗址二期（距今4100—3600年，相当于夏至商代早期）的文化层所叠压。根据出土文物标本和地层叠压分

---

① 发掘资料现存四川省文物考古研究院。

析，东城墙的时代为距今4000年左右。

（二）南城墙的发掘

南城墙位于三星堆遗址南部，呈西北—东南走向，大致分布于麦家院子"龙背"、胡家院子、三星村公所和东岳庙等几个地点。根据解剖及钻探情况，墙体横断面呈梯形，由主城墙和两侧护坡组成，地面现存部分总长约1150米，顶宽10余米，最宽处达28米，主体宽约20米，高近2米。墙体采取无基槽式平地起夯，主城墙和两侧护坡分别为分层平夯和斜向堆土拍夯而成，结构清楚，夯层明显。在城墙内侧发现城墙夯土也压在三星堆一期文化层之上，同时又被三星堆遗址二期文化层所叠压。

（三）西城墙的发掘

西城墙位于三星堆遗址西北部鸭子河与马牧河之间的高台地上，呈东北—西南走向，地面现存部分总长约600米，顶宽约10—30米，底宽约35—50米，残高约3—6米。在城墙的中部和北部各有一宽20余米的缺口，将西城墙分为南、中、北三段，其中中段南端在缺口处向东拐折延伸约40米，与中段北段略成垂直相接。根据局部试掘情况，结合北端鸭子河和南端马牧河冲刷暴露出的城墙剖面及夯土内包含物分析，西城墙的结构、体量、夯筑方法和年代与南城墙及东城墙相近。在2005年的西城墙发掘工作中发现了"水门"。

对三星堆古城址进行的调查和勘测结果表明，这座古城平面为梯形，南宽北窄，东西长1600—2100米，南北宽2000米，现有总面积3.6平方公里。从这几次的调查发掘情况来看，暂没有发现北城墙，当时初步推断，三星堆古城有可能不完全封闭，北面以鸭子河为天然屏障，东、西、南三面为城墙，由此构成了河流与城墙相结合的防御体系。在古城的中轴线上，分布着三星堆、月亮湾、真武宫和西泉坎四处重要的文化遗迹，文化堆积层较厚，包含物丰富、集中。1929年出土的玉石器坑和1986年出土的两个大型祭祀坑，都位于这一中轴线上。

三星堆遗址城墙及出土文物的内涵，表明该古城是蜀国早期都城，它对于确定三星堆遗址的性质、研究蜀国的建立以及蜀国古文化与中原商文化的关系等，都具有重要的意义。

（四）月亮湾墙体的发掘

三星堆古城墙的发掘，除东、西、南三面城墙外，还在月亮湾发现一段墙体，呈南北走向，整条城墙与西城墙北段基本平行。地面现存部分总长约650米，顶宽约20米，高2.4—5米，根据北段北部的解剖情况来看，月亮湾城墙横断面呈梯形，顶部宽20余米，底部宽40—43米。主城墙高（厚）2.8米左右，墙顶与当时地面相对高差达2.5—5米。墙体采取无基槽式平地起夯、由外（东）向内（西）依次分块斜向堆筑的夯筑方法，墙体材料主要为泥土和沙土，局部采用卵石垒筑、支撑。城墙结构清楚，夯层明显，夯筑方法较为特殊。在对三星堆遗址月亮湾处的墙体进行发掘时，还发现大量龙山时期的房址压在下面，同时发现良渚文化类型的玉琮。这些发现为研究长江文明的起源和三星堆文化与良渚文化的关系都提供了重要的实物依据。同时也说明月亮湾城墙的时代晚于龙山文化。

关于这段墙体，还有两个问题需要考古工作者在今后的考古发掘研究工作中予以解决。

（1）月亮湾城墙与三星堆遗址的东、西、南三面城墙的直接关系是什么？目前还没有直接的说明证据。

（2）月亮湾城墙建造的年代是否与三星堆古城址的东、西、南三面城墙建造属同一时期？

虽然发掘资料说明所有城墙建造的基础都处在三星堆遗址一期文化层之上、二期文化层之下，时代定格在公元前21—公元前17世纪，但我们从东、南两面城墙的解剖来看，其建造技术有别于月亮湾城墙和西城墙。在三星堆城址的东、南两面城墙的墙体中都发现有用于墙体加固的"土坯砖"或"土坯块",显然从技术的发展角度来看这是城墙建造技术上的一个进步,也就是说三星堆城址的月亮湾城墙和西城墙的建造技术要比东、南两面城墙原始,在建造时代上约比东、南两面城墙早。为此笔者有理由认为三星堆城址的城墙建造有时代先后之别,并不是一开始就有现在我们所见到的规模。也就是说三星堆古城最早的是月亮湾城墙和西城墙,此时的古城面积要比我们现在见到的3.6平方公里小得多。随着时代的发展和人口不断地增加,使城市不断地膨胀扩大,约在公元前18世纪左右,三星堆城向东、南扩展,修建了我们现在看见的东城墙和南城墙,这就是目前我们所见的3.6平方公里的三星堆古城。所以我们期望在今后的考古工作中能厘清三星堆城墙之间的各种关系。

（五）北城墙的发现

2012年底四川省文物考古研究院在三星堆遗址又进行了一次大规模的勘探调查,发现了大量的遗迹,共计壕沟3处、河道9处、墙址4处,其中有2处疑似"夯土墙址"发现于三星堆遗址的北面,并紧邻鸭子河的南岸。这一重要的发现,打破了以往人们对三星堆古城"北面无墙,以鸭子河为天然屏障"的看法。

根据勘探发掘,北城墙位于遗址北部,紧临鸭子河,地上部分已不存,残长210米、残宽约15米（北侧被冲毁）、厚1—1.5米,东端与月亮湾城墙北端呈直角相接。如将北城墙现存部分东西直线延伸,可与东城墙北端和西城墙北向延长线相接,故该段城墙有可能为三星堆时期城址的北墙。

（六）仓包包城墙的发现

仓包包城墙位于遗址东北部,现地表尚可见一条长400余米、宽20—30米、高约1米的土埂（地下夯土部分厚约1米）。该城墙东抵东城墙北段,近呈直角,西端已不存,隔月亮湾城壕与月亮湾城墙垂直相望，南侧并行一条笔直的、宽50—60米的城壕，与月亮湾城壕相通①。

北面两段城墙的初步确认，使得三星堆古城的城墙由原来的5段变成了7段，外廓城也由于"北城墙"而有可能变得完整，从而推翻了我们以前"北面无城墙"的看法。这必将对古城的营建过程、聚落布局研究产生极大的推进作用，多条古水道与壕沟的发现，对认识三星堆古城的人工水系及其与自然水系关系具有十分重大的意义。

二、三星堆古城的平面布局

通过对三星堆古城墙及城址内外的调查发掘，目前我们能够较清晰地看出它现有的总平面布局。它呈一个不规则的"梯形"，北窄南宽。如果我们从月亮湾台地由北向南画一条线到三星堆所在位置作为中轴线，大致可以看到三星堆古城是由作坊区、宫殿区、墓葬区、祭祀区、生活区以及河道供水、运输区组成（图一）。

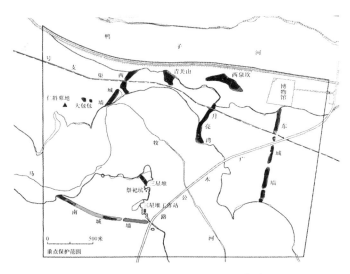

图一　三星堆城址主要分区示意图

① 北城墙和仓包包城墙均处于城址的北部，但不在一条直线上，而是处于平行线上的不同点。

（一）宫殿、"宗庙"区

位于三星堆古城北面居中高台地的月亮湾和青关山一带。它居于马牧河的北岸与鸭子河的南岸之间。2000年12月在这里出土了一批非常重要的器物和建筑构件，如大型的"圈足形炊器"、容器等，更为重要的是在这里发现了"瓦"形器，残长39.2厘米、宽6.8—21.2厘米、高8.8厘米，还有长18.4厘米、宽12.5—15.2厘米和长30.2厘米、宽24.4厘米、厚1.8厘米的"插孔板形器"。这种器形一端宽、一端较窄，很明显是建筑上的构件，而且上下可套接。以前的历次发掘中，我们发现的大多数是一些建筑遗迹，没有发现建筑上的实物，此次发掘是三星堆考古发掘中首次发现建筑构件的实物。这对于全面了解、研究三星堆遗址的建筑史、建筑构件的工艺及中国早期建筑材料都有重要的意义。

尽管我们在历次发掘中发现了大量的建筑遗迹，但是我们所见的建筑遗迹都是比较普通的房屋基址。三星堆古蜀王国真正的宫殿在哪里，这一直是考古学家及历史学家最为关注的，也是大家密切关注的。2000年的发现让我们看到了希望，为什么这样说？前面我们根据发掘和调查的情况分析，月亮湾、祭祀坑和三星堆都位于三星堆遗址的中轴线上，过去我们在月亮湾发现了许多礼器和小型"祭祀坑"，现在又在月亮湾发现了大量的大容器、炊器及建筑构件，这些发现之间应当是有机联系的，而不是孤立的。所以它让我们看见了三星堆古蜀王国宫殿遗址所在的希望。

2000年的发掘，面积虽然不是很大，但出土的陶片达十多万件，出土玉石器282件、骨器3件、铜器6件[1]。2005年3—4月，四川省文物考古研究院在三星堆遗址位于月亮湾与西泉坎之间的青关山发掘了125平方米，发现了重要的建筑遗迹。2012年底，四川省文物考古研究院对青关山遗址展开了较大规模勘探和发掘，将2005年发现的局部建筑

---

① 发掘资料现存四川省文物考古研究院。

遗迹全面展示在人们的面前。青关山大型建筑基址群位于遗址西北部的二级台地上，北濒鸭子河，南临马牧河。台地顶部高出周围地面3米以上，是三星堆遗址的最高处。根据2012年勘探结果，建筑基址群均系人工夯筑而成，现存面积约16000平方米，其中第二级台地现存面积约8000平方米。台地东西两侧均有水道环伺并与鸭子河、马牧河互通，可能为建筑基址群的环壕。2012年，四川省文物考古研究院发掘了第二级台地南部的一座大型红烧土建筑基址，该基址平面大致呈长方形，呈西北—东南走向，与三星堆城址以及三星堆一、二号祭祀坑方向一致，长约55米、宽约15米，面积超过800平方米，东西两侧似有门道。初步推测，该基址大约由6—8间正室组成，分为两排，沿中间廊道对称分布，正室面阔6—8米、进深约3米，中间廊道宽5米左右。存留的墙基内外各有一排密集分布的疑似"檐柱"遗迹，绝大多数为长方形，共计近200个。两排"檐柱"间似有宽近1米的廊道，墙基和"檐柱"底部均由红烧土块垒砌，夹杂大量卵石，红烧土块大多形似"砖"，似属异地预制。在10余处红烧土墙基、"檐柱"和室内夯土地面有掩埋玉璧、石璧和象牙的现象。

根据地层叠压关系、包含物及建筑形制判断，该基址的使用年代大约为商代，是迄今为止发现的面积仅次于安阳洹北商城一号宫殿基址北正殿的商代单体建筑基址。其平面布局也类似安阳洹北商城一号宫殿的建筑基址 。

勘探结果显示，在该基址以北并与其同层位的青关山第二级台地上还分布着大面积的红烧土与夯土。据此，考古专家推测该基址有可能仅为一个建筑基址群的一部分。值得注意的是，在该基址所在的"大型建筑基址群"之下叠压着3—4层厚薄大致相同的红烧土堆积，各红烧土层又分别与夯土层间隔叠压，总厚度超过4米。这些现象提醒，这里可能存在着三星堆不同时期的高等级建筑，表明青关山台地很有可能在相当长的时间内都是三星堆古城的核心区域之一。

（二）作坊区

根据历次出土玉石器成品、半成品的区域主要集中在西泉坎和三星村的附近，初步推断西泉坎一带为加工作坊区，因为在这一带发现的玉、石璧的半成品最多，同时也在这里发现大量的房屋居住遗址，三星堆博物馆展出的几件最大的"玉璞"也出于这一带的鸭子河里。三星村附近主要是陶器作坊区，因为在这里曾发现窑址及大量的破碎陶片，其中有的陶片非常厚，是否是浇铸用的"坩埚"值得研究。

（三）祭祀区

主要分布在三星堆遗址南部，在这里除发现两个大型祭祀坑之外，还发现过一些小型的祭祀坑，出土的遗物基本上是玉石器。

（四）墓葬区

主要位于三星堆古城西城墙的外面，在这里发现了20多座墓葬，根据地形的特点来看，西城墙外到大包包一带有可能是"王陵区"。当然，这有待于今后的考古勘探和发掘来判定。

（五）河道供水、交通运输系统

三星堆古城内的交通运输是最值得考究的。虽然我们现在无法了解它的道路布局情况，但是遗址内的马牧河是值得我们重视的。我们从三星堆古城址的平面来看马牧河就可以理解它的用途了。马牧河从三星堆古城的西南郊流入，然后向北流，顺西城墙流经大半个城，再向东折，经月亮湾附近再折向城的东南角流出。考古工作者在西城墙和东城墙都发现有疑似"水门遗迹"，由此我们可以看出马牧河的流向带有明显的人工利用痕迹，也就是说古代的蜀人为了城市的用水和交通，是有意识地利用马牧河的水，并顺其自然地为我所用。过去很多人都认为马牧河的水是从鸭子河引进，其实不然，马牧河和鸭子河一样都是出自彭州境内的湔江[①]，在关口镇同时分出三条支流，一条是鸭子河，一条是马牧河，一条是小石河。这三条水系都自彭州流经什邡，然后进入广汉。虽然现在我们已看不见马牧河的河道，但是我们在1980年出版的1∶50000军用地图上还能清晰地看见马牧河从彭州离境的区域[②]。

对于马牧河是否是人工的"运河"，还待今后的考古工作来证实，但是至少我们可以看出古代蜀人是利用了马牧河"流域"在三星堆的流势而有"计划"建造了三星堆古城。就这个方面的问题，我们可以通过三星堆遗址发现的遗迹说明。在三星堆遗址的发掘中，我们普遍在第8、9层中发现了大量的洪水淤泥层，在对西城墙的发掘过程中，还在城墙的外面发现了城墙外围的屏障——壕沟。随之又对其他段落的城墙进行勘探，发现三星堆古城的三道外城墙的外侧均有壕沟，宽约15—20米、深约2—3米，与城址内外的马牧河、鸭子河相互沟通。这一发现进一步说明了古蜀王国的防御体系是非常完善的，同时也说明在当时的成都平原已经有了一个非常强盛的王国。从此人们不再为"蚕丛及鱼凫，开国何茫然"的问题所困惑。一个完整的古蜀王国的轮廓已展现在人们的面前。

原载王震中等编：《夏商周方国文明国际学术研讨会论文集》，科学出版社，2015年，第157—163页

[①] 乾隆《汉州志》山川引《一统志》："马牧（木）河，源出彭县西北五峰山，经彭门山下出三郎镇。"按：是水与金雁同源，由青冈坪分流，经龙凤场，历三届桥入州境，名马牧河。同治《续汉州志》云："马牧河距县治西四里。源出牛心山，流九十里入县界。过石梯桥入蒙阳河，至三水关与青白江会。"

[②] 中国人民解放军参谋部测绘局1977年测绘，1978年调绘，1980年第1版。

论三星堆文化与宝墩文化之关系[①]

近年来，四川继广汉三星堆遗址的考古重大发现后，在成都平原又陆续发现了新津宝墩遗址及其古城[②]、郫县古城[③]、温江鱼凫城[④]、都江堰市芒城[⑤]、崇州双河古城[⑥]、紫竹古城等[⑦]。由于这些遗址的时代大约在距今4500—3700年，又属同一文化内涵，因此，发掘者将它们的考古学文化统称为"宝墩文化"[⑧]。

成都平原古遗址群的发现，对于探索中国长江上游的史前文化的

---

① 本文由陈显丹、刘家胜合著。

② 成都市文物考古工作队、四川联合大学考古教研室、新津县文管所:《四川新津宝墩遗址的调查与试掘》，《考古》1997年第1期。

③ 成都市文物考古工作队、郫县博物馆:《四川省郫县古城遗址调查与试掘》，《文物》1999年第1期。

④ 成都市文物考古工作队、四川联合大学历史系考古教研室、温江县文管所:《四川省温江县鱼凫村遗址调查与试掘》，《文物》1998年第12期。

⑤ 成都市文物考古工作队、都江堰市文物局:《四川都江堰市芒城遗址调查与试掘》，《考古》1999年第7期。

⑥ 成都市文物考古工作队:《四川崇州市双河史前城址试掘简报》，《考古》2002年第11期。

⑦ 《华西都市报》2000年3月29日第二版。

⑧ 江章华、颜劲松、李明斌:《成都平原的早期古城址群——宝墩文化初论》，《中华文化论坛》1997年第4期，第8页。

起源、发展都有着极其重要的意义。人们也纷纷撰文，阐释论述，发表己见①，为推动成都平原古蜀文化的研究起到了积极的作用。但就成都平原诸遗址的研究文章中，有个别问题是值得提出讨论商榷的，即关于"宝墩文化"诸遗存与广汉三星堆文化的关系。有媒体报道及研究文章说"新津宝墩文化早于三星堆文化，三星堆文化是直接从宝墩文化发展而来"②云云，且认为三星堆文化的第一期属宝墩文化的第三段。笔者认为这一提法存在诸多问题。因此有必要对其进行认真讨论剖析，以利今后深入研究。那么，三星堆文化与宝墩文化究竟是什么样的一种关系呢？本文就此问题提出讨论。

一、"宝墩文化"与三星堆文化的特征

广汉三星堆遗址和新津宝墩诸遗址同处一个经纬度，其地理位置、地形、气候、土壤、水文、动物、植物等生存环境诸方面亦相同。因此，在文化的内涵上也自然相同。下面我们就二者之间的文化内涵做如下比较和分析：

(一)"宝墩文化"的特征

1. 陶器。器形多宽沿、大翻口风格。主要是小平底器和圈足器。代表器物有绳纹花边口罐、圈足罐、敞口罐、敞口圈足尊、盘口圈足尊、缸、喇叭口高领罐、浅盘豆、矮盘豆、矮领圆肩罐、敛口瓮、曲沿罐、深腹罐、窄沿盆、壶、宽沿平底尊、宽沿盆、宽沿罐、陶钵、器盖等。

---

① 林向：《蜀与夏——从考古新发现看蜀与夏的关系》，《中华文化论坛》1998年第4期，第62—63页。王毅、张擎：《三星堆文化研究》，《四川文物》1999年第3期，第13—22页。

② 江章华、颜劲松、李明斌：《成都平原的早期古城址群——宝墩文化初论》，《中华文化论坛》1997年第4期，第8页。

陶器制作方法主要是手制经慢轮加工修整。陶质为夹砂泥质两种，类砂陶多属羼白色石英砂。陶色分灰、褐、外褐内灰等。泥质陶分为灰白、灰黄、褐和一定数量的黑衣灰陶、黑衣褐陶。其中灰白陶一般火候较高。

纹饰以绳纹为主，其次是戳印纹、附加堆纹、划纹、波浪纹、圆圈纹、弦纹、平行线组合成的几何纹。

陶器中的绳纹花边口罐、敞口圈足尊、盘口圈足尊、喇叭口高领罐、壶、宽沿平底尊、宽沿盆是贯穿这一文化始终的器物群。

2. 房址与城垣。在宝墩发现的房址为方形的地面木骨泥墙建筑。在宝墩遗址、芒城遗址、古城遗址、鱼凫村遗址都发现有木骨印痕的红烧土块，墙体经火烘烤[①]。宝墩、芒城、郫县古城等均呈长方形，方向一般为西北—东南向。城垣的构筑方法为堆筑，呈斜坡状堆积，夯筑的方法为拍打。

3. 生产工具，主要为石器，多为通体磨制，形体较小，以斧、凿为主，有少量的石刀石铲、箭镞和矛，其大小多在6—10厘米。另外发现有陶纺轮和网坠。

4. 墓葬，均系长方形土坑墓，无葬具，少数有随葬品。

（二）广汉三星堆文化的特征

1. 陶器。三星堆遗址的陶器种类有：圈足豆、宽沿器、喇叭口形器、小平底陶罐、高领罐、尖底罐、高柄豆、瓮、缸、翻口长颈壶、盉、杯、盘、器盖、鸟头把勺及绳纹花边口罐等。在这些器形中则以圈足器、小平底陶罐、高柄豆、喇叭形器等为常见器形。

三星堆遗址文化的陶器系早期以泥质灰陶为主，二期以后以褐色夹砂陶为主，其次为夹砂灰陶，再次是红陶，黑陶最少。其中有很多器

---

① 江章华、颜劲松、李明斌：《成都平原的早期古城址群——宝文化初论》，《中华文化论坛》1997年第4期，第8页。

物是褐灰或褐黄相间，显得火候不均。部分器物外饰黑色陶衣或白色陶衣。

三星堆遗址文化常见的纹饰主要有粗细绳纹、弦纹、压印纹、附加堆纹、划纹、平行线纹、几何纹、方格纹、戳印纹、圆圈纹、波浪纹、人字纹等。

2. 房址与城垣

三星堆遗址的房屋建筑全部为地面建筑，从平面来看有圆形、方形、长方形三种。多数为长方形，房间面积多在14—35平方米。其建筑材料采用土、木、竹等。建筑方法多为以榫卯和分段搭接技术为主的穿斗式骨架和抬梁构架方法[1]，四周墙基多挖沟槽，槽宽17—37厘米、深20—60厘米。柱洞间距一般为60—110厘米。柱间立小木（竹）棍，小棍上编缀竹、条等物，然后两面涂草拌泥而成"木骨泥墙"[2]。

三星堆古城墙，其建筑方法是：主城墙采用分层平夯，个别的在墙中心用"砖坯"[3]作芯以加大城墙的力度，护坡采用斜拍之技术。

3. 生产工具

三星堆文化的生产工具，除纺轮、网坠大部分为陶质外，余皆石质。器型多以石斧、锛、凿为主，大小在几厘米到10余厘米，多为通体磨光。其他有少量的刀、矛等石器（大量的玉石器和大型器物均出于两个大型祭祀坑，遗址出土物主要是小型的石器）。

4. 墓葬，均为长方形竖穴土坑墓，无葬具、少数有随葬品。葬式多为仰身直肢。

从上面宝墩的特征和三星堆遗址的特征之比较分析不难看出，它们之间的文化内涵可以说是一致的。

---

① 江道元：《四川广汉文化的居住建筑初探》，《香港建筑》1998年第6期。

② 四川省文物管理委员会、四川省博物馆、广汉县文化馆：《广汉三星堆遗址》，《考古学报》1987年第2期。

③ 陈德安、罗亚平：《早期蜀国都城初露端倪》，《中国文物报》1989年9月15日。

二、宝墩文化与三星堆文化的分期

（一）宝墩文化的分期

"宝墩文化"的分期，主要综合了新津宝墩遗址、都江堰市的芒城遗址、郫县古坡遗址、温江鱼凫村遗址所出土的材料作为分期依据，将其分为四个时期。

一期：以宝墩遗址为代表，以泥质灰白陶为主。器形有绳纹花边口罐、喇叭口高领罐、宽沿平底器、敞口圈足尊、盘口圈足尊、宽沿盆、圈足器等。多绳纹、戳印纹、划纹、几何纹和镂孔纹。

二期：以都江堰市的芒城遗址为代表。主要器形有喇叭口高领罐、盘口圈足器、浅盘带柄豆、盆、筒形器、器盖等。纹饰仍以绳纹、划纹、戳纹为主，少量附加堆纹、凹弦纹、凸弦纹，圈足上多镂孔纹。

三期：以温江鱼凫村遗址的早、中段和郫县古城遗址为代表。主要器形有喇叭口高领罐、敞口圈足尊、壶、盘口圈足尊、浅盘豆、折沿罐等。纹饰有平行线、弧线、交叉、网状划纹、新月纹、三角纹、附加堆纹等，以绳纹为主。

四期：以鱼凫村遗址的晚段为代表。陶质陶色以夹砂褐陶为主。器形有敛口瓮、矮领圆肩罐、折腹钵、器盖等，圈足器的圈足增高。纹饰有戳印纹、划纹、凸凹纹等。

（二）三星堆遗址的分期

三星堆遗址的分期是综合了1980年以来的发掘材料和自身的地层叠压关系和类型学的排列分为四期。在四期的分期中，第一期的第一阶段出土陶片非常破碎，几乎无完整器形，但能看出其器形以平底宽沿器为主。

一期：以三星堆遗址第Ⅲ发掘区1986年发掘的第16—13层为代表。出土陶器以泥质灰白陶为主。主要器形有平底器、宽沿器、圈足器、喇叭口形器、钵形器、花边口沿器等。纹饰主要为细绳纹、平行线纹、附加堆纹，其次有少量方格纹和粗绳纹。

二期：以三星堆遗址第Ⅲ发掘区1986年发掘的第12、11层为代表，质地以夹砂陶为主，器形有喇叭口高领壶、圈足器、大口罐、小平底陶罐、器盖、高柄豆、陶蚕等。纹饰主要有粗细绳纹、刻划纹、戳印纹，附加堆纹，锥刺纹、平行线纹、凸棱纹等。

三期：以三星堆遗址第Ⅲ发掘区1986年发掘的地层第10、9层为代表。陶质陶色以夹砂褐陶为主。器形方面形式多样，主要有小平底陶罐、高柄豆、圈足器、喇叭口高领罐、壶、盉、酒瓶、觚、圜底器等，纹饰除二期纹饰外，还出现米粒纹、蚌纹等。

四期：以三星堆遗址第Ⅲ发掘区1986年发掘的地层第8—4层为代表。以夹砂褐陶为主，器形大致与三期相似，尖底器和圈足器增多，纹饰单调。器物多素面，仅见少量的绳纹。

三、"宝墩文化"与三星堆文化的关系

对于一种新的考古学文化的命名，已故的夏鼐先生主张，首先是该文化的内涵应有别于已被发现的其他任何考古学文化，具有自己的鲜明特征和地区分布的广泛性。[①]这种意见早已被考古学界接纳和采用。以后又有张忠培先生在其《研究考古学文化需要探索的几个问题》一文中提出："作为考古学文化依以命名的典型遗存……还应考虑其是否具备以下三方面标准：（一）古代居民的活动是否具有一定的规模及遗存的保存情况是否较好，（二）遗存在年代及地域上是否具有质的相对稳定性，而不是那些过渡性遗存，（三）考古工作是否有一定的质量及规模。"[②]这三条标准进一步完善了对于考古学文化的命名问题。

① 夏鼐：《关于考古学上文化的定名问题》，《考古》1959年第4期。
② 张忠培：《研究考古学文化需要探索的几个问题》，《文物与考古论集》，文物出版社，1986年。

前面我们已将"宝墩文化"各遗存出土的陶器、石器、房屋遗址、城垣的构造及城址的方向、墓葬的特点都分别进行了比较，从中我们不难看出宝墩诸遗存所出土的遗迹遗物与三星堆遗址出土的遗迹遗物，其特点和文化内涵是基本一致的，换言之，宝墩诸遗存与三星堆遗存应属同一文化内涵。为此，一些研究者提出"宝墩文化的内涵比较独特……与同一时期周邻的其他考古学文化区别是非常明显的"观点①，最后认为"鉴于这一时期文化的内涵独特，与三星堆文化既有区别，又有发展的关系"来看，实际上还是认为它与三星堆遗存密切相关，并非是一个独立的全新的考古学文化。因此，笔者根据大家认可的有关考古学文化命名的条件认为，就"宝墩文化"作为一种全新的、有别于任何一种考古学文化的新文化命名是值得商榷的，它应归属三星堆文化"宝墩期（或类型）"，犹如中原地区的仰韶文化分为"半坡类型""马家窑文化类型""庙底沟类型"以及诸地区的龙山文化等一样，这样一来，既符合大的文化范畴，又表明它在区域或时间上与三星堆遗存本身有所区别。

三星堆遗址与宝墩诸遗址同处成都平原，其生态环境是没有什么差异的。因此，在文化上的一致是非常自然的。就三星堆遗址文化是否是继"宝墩诸遗存的文化"，特别是三星堆遗址文化的第一期是从"宝墩文化"的第三期发展而来②，或者说三星堆文化的第一期仅相当于"宝墩文化"的第四期，其年代仅在3700年以后，对于此提法，我们提出讨论，以阐释自己的观点和主张。

"宝墩文化"诸遗存的时代，根据目前已公布的资料，大约距今4500年至3700年之间，共计800年的延续发展时间，分为四期。但文章中的分期，没有说明每一期的具体时间，因此本文只能从这800

① 江章华、颜劲松、李明斌：《成都平原的早期古城址群——宝墩文化初论》，《中华文化论坛》1997年第4期，第11页。
② 江章华、颜劲松、李明斌：《成都平原的早期古城址群——宝墩文化初论》，《中华文化论坛》1997年第4期，第8页。

年的头尾来讨论。第一期距今约4500年，第四期距今约3700年，宝墩第一至四期的文化面貌及特征已在前文叙述，并与三星堆文化的一至四期文化做了相应的比较。我们可以看出二者之间的共性是非常明显的。诸如早期的陶器都以泥质陶为主，器形以宽沿器、圈足器等为大宗。在纹饰上均以水波纹、划纹、绳纹为主。从宝墩遗址的碳十四测定数据来看，其最早的年代是距今4500±150年[1]。三星堆遗址第一期的碳十四测定年代有距今4740+150年，4210±80（86GSⅢT1416⑭）年，4170±85（86GSⅢT1416⑭）年等数据，由此可见，宝墩遗址与三星堆遗址之间并不存在"宝墩"向"三星堆"发展的时空关系，更无法证明"宝墩"的末期正好是三星堆的一期[2]。关于碳十四年代的测定问题，有研究者提出三星堆遗址的标本数据在年代上有倒置情况，不宜采用[3]，但在两个遗存的年代对比上又在用其中的数据[4]，就三星堆遗址中的碳标本问题，其采集的标本绝大部分为三星堆遗址的第8—10层之间的标本，因为这几层的碳标本与其他层位相比，易采集。这几个层位也正是三星堆文化分期中的第三期和第四期的前段，也就是说处于该遗址的中期。从目前已测出的数据来看，其年代范围大致是在距今：3615±80（86ⅢT1516⑧B）年，3600±75、3700±100（86GSⅢT1415⑧B）（86GⅢT1415⑨）年，3990±80（86GSⅢT1516⑨）年，3600±75（86GSⅢT1414⑨H36）年。就这些数据而言，其前后误差不过百年左右，笔者认为，它与三星堆遗址86GSⅢT1416第14层所取的两个数据也是相适应的，这两个数据分别是距今4170±85年、4120±80年。它与晚期相比，也是紧密相接的，如位于三星堆遗址6层下的一号祭祀坑的

---

① 江章华、颜劲松、李明斌:《成都平原的早期古城址群——宝墩文化初论》,《中华文化论坛》1997年第4期，第11页。
② 江章华、颜劲松、李明斌:《成都平原的早期古城址群——宝墩文化初论》,《中华文化论坛》1997年第4期，第11页。
③ 王毅、张擎:《三星堆文化研究》,《四川文物》1999年第3期，第20页。
④ 江章华、颜劲松、李明斌:《成都平原的早期古城址群——宝墩文化初论》,《中华文化论坛》1997年第4期，第11页。

年代为距今：3500±295年，树轮校正为：3400±295年；3430±90年，树轮校正为3350±90年。以上这些数据，我们不难看出其年代的一致性和连续性。因此，我们说三星堆遗址的年代应为距今5000年左右，是根据类型学的比较参照地层及碳十四的标本而定，就前面我们看到的早期标本，第14层的年代已在距今4700—4200年，可想三星堆遗址的第15和16文化层的年代应当还要早，这是其一。

其二，我们将宝墩一期的陶器和三星堆一期的陶器相比较，可看出，两者都存在着一个巨大的缺陷，即早期的器形完整者和能复原的器形极少。可以说从陶器的类型上除大量口沿和器物底部及陶质陶色作比较外，其器形的演变与发展比较，在目前来讲，时机还不成熟。但就两个遗址的时代和延续时间来讲，应当说三星堆遗址从距今5000年的年代至距今3000年是没有中断过的。其250厘米厚的文化堆积叠压关系明确显示了这一点。因此，三星堆遗址的陶器发展演变也有着自己明显而清晰的脉络[①]。尤其重要的是，在类型学上的比较中，我们看不出宝墩遗址的器型与三星堆遗址之间的传承关系，特别是早期的器型。如果我们将三星堆遗址早期的器型残片等与中原龙山时期相比较的话，专家学者们将发现其时代的共性。著名考古学家邹衡先生说："根据三星堆这个地方所出的陶器、陶片来看，它们的最早期肯定已经到了相当于中原地区的龙山文化时期，至少可以到龙山文化的晚期。因为有些陶片同中原龙山文化陶器口沿上的作风完全一样。"[②]由此可见，三星堆的第一期文化，并非是"宝墩"第三期的继承者（3700年前以后的文化）。在距今3700—3400年之前，三星堆文化正处于空前的高峰时期，也就是说早在距今3700年前，三星堆文化已是一个具有较高文明程度的文化且

① 陈显丹：《广汉三星堆遗址发掘概论、初步分期——兼论"早蜀文化"的特征及其发展》，四川大学博物馆、中国古代铜鼓研究学会：《南方民族考古》（第2辑），四川科学技术出版社，1989年。

② 邹衡：《从三星堆文化与夏商文化的关系——1986年夏在"三星堆文化讨论会"上发言》，《夏商周考古学论文集（续集）》，科学出版社，1998年，第247页。

具有自身的发展脉络。

　　现在我们总观成都平原所发现的宝墩诸遗址群，迄目前止，应该说还没有发现真正比三星堆文化更早的成体系的古文化，虽然在成都平原北部的绵阳中子铺发现了距今7000—6000年的古遗址、张家坡发现了距今6000—5000年和距今5500—4700年的新石器时代文化。但这些遗址所出土的遗物，就目前而言，与三星堆文化没有什么直接的关系。即使是三星堆遗址本身而言，也还有许多工作需要进一步的开展、进一步的发掘和研究。因为三星堆遗址是否还有更早更重要的文化层堆积还是个未知数。因此，要弄清成都平原三星堆文化以前并与三星堆文化有直接渊源关系的古文化，还需要我们的考古工作者日益拓展，不懈努力和深入探索。

原载《四川文物》2002年第4期

略谈广汉文化有关问题

——兼论广汉文化与夏文化的关系

一、广汉文化的发现

广汉文化的发现是1931年春在广汉县西北约20公里之中兴场（现更名南兴乡）月亮湾的真武宫附近，由当地居民淘浚小溪而发现。时驻川英籍牧师董宜笃（A·H. Donni-thome）闻知其事，乃约华西大学教授戴谦（D·S. Dye）同往调查。1934年春又由葛维汉（D·C. Graham）指导这里的发掘工作。通过发掘，得知原发现玉器之处乃为一长方形土坑，长约3.5米、宽1.5米、深1.5米。所出遗物有石璧、珠、圭、玉琮、玉圈及小玉块等。除此之外，在坑的左右各开一探沟，所得遗物有石斧、刀、珠、杵、磨石、残璧等。陶器除发现一个能复原的夹砂陶钵外，均为碎片。陶器以灰色为主。器形有豆、盂、甋、瓶、盘、鬲、壶等，亦出有纺轮。纹饰有粗、细绳纹等[①]。由于这些器物有别于当时所

[①] 葛维汉：《广汉发掘初步报告》，《华西边疆研究学会会志》1936年第6卷；林铭均：《广汉古代遗物之发现及其发掘》，《说文月刊》1936年第3卷第7期。

发现的各地文化，故名"广汉文化"①。中华人民共和国成立后，考古工作者又陆续在这一带进行过调查和试掘工作②，但所集资料都非常零散，因此广汉文化的实际面貌具体情况仍不详。为此，1980年夏至1981年春，四川省文物管理委员会、广汉县文化馆，配合当地生产建设，在紧邻真武宫遗址约一华里左右的三星堆遗址进行了科学发掘和清理，从而我们对广汉文化有了初步认识和了解。由于该文化除与其他文化有关外，确有自身的浓厚特色，因此本文仍沿用"广汉文化"这一名称。

二、广汉文化的分布及特征

关于广汉文化遗存的调查研究和发掘工作，就现有资料，已知广汉文化除月亮湾、三星堆等遗址外，类似以小平底罐、尖底罐、高柄豆为主要特征的文化遗存，目前已在四川发现好几处。其主要分布范围在川西的成都、温江、雅安等地区。如成都青羊宫遗址③、新繁水观音遗址④、汉源县背后山遗址⑤等地均发现有类似广汉文化的遗存。可知广汉文化的分布主要集中在川西较广泛的地区。相信随着今后考古工作的不断发展，一定还有更多的发现。

广汉文化，经过三星堆遗址的第一、二次发掘和清理，从报告分期的器物及生产工具的演变情况分析⑥，其基本特征大体可以归述如下：

（一）整个遗址未发现任何金属物，亦不见骨角、蚌器之类。

（二）陶器陶色复杂。早期陶器以壶、钵、圈足豆等为主。器物口沿及器身往往饰有粗绳纹和弦纹。陶胎较厚，陶质以夹砂褐陶及泥质

---

① 郑德坤：《四川古代文化史》，《华西大学博物馆专刊》，1946年。
② 王家祐、江甸潮：《四川新繁、广汉古遗址调查记》，《考古通讯》1958年第8期；四川大学历史系考古学教研组：《广汉中兴公社古遗址调查简报》，《文物》1961年第11期。
③ 成都青羊宫遗址器物藏成都市文物管理处，未发表。
④ 四川省博物馆：《四川新凡县水观音遗址试掘简报》，《考古》1959年第8期。
⑤ 遗物现藏汉源县文化馆。
⑥ 四川省文物管理委员会、广汉县文化馆：《广汉三星堆遗址发掘报告》，待刊。

灰陶为主。中期器形复杂、品种繁多，如器形有高柄豆、圈足盘、勺、盂、小平底罐等并出有陶盉、杯等器物。到了晚期器形则以圈足器和尖底罐为主，陶盉增多。有的尖底罐陶胎薄似蛋壳，仅1.5—2毫米厚，非常脆薄。陶质以夹砂为多，所夹砂粒较粗，多属于黑色或灰白色的扁平状颗粒。陶色有褐、灰、橙黄（红）陶和个别黑陶。杯、勺、豆等一类器物往往饰有一层黑色或白色陶衣。陶罐一般有直口、侈口、圆肩、广肩斜腹的小平底罐及单耳、双耳、高领罐。豆有盘呈杯形、双腹盘的柱状高柄豆、竹节把豆、两头细中间粗的鼓状豆和方唇、口微敛、斜腹束腰的圈足豆等。其他小平底器物还有瓮、碗、碟、敞口小平底盘等器形。

在上述许多器形中，最富有特征的是小平底陶罐、尖底罐、鸟头把勺等。小平底陶罐的底部往往小于口部约三倍；尖底罐既有薄胎又有厚胎，底尖得不能自立，得靠器座；高柄豆一般高达33—38厘米，有的甚至高达45厘米；勺把一般以模拟各种鸟形为主。勺把和高柄豆的柄上往往饰有一至二个小孔，孔径一般为0.3—0.5厘米。勺把的两个小孔往往饰于鸟的下喙近咽喉部位及颈与器身交接之处。

陶器多为轮制，也有手轮合制。但手制多限于少数陶器，或是以陶器的附件为主。如盉、高柄豆、勺、罐的鋬、耳、鼻、流、柄、足之类。

（三）纹饰：早、晚两期纹饰单调，仅有粗、细绳纹、弦纹、刻划纹、附加堆纹、棱形纹和云雷纹。而中期纹饰品种繁多，除上述纹饰外还有网纹、方格纹、重圈底、戳印纹、心形纹、Ϝ纹、人字纹、◥纹、波浪纹、鱼鳞纹、贝纹、同形涡纹等。

（四）生产工具：除纺轮、网坠大部分为陶质外，余皆石质。器形制作精致、棱角整齐，通体磨光。主要品种有剖面呈棱形的石斧，断面近方形和长方形的石锛，长条形的石凿，半月形的弧背直刃刀、石杵、锥、砺石、矛等。其他还有少数石纺轮。整个遗址未发现类似长江流域下游石器时代的大型穿孔石器和有肩器，而是以小型的磨光石锛、凿、斧为主。

（五）石璧：一般两面磨平，周边磨光，中间穿孔。从石璧留有一些未钻、琢穿的痕迹分析，穿孔主要采用琢穿和管钻两种方法。再利用钻琢下来的石芯穿一小孔做成纺轮。

（六）装饰品：以模拟动物形象为主，其中有泥塑的马、龟（残）、鸟、鹰等。尤以鸟的种类最为突出，约十余种。而这些装饰品主要作为实用器陶勺的把。

（七）墓葬：主要为长方形竖穴土坑墓，葬式为仰身直肢或屈肢葬。均无葬具及随葬品。

（八）房址：全部为地面建筑，具有一定规模，种类也较丰富。平面形式有圆形、方形、多数为长方形。面积在14—35平方米，个别达60余平方米[①]。其建筑采用土、木竹结构，以榫卯和分段搭接技术为主的穿斗式骨架和抬梁构架方法[②]。四周墙基多挖沟槽，槽宽17—37厘米，深20—55厘米不等。沟壁整齐坚实，沟底掘小槽子或柱洞。小槽宽约10厘米、深约8厘米。房内皆无火塘、灶坑之类的遗迹发现。

（九）窑址，为露天半地穴式。平面约呈马蹄形，无窑箅，长约170厘米、宽约160厘米、深7—20厘米。火门宽约40厘米、烟道宽约15厘米、长106厘米。

三、关于广汉文化的年代问题

关于广汉文化的年代问题，是问题讨论的关键之一。这个问题自中华人民共和国成立前到目前为止，中外学者对此虽有过论述，由于资料收集不够系统、全面，加上时代本身所造成的种种局限，故诸家结

---

① 三星堆遗址所出F18的面积为8米×8米约64平方米。资料现存四川省文物管理委员会。

② 江道源：《四川广汉文化的居住建筑初探》，待刊。

论分歧不一。如"广汉文化",有的认为是新石器时代晚期至周[1];有的认为是周初[2];还有的认为是春秋[3]。对于上述各种说法,此不一一赘述。目前我们经过对三星堆遗址的第一、二、三次发掘清理,对于广汉文化的时代划分,笔者认为基本上有个轮廓。第一,从三星堆遗址文化层堆积厚达1.5米及房屋居住群的发现,可知该文化的时代延续较长,并非短时期的存在。

第二,从三星堆遗址出土的早、中、晚三期遗物分别与其他地区同时代的遗物相比较也可知其上下限的范围。如三星堆遗址早期所出敞口小平底盘、侈口斜壁平底杯与河南仰韶文化晚期及庙底沟二期龙山文化早期、常山下层文化同类器物的原始性都有显著的共同性[4]。中期所出陶盉等器形则与偃师二里头中、早期之陶盉有着极其惊人的相同之处[5],以及中、早两期所出纹饰中的绳纹、方格纹、刻划纹、镂孔纹等分别与河南龙山文化、山东龙山文化及二里头文化相似[6]。晚期器形中的杯则与二里头晚期所出陶杯相似。所出口微侈、直口、圆肩、小平底陶罐和尖底罐、陶盉、器座等与新繁水观音遗址相似[7]。

第三,广汉三星堆遗址除在晚期文化层发现一小残铜件外,未发现一件完整的金属器具,与紧邻广汉的新繁水观音殷末周初之遗址、彭

① 郑德坤:《四川古代文化史》,《华西大学博物馆专刊》,1986年。

② 葛维汉:《广汉发掘初步报告》,《华西边疆研究学会会志》1936年第6卷;林铭均:《广汉古代遗物之发现及其发掘》,《说文月刊》1936年第3卷第7期。

③ 参见徐中舒:《论巴蜀文化》第一章《巴蜀文化初论》,四川人民出版社,1982年。

④ 中国科学院考古研究所编著:《庙底沟与三里桥》,《中国田野考古报告集》,《考古学专刊》丁种第九号,科学出版社,1959年。

⑤ 中国科学院考古研究所洛阳发掘队:《河南偃师二里头遗址发掘简报》,《考古》1965年第5期。

⑥ 中国科学院考古研究所洛阳发掘队:《河南偃师二里头遗址发掘简报》,《考古》1965年第5期。另参见刘敦愿:《论(山东)龙山文化陶器的技术和艺术》,《山东大学学报》(历史版)1959年第3期。

⑦ 四川省博物馆:《四川新凡县水观音遗址试掘简报》,《考古》1959年第8期。

县竹瓦街西周窖藏遗址相比，后两者均发现有青铜器[1]。重要的是新繁水观音遗址，它不仅有青铜器的发现，而且还有与三星堆遗址相同的小平底陶罐和尖底罐的发现，显然新繁水观音遗址的时代略晚于三星堆遗址的晚期。

第四，广汉三星堆遗址墓葬既无葬具又无随葬品，而新繁水观音遗址的墓葬中都有发现大量的随葬品及出土的铜戈与中原商代相同，也可窥其下限。

第五，三星堆遗址晚期纹饰中的云雷纹、三角形几何纹等和中原商代流行的云雷纹，三角形几何纹相同。我们再结合参照碳十四测定三星堆遗址中期的年代距今4070±100年，树轮校正为4500±150年，晚期距今3675±80年比较分析，就目前来看，广汉文化的时代的上限可能相当于新石器时代晚期，下限可到殷商的中晚期。原月亮湾所发现的玉器之类应属晚于殷代后的窖藏品。因这些遗物是出于一长约七尺、宽三尺、深三尺的长方形土坑中。

四、广汉文化与夏文化的关系

（一）原始的共同性

一个民族的形成和一种文化的形成，是多元的？还是单一的？是仅限于一个狭小的区域内，还是一个较广泛的地区？应当说一个民族、一种文化的形成应是多元化的，不是孤立的仅限于一地。夏文化同样如此。从文献记载及传说中，我们知道夏的创始人禹，乃颛顼之孙。颛顼又是黄帝之孙。而颛顼的传说除河南外，在楚、晋、秦、蜀等地也均有。如：

---

[1]　王家祐：《记四川彭县竹瓦街出土的铜器》，《文物》1961年第11期；四川省博物馆、彭县文化馆：《四川彭县西周窖藏铜器》，《考古》1981年第6期。

《史记·秦本纪》说："秦之先，帝颛顼之苗裔孙曰女脩。"

杨雄《蜀王本纪》[①]载："帝颛顼高阳氏，母曰女枢……生颛顼于若水（按今雅砻江）。"

《大戴记·帝系》说虞："穷蝉父曰颛顼。"

于楚曰："楚之先祖出自帝颛顼高阳。"[②]

可见这些地区与中原地区传说中的夏祖同出一源，它们之间存在着密切的关系。近年来的考古工作已证明在豫西、豫南、皖西、鄂北、晋南、川西等地均发现有与中原龙山文化和二里头文化相关的古代文化，从而可知夏文化并非仅限于一个狭小的区域内，而是一个较广泛的区域。至少在公元前16—21世纪是有可能的，只是后来各自发展速度的快慢，以及所处特定环境使自身富有所处地区的文化特色，再以发展较快、较先进的中原地区为中心罢了。但他们仍保留着许多共性。如广汉文化三星堆遗址中所出的侈口、斜壁、平底浅腹碗与河南龙山文化、王湾三期所出浅腹碗相同，陶杯则与庙底沟、三里桥、后岗二里头等遗址所出侈口、斜壁平底杯一样[③]；敞口小平底盘则与庙底沟龙山文化所出陶盘相仿[④]，陶盉则与二里头早期所出管状流、鋬耳、束腰三袋足的陶盉一致[⑤]。在纹饰上，其中绳纹、三角形几何纹、方格纹、云雷纹等几乎都与中原的龙山文化和二里头文化类型所出纹饰相同，这些相同的纹饰和器形使我们清楚地看出广汉文化与夏文化有着密切的联系，也许

---

① （清）王仁俊辑：《玉函山房辑佚书补编》，《蜀王本纪》。

② 《史记·楚世家》。

③ 中国科学院考古研究所编著：《庙底沟与三里桥》，《中国田野考古报告集》，《考古学专刊》丁种第九号，科学出版社，1959年。中国科学院考古研究所洛阳发掘队：《河南偃师二里头遗址发掘简报》，《考古》1965年第5期。另参见中国科学院考古研究所编著：《梁思永考古论文集》，《后岗发掘小记》，《考古学专刊》甲种第五号，科学出版社，1959年。

④ 中国科学院考古研究所编著：《庙底沟与三里桥》，《中国田野考古报告集》，《考古学专刊》丁种第九号，科学出版社，1959年。原报告将此物订为盆。

⑤ 中国科学院考古研究所洛阳发掘队：《河南偃师二里头遗址发掘简报》，《考古》1965年第5期。

就是同一个传统中得来的。

（二）共同的图腾崇拜及传说中的夏禹

夏以龙、石、薏苡为图腾，这是大家公认的。那么在大夏的氏族部落联盟中还有没有其他飞禽走兽之类的崇拜偶像呢？罗泌《路史后记》卷十二说：（禹母）"女狄暮汲于石纽山下祠前水中，得日精如鸡子，爱而含之，不觉而吞，遂有身，十四月而生夏禹。"是说禹母吞一形似鸡卵的精子生禹于石纽，而这种精子可能就是鸟卵，鸟卵必为鸟所生，这就有可能夏除了以龙、石、薏苡为图腾外，其中还有一支以鸟为图腾的部落。关于禹母吞卵生禹传说在《遁甲开山图》荣氏解、《太平御览》卷四和卷三六〇、《事类赋》卷一等都有大同小异的记载或转引。除此外，我们还可追湖到禹的祖父颛顼之时。《山海经·大荒北经》说："……大荒之中，河水之间，附禺之山，帝颛顼与九嫔葬焉。爰有丘久、文贝、离俞、鸾鸟、皇鸟……有青鸟、琅鸟、玄鸟、黄鸟。"颛顼之陵有众多的鸟出现，正好说明夏的祖先其中一支就是以鸟为图腾。这一支系很有可能就是广汉文化这一支，即发展为后来的"蜀文化"。而蜀人的崇拜偶像是什么呢？左思《蜀都赋》说："鸟生望帝魂。"《华阳国志·蜀志》说："……适时二月子鹃鸣，故蜀人悲子鹃鸣也，巴亦化其教而务农，迄今巴蜀民农时先祀杜主君。"是说以鸟为图腾。杜主君即蜀主杜宇，也即望帝。可见蜀人到周失纲纪之时，还保留着原始的图腾崇拜偶像——鸟。更重要的是在实物史料上也得到了印证。从川西蜀兵器上及三星堆遗址中均发现大量的鸟形图案和泥塑的各种鸟形[①]也说明了这一点，而图腾的崇拜往往又与原始氏族名称联系在一起。因此无论中原的夏文化，还是四川的"蜀文化"，尽管随着时间的推移，在以后发展速度有所差异，但他们仍会保留原始的共同特点。当然，除去共同

---

① 四川省博物馆：《四川新凡县水观音遗址试掘简报》，《考古》1959年第8期。另参见刘瑛：《巴蜀兵器、纹饰、符号简介》，待刊。

特点外，它们更多的是又以各自不同地区所处环境呈现出各自的地方色彩，但对于他们的祖籍是绝不会忘记的。这在历代文献记载中也可看出。尤其是对夏禹的出生及故里与四川的关系更为密切，文献记载也是异常的丰富。如：

《史记·六国年表》载："禹兴于西羌。"

《竹书纪年》说："帝颛顼高阳氏，母曰女枢，……生颛顼于若水，……颛顼之子鲧，生禹于石纽。"

赵晔《吴越春秋·无余外传》说："（禹）家于西羌，地曰石纽；石纽在蜀西川也。"

《蜀王本纪》①载："禹本汶山郡广柔县人也，生于石纽。"

其他还有认为禹生于四川石纽，并转载的有《三国志·蜀志·秦宓传》、《太平御览》卷八二引皇甫谧《帝王世纪》、《水经注·沫水》、沈约《宋书·符瑞志》等。传说在尧舜时代发生的巨大洪水是由四川岷江泛滥所引起，夏禹又正生于此地区。在其父鲧治水失败后，禹接其业进行治水也是从该地区开始的。《尚书·正义》卷六说禹疏导九条大水的道路："潘冢导漾，东流为汉。……岷山导江，东别为沱。"欧阳忞《舆地广记》卷三说："茂州汶山县，禹贡岷江在北，俗谓之铁豹岭。禹之导江发迹于此。"这虽说是禹疏河导江始于岷山，在另一方面则暗示夏之创业也可能起于此。在过去四川考古调查发掘工作中，在茂汶羌族地区除发现与仰韶文化马家窑类型近似的彩陶外，还发现与广汉文化和中原地区龙山文化相同的器形陶杯②。而广汉文化三星堆遗址的年代经碳十四测定为距今4070±100年，树轮校正为4500±150年，也正与史籍记载夏的时代相当。而禹的传说及出生故里，又广泛流传于这一带，这就暗示了他们之间的关系。

---

① （清）王仁俊辑：《玉函山房辑佚书补编》，《蜀王本纪》。

② 四川大学历史系考古教研组：《四川理县汶川县考古调查简报》，《考古》1965年第12期。

五、结语

蒙文通先生在《巴蜀古史论述》一文中说:"《初学记》和《史记·夏本纪·正义》都引《蜀王本纪》:'禹本汶山郡广柔县人,生于石纽。'《夏本纪》依《世本》说:'禹之父曰鲧,鲧之父曰帝颛顼,颛顼之父曰昌意。'可见《蜀王本纪》序禹生广柔,正是序夏朝和蜀王都是昌意后代……这一系列的说法,觉得都是自为一系。……正因为它是自为一系统的历史,所以就更觉可贵……更可注意的。"因此从上述文献记载与考古资料相互印证可发现有关夏的痕迹绝非偶然的巧合,它不仅说明了古文献所载之蜀与中原在分合异国之间有着共同的传说,而且在实物史料上也有共同的特点,这正说明他们都是一个系统的。他们的相同之处,便是他们之间保留的共同祖源,出自同一先祖。不同之处,便是各自所处特定环境而形成的地方特色。另一方面,从同一的崇拜偶像来说,在氏族社会中,共同的图腾又表现出氏族之间的亲族关系、部落之间的血缘关系。即便产生了新的氏族,采取了新的名称,而图腾也是绝不混淆的。

原载《史前研究》1987年第4期

记广汉三星堆遗址的发现及其发掘[①]

　　三星堆遗址位于广汉县城西约10公里的南兴镇三星村。遗址北面有宽大的鸭子河由西南向东流经而过，遗址内有涓涓的马牧河由西南流经三星堆。在马牧河的南岸有三堆高出地面的黄土堆像三颗金星一样分布在三星村的东南面，这就是人们常说的三星堆。在马牧河的北岸，有一高出地面两头尖中间弯的地形似一轮月牙儿悬挂在空中，这就是与三星堆并称的月亮湾。三星堆和月亮湾自古就是一个整体，被列为当地的八大景观之一。她们隔河相伴，故当地人谓之"三星伴月"。

　　1986年7至9月，四川省文物考古研究所在这里发掘了两座大型的商代祭祀坑，出土金、铜、玉、石、骨、陶器近千件。尤以出土的大型青铜人物雕像、金杖和枝叶茂盛的青铜神树最为突出。这一发现，即刻轰动了国内外考古学界及美术界等。国内各大报纸、电视台先后进行了报道。中央电视台多次播放这一惊人发现。国外学者也给予了高度的评价。不列颠博物馆的首席中国考古学专家杰西卡·罗森说："这些发现看来比有名的中国兵马俑更要非同凡响。"戴维·基斯在英国《独立报》上发表的题为《中国的青铜雕像无与伦比》一文中则说："广汉的发现

　　① 本文由陈显丹、陈德安合著。

可能是一次出土金属文物最多的发现。它们的发现可能会使人们对东方艺术重新评价。中国的青铜制造长期被认为是古代最杰出的。而这次发现无论在质量上还是在数量上都使人们对中国金属制造的认识上升到了一个新的高度。"然而这一奇迹又是怎样发现的呢？这还得从半个多世纪以前的一个夜晚说起。

一、月亮湾探宝

这是一次偶然的发现。1929年春广汉县南兴镇（旧名中兴场）月亮湾燕道成祖孙三人在离家不远的沟边掏沟车水溉田。其子燕保清掏着掏着，突然"砰"的一声，锄头碰在了一块石头上，泥浆溅了他一脸。他弯腰扒开泥巴一看，好大一块白石环。他的父亲燕道成闻声跳下沟看了看石环，并没有声张，随即将其掩盖，不露声色地回了家。夜深人静时召集全家告知此事，然后携妻带子在沟底挖掘宝物。当他们将上面的泥土刨开，轻轻撬开石环，啊！原来是绿莹莹的一坑玉器，其种类有琮、瑗、珠、璧等。全家赶紧将这些宝物运回埋藏。过了一段时间，见没有什么动静，才将部分宝物卖出。广汉玉器出现，立即引起古董商们的极大兴趣，一时间成都的古董市场上兴起了"广汉玉器"热。随之也有不少赝品出现，以假乱真，造成鱼龙混杂的情况。广汉玉器引起了当地政府及在川传教的外籍牧师们的极大兴趣和重视。他们即刻赶至燕家收购和了解宝物的出土情况。

1931年春，驻川英籍牧师宣笃（A·H. Donnithome）闻知其事，乃约华西大学教授戴谦和（D·S. Dye）同往调查。1931年6月当地驻军陶旅长和他的6名警卫员、戴谦和及美国人葛维汉（D·C. Graham）组成发掘队在该遗址进行考察。1933年秋，由广汉县政府批准，四川省教育厅颁发发掘执照，由广汉罗县长主持、葛维汉指导，华西大学图书馆林铭均等人组成的发掘队于1934年春在80名荷枪实弹的士兵保护下对广汉遗址进行了发掘。通过这次发掘，得知燕氏原发现玉器之处乃为一长方形土坑，长7尺、宽3尺、深3尺。同时他们在坑的左右各开一探沟，所得遗物有大量的陶片、石斧、刀、珠、杵、磨石、残璧、陶盘、陶瓶、豆等。此后发表了《汉州初步发掘报告》，将此次发掘的成果公之于众，并将其命名为"广汉文化"。

中华人民共和国成立后，考古工作者又陆续在这一带进行过多次调查和试掘，所获资料非常零散，支离破碎，因此对"广汉文化"的实际面貌和具体情况不详，没有认识到该遗址的真正价值和文化特征。对年代的判断也众说纷纭，各持己见，有西周说、春秋说，等等。时代上的认识误差、文化特征的不了解又导致出现了"蜀文化是西周以后由汉水流域或中原文化脱胎分化出来"的说法。

二、三星堆的发掘

20世纪70年代末，南兴镇在这里建起了大型的轮窑。此后，那高大的烟囱天天冒着滚滚翻腾的浓烟，吞噬着几千年的古遗址。三星堆这三颗"金星"正被轮窑以每天数万块砖瓦的吞吐量所鲸吞。三个土堆很快被"吃掉"一个堆。就在这被"吃掉"的堆子及其周围，大量的陶片、陶器、石器暴露了出来，随手可拾。

1980年11月中旬，包括我们两人在内的考古工作者进驻了三星堆遗址，经过充分的准备工作后，于11月26日正式布方发掘。当我们进入工地时，当地人认为我们是"挖宝队"来挖"宝"了。有些人还神秘地对我们讲："从前这里有一对金鸭儿跑到这里来，每过一段时间就会跑出来，过去有人看见过，但捉不到它，它们就藏在这里……"我们的发掘工作一开始，每天来看热闹的人从四面八方赶来看挖宝。有的人每天都要来看，看啊看，只看见天天挖出来的都是些碎陶片，就叹气了。有一位老太太走到我们面前说："你们尽挖些烂瓦片，要赔本！"然而他们哪里知道，就是这些"烂瓦片"和确切的地层关系告诉我们三星堆遗址的时代是新石器时代晚期至商末，纠正了以前的错误断代。也正是这些"烂瓦片"告诉了我们三星堆遗址的文化特征是以小平底陶罐、鸟头把勺、高柄豆、圈足盘为基本组合的地方型文化。它有别于中原地区的以鼎、鬲、甗为主的三足器文化，从而纠正了那些蜀文化是商周以后从中原诸文化分化出来的说法。这次发掘，我们揭露了1225平方米的面积，发现了4座墓葬、数以千计的陶石器及18座房屋建筑遗址。这是四川首次发现距今4000年左右的建筑群。这些建筑都具有先进的榫卯搭接技术。于是有人称它为"宫殿式建筑，是中国的第二个'殷墟'"。为了更好地做好资料记录，我们与空军某部队取得联系，得到了人民空军的热情支持。1981年4月23日上午10时30分和25日12时30分出动两次直升机进行空中摄影。飞机起飞后约半小时，快接近目标时，我们用粗绳拴住自己的腰，然后小心揭开机身肚子下的一个方盖。盖子打开后，机身露出约一米左右的孔。我们爬在机身上，手拿着照相机，几个人头都伸向那机身外寻找着目标。当飞机从2500米的高空下降到1000米左右的时候，终于看见了地面给我们的信号——两堆烟火：一在三星堆，一在月亮湾。于是我们的摄影镜头对准了那组建筑群。

1982年4月至12月，我们又在三星堆进行了两次发掘。此次发掘，我们找到了更晚的文化层，它类似于最早发现的新繁水观音遗址，这就为研究蜀文化的发展提供了重要线索。与此同时还发现马蹄形窑址一座。此后，在1983年至1985年底我们对月亮湾的西泉坎和三星堆又分别进行了多次调查和发掘，获得了大量的宝贵资料。通过这些发掘调查，我们清晰地认识到月亮湾、三星堆是同一个文化内涵的遗址，其分布面积达10平方公里以上，是目前国内最大的蜀文化遗址。1984年的调查试掘中，我们发现了城墙，对确定三星堆遗址的性质起了决定性的作用，无疑这里不是一般的遗址，而是城（或国）。不断的新发现，也不断激励着我们每一个人更加努力地去探索。

1986年的春天，也是我们在该遗址发掘的第6个春天，此时春暖花开，绿色的麦苗已拔地而起，一片片金黄色的油菜花散发着浓郁的花香，引来了不少的蜂蝶翩翩起舞。我们和四川大学的23名考古专业师生在此发掘了1325平方米的遗址，出土了数以千计的陶石器以及大量的房屋建筑遗迹、泥塑品、雕花漆器等。这些发掘成果也引来了四川省委、省政府、省人大、省军区等各部门的领导人到此参观，国家文物局沈竹副局长和黄景略处长也亲临现场指导和检查工作。新华社以《三千年前的蜀都重见天日》为题的报道，成为各报的头版新闻。参观的人络绎不绝。此次的发掘，发现的文化层堆积达2.5米。其年代据碳十四测定上限可达距今4800年前，下限相当于商末周初。历次发掘的地层叠压和打破关系及类型学上的排比，使蜀文化的来龙去脉有了明显的轮廓，清晰地展示出了蜀文化各个时期的发展及年代的标尺。

三、惊人的发现

1986年5月底6月初，当我们结束了上半年的发掘，进行收尾工作时，传来了一个消息。7月18日，南兴镇二砖厂的农民在制坯取土时，在距地表深约2米的地方挖出十几件玉石器，立即引起当地农民的哄抢。我们正在整理上半年的发掘资料，闻讯后即刻赶至现场，做好保护工作，并向当地群众宣传文物政策，将被哄抢的十几件玉器收回。与此同时，我们电告国家文物局，立刻组织抢救性的发掘。开始我们根据挖出的玉器中有璋、戈等器物及暴露出的坑角初步判断其可能是一个重要的墓葬（或王陵）。7月20日我们布了6个5米×5米的探方开始发掘。川西平原的7月，天气闷热，暴雨密集，我们为了抢时间和避免出土文物在野外遭日晒雨淋的破坏，用竹子和茅草搭了两个简易棚子。一个棚子是工作人员临时休息和存放发掘工具的；另一个棚子可以搬动，是用于下雨时遮蔽坑口而用。我们不分昼夜，24小时不停地工作。全体人员分成三班，每8小时换一班。每班有人负责技术处理和翔实的记录工作。7月26日，我们找到了一号坑的开口，整个平面呈"T"形。坑的中间和两侧各有一坑道。坑内及坑道内填以黄褐色亚黏土，层层夯打结实，其坚硬程度是不言而喻的。我们用手铲一点一点地往下清理，手上起了血泡，虎口磨出了血，但我们仍以极大兴趣努力干，因为从已挖出的玉器来看，这是一次非常重要的发掘。经过几天几夜的努力，终于打开了通向宝库的第一道大门，填土清理完了。然而展现在人们面前的不是什么棺椁之类或完整的器形，而是比填土更加坚硬的动物骨渣堆积。这些骨渣内含有大量的灰烬和黏土，并经夯打过。我们将这些现象做好文字、照相等记录后，又继续啃这块硬骨头。功夫不负有心人，宝库的最后一道大门终于打开了。7月30日凌晨2点30分，那时人们正沉浸在酣睡的梦中，而我们还正在野外披着露水在几盏200—500瓦的灯泡下进行艰难的发掘，我们用竹签轻轻地挑，突然小一节黄色的物体露了出来。我们小心地用竹签挑、毛刷刷，只见此物越来越长，弯弯曲曲地伸向骨渣里。当时我们有点紧张了，这到底是什么？我们互相交换了一下意见，一致认为不论是何物，它总是黄金的，又是重要文物，安全第一。于是我们兵分三路。一路回成都向领导及时汇报这一重大发现，一路至县府请求公安部门增援，第三路坚守岗位，继续发掘清理，严密封锁消息。天刚蒙蒙亮，广汉县武警中队的战士们及当地派出所和民兵即刻赶到现场，加强安全保卫工作。清理工作也在不停地进行着，此时黄金的物体已清理完毕，只见上面精雕着鱼、鸟、人头等图案。啊！原来是一根长142厘米的金杖。伴随着金杖出土的还有与真人大小相同的青铜人头像，一个、两个……啊！十三个头像。此外，一件、两件，数百件玉石器、铜器、象牙、陶器、金器、海贝接踵而出。原来这是一个长4.5—4.64米、宽3.3—3.48米、深1.4米的祭祀坑。这令人振奋的消息很快传开，参观人员、采访人员成千上万地涌向这里……

继一号祭祀坑发现后的8月14日下午6点，在距一号坑西北约30米的地方，砖厂工人取土时又发现了二号坑。只见一具青铜面具已露出了脸。我们即刻将其掩盖回填，并再次电告国家文物局。8月21日下午我们开始了对第二个祭祀坑的发掘工作。8月的天气正是烈日当空，蚊虫猖獗的时候。大家白天顶着三伏的酷暑，终日汗流浃背，夜间忍受着蚊虫的叮咬。有时我们的同志只要一坐下来，就会睡着，甚至倒在坑边就睡着了。为了不使任何小件物品漏掉，我们将坑内的填土都敲碎用筛子筛过。经过三十多个昼夜的工作，辛勤的汗水，终于换来了更加使人精神振奋的时刻。看，数十枚象牙门齿纵横交错地躺在坑内。在象牙下躺着身高260厘米的青铜雕像。一尊尊头像，一具具青铜面具，闪闪发光的黄金面罩、金树叶、金鱼，表面细腻的各种玉器，巨大的纵目人像将眼球突出16厘米长，就好像带着神奇的目光要好好看看这个新世界一样。巨大的车轮、枝叶茂盛的青铜神树，挂着累累的果实，带着飞禽异兽来到了人间。近千件各种各样的珍贵文物呈现在人们的面前，使人眼花缭乱，目不暇接。录像机、照相机不断摄入这精彩而又罕见的镜头。

四、尾声

三星堆遗址以两个祭祀坑的发掘而暂告一段落。两个坑的遗物正在进行修复和整理。三星堆的发掘面积仅3000多平方米，还不足整个遗址的1%。而就是这些发掘资料使我们将蜀文化的渊源从已知的春秋战国时期（公元前770—公元前221年）又上推了近两千年（公元前2790年）。城墙的发现和祭祀坑的发现均说明了三星堆遗址很可能是早期蜀国的都城。然而古城的布局如何？王陵在什么地方？这些都还是未知数。要解决这两个问题还需要人们长时间的继续探索。

目前该遗址即将被列为国家级重点保护单位，遗址内的十多个大小砖瓦窑已全部停产搬迁。这里将建立考古工作站和现场的遗址博物馆，将吸引千万中外游客来此参观旅游，也将为中外学者提供翔实的研究资料。

原载《文物天地》1988年第1期

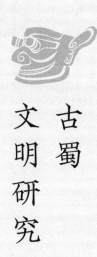

古蜀文明研究

"牙璋"初论

璋，是我国古代玉石器的一种。关于它的形制和用途也常见于文献记载。如《诗·大雅·棫樸》载："济济辟王，左右奉璋。"注曰："璋，祭祀之礼玉。"《周礼》更加详细地将璋的种类、尺寸和用途加以记载。如《周礼·冬宫·玉人》载："大璋中璋九寸；边璋七寸；牙璋中璋七寸……"其他还有诸家《古玉图录》和《古玉图考》等都记载了璋的形制和用途，并把璋作为古代礼玉"六瑞"之一。六瑞中的璧、圭、琮、璜、琥，诸家都无甚重大争议，唯璋的形制有几种，其用途如何，迄今仍无定论。它的种类形制和用途虽有人论及，文献也有所反映，但仍无确论。如《周礼·典瑞》《周礼·冬宫·玉人》就载有大璋、中璋、边璋、牙璋等类。璋的形状，根据许慎《说文解字》云"璋，剡上为圭，半圭为璋"和宋聂崇义《新定三礼图》、清吴大澂《古玉图考》中载的璋形，可知边璋和圭相似，其形犹如圭之上端斜削去一角，作斜锐角形。所谓"大璋"，据宋淳熙敕编《古玉图谱》卷十九、黄伯均《古玉图录》、吴大澂《古玉图考》中大璋的形制上端仍作斜锐角形来看，与前面所说的璋应属同一类。从田野考古发掘中发现的实物来看，这种璋也只不过是形体大小的区别。

牙璋，《周礼·典瑞》云："牙璋以起军旅，以治兵守。"郑司农曰：

"牙璋璲，以为牙，牙齿兵象，故以牙璋发兵，若今铜虎节。"是指在璋上雕有"牙齿"的谓之牙璋。在《三礼图》中的牙璋图形是在一长方器形的顶端斜边凿成齿状谓牙璋（图一，1）。而《古玉图谱》将边璋身雕刻有几何形的锯齿形纹饰谓之牙璋（图一，2）。《古玉图考》中则将上端一道斜边或有凹刃长身，身与柄之间突出的一部分谓之牙璋（图二）。吴氏说："《玉人》……所谓牙璋也。牙璋以起军旅，以治兵守，世俗以为玉刀，误矣。圭璋左右皆正直，此独有旁出之牙，故曰牙璋。"在现代考古学者中曾有人认为吴氏之牙璋是误释，并说这种玉器"它们有的在较短的一侧磨薄似刃，不锋利。有的根本没有刃部……《古玉图考》中的牙璋都不是《三礼图》的璋"[①]。又否定了吴大澂的牙璋之说。

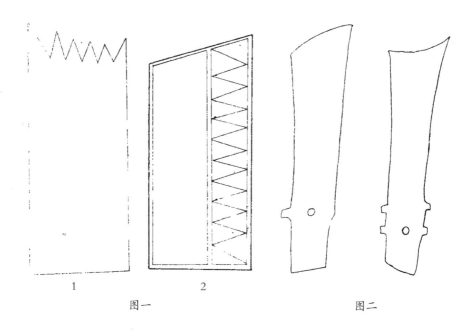

1   2
图一   图二

在我国古代的礼玉当中，究竟有没有牙璋？若有，又是什么形状？是否与文献中所载的一样，这些问题值得进行探讨，因为它关系到我国

① 夏鼐：《商代玉器的分类、定名和用途》，《考古》1983年第5期。

古代祭祀、礼仪等一系列问题。

目前，从我国田野考古所获得的资料来看，在《三礼图》中记述的上端一道斜边凿成若干齿状的牙璋，迄今没有任何实物可以佐证，显然是不存在的。《古玉图谱》中所记的璋身雕几何形锯齿纹饰的也不是牙璋，这显然是后人的误解。但类似吴氏《古玉图考》中所记的牙璋则有所发现。它是否就是牙璋呢？笔者认为应是牙璋，但只是牙璋类的一种。类似此物发现最多的一种是顶端有尖和凹刃及柄部有许多齿形扉棱的玉石器（图三），这种器形在全国各地的古遗址、古墓葬中常有发现，尤其是遗址中发现较多。如在陕西的神木县[1]、河南殷墟[2]、郑州二里岗[3]、偃师二里头[4]、广汉三星堆[5]等遗址中均有

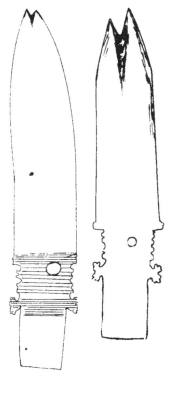

图三

发现。由于不知道此物的用途，因此叫法也不一。如有的谓之"铲"[6]、有的称"玉立刀"[7]、还有的认为"这种玉器形似扁平长条形的刀，但锋

① 戴应新：《陕西神木县石峁龙山文化遗址调查》，图版肆，4、5，《考古》1977年第3期。

② 中国科学院考古研究所安阳发掘队：《1975年安阳殷墟的新发现》，《考古》1976年第4期。

③ 赵新来：《郑州二里岗发现的商代玉璋》，《文物》1966年第1期。

④ 偃师县文化馆：《二里头遗址出土的铜器和玉器》，《考古》1978年第4期。中国社会科学院考古研究所二里头队：《1980年秋河南偃师二里头遗址发掘简报》，图十，16；图版一，4，《考古》1983年第3期。

⑤ 四川省文物管理委员会、四川省文物考古研究所、四川省广汉县文化局：《广汉三星堆遗址一号祭祀坑发掘简报》，《文物》1987年第10期；《广汉三星堆遗址二号祭祀坑发掘简报》，《文物》，待刊。

⑥ 戴应新：《陕西神木县石峁龙山文化遗址调查》，图版肆，4、5，《考古》1977年第3期。

⑦ 偃师县文化馆：《二里头遗址出土的铜器和玉器》，图二，1，《考古》1978年第4期。

刃不在边而在较宽广的尾端，是斜刀或平刃而常稍内凹成弧形。柄部方形，常有一小孔，柄与器身之间有一段两侧边有突出的阑或齿形扉棱；扉棱之间常有直线刻纹……暂称之为刀形端刃器"①。总而言之，从上述各种定名来看，这种器物似乎都应属武器、工具类。

最近在四川省广汉县三星堆遗址中发现了几百件玉石器，其种类有剑、斧、戈、凿、璋、踪、矛、锄、瑗、璧等十余种。但数量较多的一种玉石器是器形扁平，端部有刃而常内凹成弧形，柄部为方形，柄上常有一小圆孔，柄与器身之间有一段两侧边有突出的齿形扉棱（吴氏谓之为牙）；扉棱之间常有平行的直线刻划纹。有的器形上还有一系列的图案或与器形同样的器形图。这些图案的内容又涉及器物的本身，这就给人们提出了下列问题，此物究竟作何用，应叫什么名字，为什么要放在祭祀坑内？为此笔者根据三星堆遗址出土的大量实物和图案观察，结合各地遗址出土的类似之物进行分析，这些器形都应属专用之礼器，而不属武器工具类。

其一，从三星堆遗址出土的几件器形的端刃的中间都镂刻有飞禽或其他的动植物形象来看，这些器形非武器工具类，而是象征着大自然的某些现象。

其二，从 K1：255 附 5 号器形上两面阴刻有与器形相同的图案。器身两侧从上至下突出五对对称的云纹图案，其间有八对齿形突出（图四）。由此可见，这亦不可能属兵器或工具之类，否则突出的雕花图案是很易碰碎的。

其三，对于这类似器形柄部上的平行刻划线纹，过去人们把它视为武器工具类柄上所留下的捆绑之痕②。有的还说："这种玉器端部有刃，而柄部可安柄。"③关于这类器形柄部上的平行刻划线纹，经仔细观察发

---

①　夏鼐：《商代玉器的分类、定名和用途》，《考古》1983 年第 5 期。

②　戴应新：《陕西神木县石峁龙山文化遗址调查》，图版肆，4、5，《考古》1977 年第 3 期。

③　夏鼐：《商代玉器的分类、定名和用途》，《考古》1983 年第 5 期。

现，并非是安柄时留下的捆绑痕迹，而是匠人在制作此类器形柄部两侧的齿形扉棱时，为了使两侧的齿形扉棱对称而刻的平行分线，犹如木匠改料弹黑线一样使其直。这种例子也见于清人黄伯均《古玉图录初集》中的一件类似器形，其柄上除刻有制作齿形扉棱的平行线外，柄上的小圆孔亦采用这种方法。其做法是利用一条横的平行线作底线，而后在底线的两端各引申出两条斜线向柄部上方的中间延伸相交，使其成为一个等腰三角形，其顶角就是柄的中心点，孔就钻在这一点上（图五）。可见柄部上的平行线之用途。

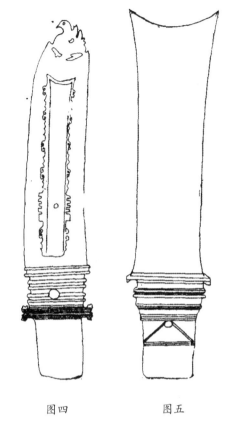

图四　　　　　图五

其四，如果说这类器形属武器工具类，为何不见于其他质地类？从目前的考古材料所知，仅限于玉石质地。但在我国古代凡具备实用和礼玉的器类，都不限于一种质地。如剑、斧、钺、戈等，不仅有玉石质地的，也有青铜或其他质地的发现。同样只作为礼玉一种用途的璧、圭、琮等亦只有玉石质地而不见于其他质地，说明这类器形本身没有兼备生产和其他的功用，只能看作礼器。

其五，从三星堆遗址二号商代坑内出土的小铜人像手中所握之物也是上端有凹刃，柄部有齿形扉棱的器形。有凹刃的部分向上，柄部握于手中，将物举于胸前，人作跪状，似在祈祷或朝聘、祭祀状。可见此类器形并非捆绑在其他柄上用，同时说明了这类器形用途的性质和特点。更能说明这一问题的是三星堆遗址二号坑内所出土的一件形犹如圭之上端斜削去一角，顶端作斜锐角形的璋。在这种器身的两面均阴刻有十组图案，分别刻在璋身的两端，中间空白。每部分由五组图案组成：

第一组图案为二至三个人作站立状，头戴帽，双手放于胸前（图六）。

第二组图案为两座大山，两山中间有刻画的"符号"，山两侧各有一只大"手"自"天而降"，用拇指压着山腰。山内刻有云气纹。

第三组图案为两组勾连云雷纹。

第四组图案为三人，双手抱于胸前，与"第一组人物"略有差别，作跪状。

第五组图案为两座大山组成。大山的两侧各插一件顶端有凹刃和柄部有齿形扉棱的器形。有凹刃的部分向上，柄部向下插于土中，山的中间亦有云气纹，两山之间的上方有一刻划"符号"。这是证明所谓"端刃器"非安柄或武器工具类的一个实例。

图六

由此可知，这类器形的用途无疑是属礼器。然而这种器形叫什么名字呢？过去人们又一直认为是"武器"和"生产工具"之类。现在根据广汉三星堆遗址出土的实物进行分析比较，笔者认为在田野考古发掘中所发现的所谓"玉立刀""端刃器""铲"等，它们不论是顶端或柄部都有尖和数对齿形扉棱，这些尖或齿形扉棱有可能就是古人所谓的"牙"。如果这种假设成立的话，这类器形就有可能是文献中所说的"牙璋"。但它又有形制上的差异。根据文献记载和田野考古发掘中出土的实物相印证，牙璋主要分以下四类：

第一类，顶端形同于吴氏《古玉图考》中的"炎圭"，两侧有突出的尖，中间弧形凹刃，身上宽下约窄，身与柄之间常有4—6对对称的齿形扉棱突出（图二、图三）。

第二类，是顶端有两个似"树丫"的大尖，有的同样长，有的一

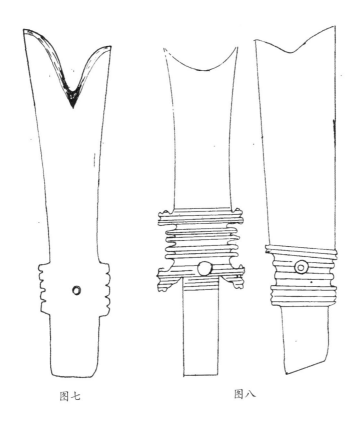

图七 图八

长一短。两丫内侧双面斜磨成凹刃，长身，身与柄部交接处有6对对称的齿形扉棱（图七）。

第三类，是在顶端的凹刃处镂刻有各种飞禽和动植物。宽长身，身与柄之间常有4—5对对称的齿形扉棱（图四）。

第四类，是顶端收小，两尖收向中部，突出形似山峰，两尖之间有小凹刃。整体造型似"鱼"形。身与柄交接处仍有突出的齿形扉棱4—6对（图八）。

前两类牙璋在全国各地均有发现，后两类目前仅发现于川西平原的广汉三星堆古遗址。

根据田野考古发掘中出土的牙璋有长有短，有厚有薄，又无甚规律，可知其形制大小无严格规定，并非像《周礼·考工记》所云"大璋中璋九寸；边璋七寸，身四寸，厚寸，牙璋中璋七寸，身二寸，厚寸……"，而是按自己所需大小而制。如在河南辉县出土的璋只有十几厘米长①，郑州二里岗发现的璋长六十多厘米②，在三星堆遗址发现的璋从十几厘米至一百多厘米长的都有③。按古代文献记载，最大的璋也只不过只有9寸，折合现在尺寸，不过30厘米。而出土实物实际上都超出了文献所记的长度。因此我们认为有可能是不同类型的璋因所祭祀对象不同而各异。因璋有朝聘、祭祀、丧葬等不同场合的礼用，因此它可能就代表着不同的场所。如《周礼·春官·大宗伯》载："以玉作六器，以礼天地四方；以苍璧礼天，以黄琮礼地，以青圭礼东方，以赤璋礼南方，以白琥礼西方，以玄璜礼北方。"郑注："礼神者必象其类。"可见古人将每一种礼器都代表着祭祀不同的神灵，不仅如此，还要作到"礼神者必象其类"。虽然这有先秦以后的古人根据儒家思想将其分配到礼仪中的各种用途当中去，但我们也不能完全否定其存在的可能性。至少《周礼》成书的年代是在战国末年，注者又是接近这个时期的人，他毕竟比我们现在更要接近当时的历史和社会背景及其风俗习惯。所以我们既不轻易肯定古文献的记载，也不轻易否定古文献的记载。璋既然有朝聘、祭祀和丧葬等用途，同样也可以有不同的形制。前文所列各种不同的璋，归纳起来主要有两大类：一类是顶端或两端作斜刃锐角形的璋；一类就是牙璋。就这两大类的璋，我们认为其用途及场所就可能不一样。在此谈谈粗略的看法，请教于方家。

第一大类顶端作斜刃锐角形的璋，根据形制和田野考古资料来看，大部分出于商周时期的墓葬中。如在河南殷墟西区发掘的大批墓葬中，有71座墓，随葬有石圭、璋、玉璧等玉石礼器。其中就有52座墓中随葬有这种璋，数量达183件之多④。再根据《说文解字》"半圭为璋"看"圭"

---

① 《河南博物馆馆刊》第十集，第三版三图。

② 赵新来：《郑州二里岗发现的商代玉璋》，《文物》1966年第1期。

③ 四川省文物管理委员会、四川省文物考古研究所、四川省广汉县文化局：《广汉三星堆遗址一号祭祀坑发掘简报》，《文物》1987年第10期；《广汉三星堆遗址二号祭祀坑发掘简报》，《文物》，待刊。

④ 中国社会科学院考古研究所安阳工作队：《1966—1977年殷墟西区墓葬发掘报告》，《考古学报》1979年第1期。

字。"圭"字是俩土相重，半圭即一个土。在殷契中的土字作"𡉈"或"𡈽"，好像土块，但其形更近于"圭"，"半圭为璋"实际上就是指这种璋应与土或地有关。因此笔者认为上端作斜锐角形制的璋是与土有密切联系的。而人死后又主要葬于土中，故此类璋很可能主要用于丧葬之礼玉。

牙璋，其形制虽然各异，但共同的特点是顶端两侧有尖，尖中间有"凹刃"，柄部有突出的齿状扉棱。关于它的用途，古人曾认为："牙璋以起军旅，以治兵守。"郑司农云："牙璋，瑑以为牙，牙齿兵象，故以牙璋发兵，若今时以铜虎符……"①是误解。根据广汉三星堆遗址二号坑出土的有图案的璋上的第五组图案上，在两座大山的两侧各插一牙璋和小铜人像手中所拿的牙璋抱于胸前作跪拜状的情况来看，牙璋的用途可能主要用于祭山或朝聘之礼玉，尤其是祭山。如果我们仔细观察各种形制牙璋突出的尖，它恰似大自然中存在的各种各样的山峰。不同的尖，是对各种不同山峰的缩写。而两尖之间又为何要磨成"凹刃"状呢？这是因为山峰与山峰之间都有坡谷。牙璋顶端所镂刻的飞禽和动植物图案是因为山上生存着各种大自然的产物。这些都是对山的真实写照。因此，人们在祭祀山灵时，也没有忘记山上的各种神灵。因为这些产物也是古人所需要获得和依赖的部分。为了获得或更多地获得这些物产，所以古人在祭祀山神时，专门制了这种礼玉。

这些礼玉的形制和祭礼也符合古人对大自然崇拜的意识形态。因为自然崇拜的祭礼，常是将从自然对象取得的一部分奉还其对象作为报答。因为古人迷信他们向其取得的自然对象主宰着他们所要取得的各种物产，如不这样做，怕引起自然对象发怒（各种自然灾害），对人进行"报复"。故古人在祭祀不同的对象时，也相应地采取不同形式的礼玉。

原载《四川文物》1989年第1期

---

① 《周礼·玉人》。

古蜀王国器物造型之内涵

三星堆古蜀王国遗址出土的遗物从20世纪初问世以来就显得异常的神秘，引起无数人的好奇之心，促使人们不断地进行探索和研究。正当人们还未解开三星堆古玉之谜和所处年代之际，年轻一代的考古学家在20世纪80年代的新发现使古蜀王国更显得扑朔迷离。三星堆古蜀王国遗址中出土的大量的人物、动物、植物、飞禽等造型不但栩栩如生，给人以美的艺术享受和珍奇之感，更多的是这些造型的独特性和怪异性蕴藏着许许多多不为人知的历史内涵。

如果说几千年前的古蜀王国是个谜的话，那么古蜀王国三星堆遗址出土的大量陶、石、玉器、青铜器、金器便是揭开古蜀王国神秘面纱，通向神秘王国，打开神秘之门的钥匙。

一、王国的雄辩证明

关于古蜀王国起源于何时，从古至今都是一个谜。"蚕丛及鱼凫，开国何茫然"，这是唐代大诗人李白在《蜀道难》中因无法得知古蜀王国建立的时代而发出的感慨。这一感慨使后人对中国的西南在西周以前是否存在着古蜀王国持怀疑态度，即使有，它又建立于何时？由于考古实物资料的缺乏，史学家们也只能根据前人所留下的一些文献资料对古蜀国的起源进行研究推测，但仍无结果。随着考古学科在我国的兴起和发展，给人们的研究视觉拓开了眼界，但零星的、局部的考古发掘资料因不成系统，加上文献资料的模糊，使稍后的一些研究者们又形成蜀国形成于春秋战国之际的印象。然而20世纪80年代以来广汉三星堆遗址发掘所出土的各种遗迹现象和品种繁多的器物造型告诉我们，大约在距今4100年左右，在中国的大西南就有一个独具特点的高度发达的文明存在，她就是神秘的古蜀王国。

我们确定三星堆遗址是4100年前古蜀王国遗迹的主要根据有：

1. 三星堆遗址出土的器物以小平底陶罐、尖底器、高柄豆、鸟头把勺器型为主要文化特征，这些器型有别于其他地区的文化内涵，如滇文化、楚文化、齐家文化、马家窑文化等，而自成体系。

2. 从三星堆遗址出土的大量的不同人物造型、面具等，已充分表明当时已有严密的社会组织，大量玉石器成品及半成品的发现、青铜器的出土、雕花漆器的出现都充分说明了古蜀文明已有细密的社会分工，这些器物还表明了当时古蜀人的经济实力和国力相当强大。单从三星堆二号祭祀坑里出土的武士像和一号祭祀坑中出土的"将军头像"（图一），足以说明当时的蜀人已有一支强悍的军队，且独霸一方，并与中原诸国争雄。但由于种种原因，有关古蜀人与他国争雄一事不见于传世的史

图一　将军头像

载，然而考古实物资料的出土则雄辩地证实了古蜀王国的这一史事。在殷墟卜辞与周原卜辞中即有"蜀受年""征蜀""至蜀有事""蜀御""蜀射""在蜀""示蜀"等记载，正由于商蜀之间的不断纷争，故在周武王伐纣之时，蜀为报仇踊跃地参加了武王伐纣的行列，并冲锋在前，使殷人倒戈，故《尚书·牧誓》说"武王伐纣实得巴蜀之师"。反过来，三

星堆遗址中出土的大量玉戈、剑、石矛、铜戈等礼兵器，正好说明了蜀人好武，出土的具有中原殷商风格的青铜尊、罍等礼容器则是蜀、商之间往来所发生的关系的结果。

3. 从三星堆遗址群中出土的陶镂孔圈足豆、小型的斧、锛、凿和小平底风格的陶器均与近年在成都平原发掘的古城址群宝墩古城、温江鱼凫城、郫县古城、都江堰市芒城、崇州双河紫竹古城等所出同类器型有着密切的内在联系，它们之间有并存发展关系，又有继承之关系。共同的关系是这几座古城址的城墙均为斜坡拍打的构筑方法，城墙的建筑材料均为就地取土，城墙的布局及走向基本一致，均为西北至东南，城内的房屋建筑均为沟槽式并在槽内挖柱洞，墙体为"草拌木骨泥墙"。这些古城在成都平原西北形成了一个半圆形的分布形式。在这群星密布的古城中，新津宝墩古城和广汉三星堆城址属建立邦国最早的两个城址，从这些城址群中出土的器型，特别是陶器中的小平底器高柄豆、高圈足豆等无不显示出同一文化内涵特征。特别是1997年，在三星堆遗址西城墙外约100米的仁胜村发掘出距今4100年以前的墓葬28座，其中还有一座"人牲坑"和"牺牲坑"。"人牲坑"发现一座，人经腰斩后下埋，坑内并埋有完整的象牙；"牺牲坑"一座，一般埋葬肢解后的动物作为牺牲。坑底及坑壁经夯打，十分光滑、坚硬，牺牲埋入坑内也经捶打砸碎。

这些发现，充分说明了古蜀已处于文明的时代，由此有理由认为古蜀王国的建立至少在公元前2100年即已出现。目前的考古资料表明，在这些邦国中，当为三星堆这一古城古国最为强大，特别是两坑中出土的大量金器、玉器、青铜器更加展示了三星堆古蜀王国强于周围邻邦。古蜀王国的考古发现，也与传说时代的虞舜时期大致相当。从三星堆遗址和宝墩古蜀人遗址所出陶器的演变亦可看出古蜀国的发展在成都平原持续了2000年之久，直至西周后在中原文化与诸文化形成大融合之际，仍保留着自己的特色，如尖底盏、虎、鸟纹、手心纹等。可见蜀王国的建立并非是在周失纲纪之后，也并非是唐代诗人李白认为的"蚕丛及鱼凫，开国何茫然"所感到的虚无缥缈。

二、森严的等级制

从古蜀王国遗址出土的一百多个人物刻画、雕塑造型，可以看出当时人们在铸造和刻画不同人物时，不论在质地、手法还是服饰、造型方面都是有意识地反映当时社会不同阶层的形象和地位。如奴隶或人牲的造型，质地主要选用石材，虽然该类型造像不多，但我们从三星堆遗址的三星村和西泉坎等不同地点发现的两件石雕人像以及成都方池街古蜀文化遗址中出土的石雕人像，均为双手反缚、双膝下跪，石材均为较差的石质，在雕刻的技法上采用圆雕，但只用极简单的线条将大致轮廓雕出即可。其五官、身体、服饰等，不像其他质地的人物造型那样进行夸张或艺术加工，也不像青铜人物的五官轮廓清晰分明。双手反缚呈跪坐人物的石雕像与一、二号祭祀坑中出土的青铜跪坐人像相比，更是相形见绌。青铜跪坐人像所显示出的高雅而尊严的身份与石雕人像的地位可以说是"天壤之别"。

众多的青铜人物造型又根据其作用分为头像、面具、全身人像。

头像有两种：一种为有一定地位的头像，头为平顶，脑后扎成独辫，眼嘴都经过相应的夸张（图二），另一种为戴有花冠或头饰发簪的头像，这类头像的社会地位显然要比"平顶头像"的高，且嘴涂朱红，

图二　平顶头像　　图三　戴发簪头像　　　　图四　青铜面像

可能属巫师之类（图三）。

面具，一类铸造成一般的人面像，大小不等，几乎都塑造成大眼睛、高鼻梁、大嘴，显示的是普通地位；另一类则塑造成纵目之形，其体大，表现出受人尊奉之崇高地位（图四）。

全身人像的塑造有刻画在玉石器上和青铜铸造的立人及跪拜之人。从青铜铸造的全身人物和玉石器上所刻画之人物，可以看出他们都不是普通的人物，都具有一定的社会地位，他们不是武士就是司巫，俱属社会的上层人物。他们头戴高冠，或身着戎装，或文身，或手持礼器作拜祭之势。

具有特殊尊贵身份的人像则刻画在黄金上面或制造成特别高大的形象，或在脸上贴黄金面罩。这些人物造型明显体现了社会最高层地位的人。他们握有生杀大权、号令天下和与神交流的特殊技能。如金杖上所刻人物的圆脸及所戴之耳坠和五瓣花冠，与古蜀遗址中出土的其他人物脸型、嘴和所戴之帽是完全不同的。在发现的人物造型中，不论是青铜铸造的，还是刻画在玉器上的人物均为方颐、大嘴，且两嘴角上挑或下勾。金杖上的人物刻像为圆脸，嘴呈微笑之形，头戴"玉冠"，可以说体现的是一个身份极为特殊的人物。根据与头像共刻在金杖上的鱼、鹰图案，可谓是一幅典型的"象形文字"，它极有可能表达的是带有王者之气的人。在古蜀世系表所记之蜀王蚕丛、柏灌、鱼凫、杜宇、开明等王中，哪一位蜀王与此"象形文字"有关呢？那就是"鱼凫氏"。我们把金杖上刻的图案从左至右读下去，正好是"鱼凫王"三个字，也就是说该金杖的主人应是"鱼凫王"。

三、神祇崇拜的雕像

古蜀先民所信仰的神灵，从三星堆古蜀遗址所出的大量遗物来看，当是多元化的，而不像现代人类中的伊斯兰教徒、基督教徒、佛教信徒那样单一地崇拜某一教派。从三星堆遗址中出土的各种器物而言，古蜀先民所信奉的神灵多属宗祖崇拜和对自然神祇的崇拜。为了长期表达他们对神灵的崇拜之意，他们采用绘画、雕刻、雕塑、铸造的手法将所崇拜的神灵塑造成立体的偶像，再加上燔燎、悬挂、瘗埋等辅助手段，以达到敬神祈求丰产、社稷平安、胜利庇护之目的。关于古蜀王国所祭祀的对象与礼仪已有多文论述，这里重点要介绍的是从三星堆遗址中所发现的青铜纵目人面像、青铜神树等特殊造型所显示的内涵及其意义。

1. 祖神的崇拜

对于祖神的崇拜主要体现在几件大型的青铜纵目人面像。这些纵目人像的眼球向前凸出于眼眶十多厘米，有的还在人面的鼻梁上铸有一条龙（图五）。这样的造型可以说是古蜀人将想象或传说中的神赋予了自己的祖先。《华阳国志·蜀志》云："有蜀侯蚕丛，其目纵，始称王。"这是对古蜀人开山鼻祖形象的描述。三星堆遗址祭祀坑中出土的纵目面像与文献所载双双印证了古蜀传奇人物——蚕丛的存在。

图五　蜀王蚕丛造像

《山海经·大荒北经》载："有神，人面蛇身而赤，直目正乘，其瞑乃晦，其视乃明，不食不寝不息，风雨是竭。是烛九阴，是谓烛龙。"《大荒北经》说烛龙："视为昼，瞑为夜，吹为冬，呼为夏，不饮，不食，不息，息为风，身长千里。"可见其神的道行是非常高的。类似这样的神，任昉《述异记》载："昔盘古氏之死也，头为四岳，目为日月，脂膏为江海，毛发为草木。先儒说：'盘古氏泣为江河，气为风，声为雷，目瞳为电。'"《广博物志》卷九引《五运历年记》说："盘古之君……嘘为风雨，吹为雷电，开目为昼，闭目为夜。"《淮南子·地形篇》云："烛龙，其神人面龙身而无足。"我们从上述文献的记载中已看到烛龙神的神通与盘古王的神通是相同的，盘古王是传说中的开辟之神，但他已明显被后来的人进行了加工处理，而《山海经》里所载的烛龙可说是保留了原始神的真实面貌。三星堆遗址二号祭祀坑中所出土的纵目人面像的"纵目"正是文献中的"直目",面额中部所饰之"蛇（龙）"正是"人面蛇身而无足"的真实写照。凸出的双目有"视为昼,瞑为夜"之功。这与系统化后的盘古王的"双目为日月"和"开目为昼,闭目为夜"是同工同曲。可见蜀先民所塑造的纵目人面像就是为了祭拜缅怀自己的先祖、开辟大神——蚕丛王。由此可见《山海经》所述烛龙应为"蚕丛"。

三星堆遗址出土的纵目人面像,不仅解决了"烛龙"——"蚕丛"的神像特征问题,同时还给我们表现了中国后世神话传说中的两位神人——"千里眼与顺风耳"。应当说千里眼与顺风耳的原型取材于"蚕丛"王之貌。

2. 鸟神的奉崇

鹰、鸟等飞禽具有锐利的眼睛、强劲的足爪和一对能翱翔于蓝天的翅膀。从古至今它引起无数人的幻想和仰慕,特别是生产力低下的远古时代更是如此。纵观我国崇敬仰慕鸟的古代民族,尤以古蜀人为最。迄今为止,考古学家们已在三星堆遗址中发现了各种质地的鸟类的造型多达十多种,其数量之多,是中国其他古代遗存中少见的,从某种意义上讲,可称得上是"鸟的王国"。

在三星堆遗址发现的鸟类中,最引人注目的就是从二号祭祀坑中出土的巨大鹰头和人首鸟身、人身鹰爪的造型。大鹰头（图六）通高40.3厘米,勾嘴、大眼,用青铜铸造,口、唇涂朱；人首鸟身（图七）,头戴高冠,方颐,双眼凸出,鹰钩鼻,双翅展开呈云纹,鹰爪；人身鹰爪的造型上身缺失,只有腰以下保留,身着"包裙",裙上涂朱,小腿粗壮,腿肌发达,小腿下为一双强劲有力的鹰爪,牢牢地抓住两只"鸟首蛇身"的怪物。从这些出土实物来看,古蜀人所造就的"器型"与其民族的信仰崇拜有着密切的关系。

《华阳国志·蜀志》云："有蜀侯蚕丛,其目纵,始称王。次王曰柏灌。次王曰鱼凫。后有王曰杜宇。"就文献所载有名的五位蜀王（后有

图六　青铜大鹰头　　　　　　　　图七　人首鸟身像

开明王）而言，其中柏灌、鱼凫、杜宇三王均与鸟有关，鱼凫是鱼鹰，杜宇死化为杜鹃。显而易见，鸟作为古蜀先民所崇拜敬奉之偶像是顺理成章的。他们将列祖列宗的魂魄化为有灵性和神性的鸟是渴望他们的庇护，特别是人首鸟身的造型。《山海经·大荒北经》载："有神，人面鸟身。"《海内东经》又说："东方句芒，鸟身人面。"有关句芒的故事，郭璞引《墨子·明鬼》下篇云："昔者，秦穆公当昼日中处乎庙，有神入门而左，鸟身，面状正方，素服三绝。秦穆公见之，乃恐犇。神曰：无惧，帝享女明德，使予赐女十年有九，使若国家蕃昌，子孙茂，毋失秦。穆公再拜稽首曰：敢问神名？曰：予以句芒。"这段记载描写了句芒的尊容为"面状正方"，是天帝派来的使者。

从古蜀遗址出土众多的鸟和巨大的鹰头来看，鸟不但具有神性和灵性，也是自然生命周而复始的象征。他们对鸟的崇拜与源远流长地祈求嗣之民给融合在一起，直至后裔们仍然保留这一传统文化的信仰和崇拜。他们将鸟装饰在戈、矛等兵器和容器上，乃至自己的印章之上。

3. 神树的崇拜与十日的神话

在三星堆遗址二号祭祀坑中共发现了八棵青铜树的残体，其中有三棵能够看出基本体形。能看出体形的三棵树中又以1号（K2②：94）树较为完整（图八）。树座呈圆"山"形，主干为三节，主干顶上是一个大的花托托着一个巨大的果实；树干上套铸有三层树枝。第一层树枝靠近根苑；第二层居树干之中；第三层树枝靠近树的顶端。三层树干又各分有小枝杈，枝杈上铸套有镂孔烔（云）纹圆环。每层树枝上都有"仙果"，果实上站立一鸟。三层树枝共有九只树枝，九只鸟，树的另一侧，嵌铸一条巨龙，尾上头下呈挪腾之势。我们从这棵残高395厘米的神树造型可以看出这棵树对古蜀人来讲是何等的重要。这棵树有九枝、九鸟、上枝九果、下枝九果。九，是中国古代最高之数，是极限，其他任何数字都是无法超越的。再看此树分为上、中、下三层，这三层的含义有可能代表了最原始的"天、地、人"这三界的概念。就神树所示之义如果能成立，那么在一号祭祀坑出土的金杖上所刻之图案亦应具有此义。金杖中端线刻戴"王冠"的人头像，上端刻有两组鱼、鸟纹饰，每组一鱼二鸟，一枝羽箭将其串连在一起。此图案的内蕴一方面如前文所述为"鱼凫王"的象形文字；另一方面在于鸟能登天，鱼能潜渊，它们是图案中人物肖像蜀王的通神之物，能够上天入地，神游于人神天地之间。我们再回过头来看神树一侧的巨龙，犹如从天而降，并贯穿于天、地、人之间。

图八　青铜神树

图九　盘龙柱

三星堆出土的神树，也可视为被人格化了的神和社神。

一般来讲，社神在中国古代又称为社柱，多为木料，是随地所宜，但总名"句龙"即盘龙柱或龙头柱，是神柱，也具有龙图腾柱的外形。一号祭祀坑出土的原定名为"龙形杖头"的器形实为"龙头柱"（图九），即"盘龙柱"和"神柱"。这样的神柱至二号祭祀坑的年代时，神柱"长"出了枝叶，龙盘于其中，便是"神树"。《论语·八佾》："（鲁）哀公问社于宰我，宰我对曰：夏后氏以松，殷人以柏，周人以栗。"说明苍松翠柏、花木果树，均可为社神。但古蜀王国却用青铜铸就了神奇的社树，它既非松，亦非柏，且数量达八棵之多，可谓真正的"桑林"大观。《山海经·海内南经》载："有木，其状如牛，引之有皮，若缨，黄蛇；其叶如罗，其实如栾，其木若芘，其名曰建木。"可见古蜀王国的青铜神树正如《山海经》所述，属多元复合体的结构之树——"建木"或"扶桑"之类。"若缨，黄蛇"者，蛇、龙一物，当为龙盘于上；"如罗""如栾""若芘"者，均是树上的花果之类。《山海经·海内经》又云："有木，青叶紫茎，玄华（花）黄实，名曰建木；百仞无枝，上有九欘，下有九枸，其实如麻，其叶如芒，太暤爰过，黄帝所为。""玄指天，黄指地"，可谓建木上结的是"天花地果"，这是一棵立地通天的参天神树，既是天神上下的天梯，亦是古蜀先民用于祭社的"神圣之树"。由于树的生命长于人类和其他动物，每年抽新芽发新枝和不断开花结果，又意味着生命的不断诞生和延续。

关于神树与十日传说。《山海经·海外东经》载："汤谷上有扶桑，十日所浴，在黑齿北。居水中，有大木，九日居下枝，一日居上支。"又："汤谷上有扶木，一日方至，一日方出，皆载于鸟。"《大荒南经》说："东南海之外，甘水之间，有羲和之国，有女子名曰羲和，方日浴于甘渊。羲和者，帝俊之妻生十日。"我们从《山海经》的这些记载中可以看到，在上古之时，帝俊之妻生十日，住在扶桑的树上，每天有一个太阳在树顶（天空）值日，其他九日居下枝。这十个太阳的出现又是以一种鸟——乌的形式出现。有关十日的考古资料所能见到的实物，就是1972年在湖南长沙马王堆一号汉墓中出土的一幅彩绘帛画，在这幅彩绘帛画上画着一棵树，弯曲的树枝间有九个太阳，但没有第十个太阳，也就是说缺了一个太阳。关于这个缺少的太阳，英国的艾兰女士认为："因为这幅帛画是表现人死后到阴间去的升天图，那第十个太阳也许正在人间的上空遨游，所以没有在阴间出现。"但这是汉代的事情。在三星堆古蜀王国所出之神树，我们在前面已叙述了是古蜀人所崇拜之"生命之树"和"神圣之树"，另一方面它也是中国"十日神话"的立体再现。二号祭祀坑中出土的一号神树上有九枝，每个树上立有一鸟，共九只鸟。这充分反映了我国上古神话传说中"天有十日"之说。九只树枝上的鸟当分别代表九个太阳，但中国古老的神话传说是十个太阳，还有一个太阳呢？《山海经·大荒东经》已明确告诉我们这十个太阳是"一日居上枝，九日居下枝"。目前我们所见的九日是居下枝的太阳，另一个太阳正在天空"值日"。三星堆出土的一号神树顶端有一硕大的仙果，根据神树上其他九只仙果上各立一鸟和四川汉代常出的"神树（摇钱树）"顶端都有一立鸟来看，顶端的硕果上应有一只鸟（太阳）。这十个太阳，它们轮流值班，使天地之间的万物生灵能充分享受到阳光的哺育。同时树上的每一只鸟所在的位置也许分别代表每天太阳所处之方位。《初学记》卷一引《淮南子·天文训》云："日出于阳谷，浴于咸池，拂以扶桑，是谓晨明；登于扶桑之上，爰始将行，是谓朏明；至于曲阿，是谓朝明；临于曾泉，是为早食；次于桑野，是为晏食；臻于衡阳，是为禺中；对于昆吾，是谓正中；靡于鸟次，是谓小迁；至于悲谷，是谓晡食；过于女纪，是谓大迁；经于泉隅，是谓高春；顿于连石，是谓下春。"不论这十个太阳是否代表每天所行之方位，这棵树的构造无疑是十日所居之树。显然，《山海经》中有关"若木、建木、扶桑"等与太阳有关的记载应源于我们所见到的这些实物。

4. 天山之祭

在中国古代神话和原始宗教中对于天和山的崇拜可以说是非常普遍，尤其是中国的南方可谓重山叠叠险峰纵深。无数先民的生活都与高山息息相关。特别是他们每天按日出而作、日落而息所观察到的太阳、月亮运行的轨道时，最常见的太阳从山的东边升起、从西方山顶落下去。先民们除通过山来观察天体外，更多的是依靠山上的物质求得生存，如捕猎、采集等。另一方面，也饱受山体滑坡、泥石流、山洪暴发等自然灾害之苦而不解，再从平日里所见而不能攀缘被云雾缭绕的山头所产生的幻想，对山既感到许多的困惑，又感到其神秘不可犯。为此产生了一系列的祭山、拜山之礼仪。从古蜀王一号祭祀坑中出土的大量牙璋及二号祭祀坑出土的玉边璋上所刻的祭山图案来看，充分反映了古蜀人对山、天体的太阳、月亮、云雾的观察及祭祀之礼仪。由于山既能"产生"太阳，又有"吞没"太阳之威力，因此古蜀人塑造了大量反映出对山崇敬之意的器型。但这些器型不仅仅是表现对山的崇敬，祭山之时也包含了祭天。在二号祭祀坑中出土的一件顶尊人像和一件"神殿"，可谓体现了对山和天的无限崇拜和信仰。顶尊铜人，上身赤裸，下身着"超短裙"，赤脚跪在神山之顶上，双手将所奉献之礼器——铜尊放于头上，当然尊内不会是空的，因为我们在两个祭祀坑内发现的尊和罍中都分别装满了铜瑗、玉器或海贝，由此推论尊内应盛满贵重之物。祭拜者要通过神山之巅恭恭敬敬地将祭品奉献于天。

"神殿"（图十）又可谓之"天殿"，古蜀先民将其建在四座高高的神山之上，这四座神山也可喻之为"四根天柱"。古蜀之神殿，由多种因素构成：神殿最下面是由一个大圆盘、似会转动的"大地"为座子，在大地之上有两只灵兽，头各一方，其头尾又分别托起一个圆盘，圆盘上按四个方位各站立一个肌肉发达、体强身壮的大力（武）士，手握"青蛇"，头戴高冠，四个大力士的头上各顶起一座高高的神（天）

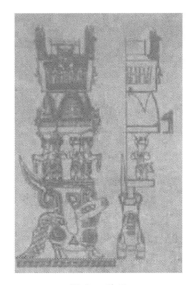

图十　神殿

山，山之四极铸有人首鸟身之像；在神山的顶上修建了一座非常宏伟的神殿，神殿的四方各有一排由五人组成的祭祀队伍，手捧牙璋跪于神殿之上，在神殿的中央"挂"有一个较大的"徽标"，其造型就是一只鸟身人首的塑像。大殿的四极各有一只鸟面向四方呈冲云霄之势。此神殿突出了神兽、神人、神山、神鸟、神殿的重要性，显示出古蜀先民复杂的宗教意识形态及其完整的体系。

前面我们提到古蜀先民有可能通过山来观察太阳、月亮运转并通过山来祭天，这座神殿亦是通过山之巅来祭天，大殿四极顶上之鸟和神殿中间居有显赫的人首鸟身徽标都显示了鸟能上天，意即古蜀先民们在神山之巅祭天时，由吉祥的神鸟来作为传递信息的灵鸟。这些鸟都各向一方，即东、南、西、北。它们是否代表祭祀南方的祝融、西方的蓐收、北方的禺疆、东方的芒神呢？很明显，这座神殿建在神山上，且面向四方拜祭，自然包含了祭祀天地四方诸神的含义在内。

问题是，什么样的神山才能显示出其神灵所云集之处，为什么古蜀人要将神殿建在神山上？我们知道，希腊神话中大大小小的神都在奥林匹斯山上，而在中国上古，在人们的心灵中最重要的山、群神所居之山、最值得崇拜的山，莫过于"昆仑"之山。《淮南子·地形篇》云："昆仑之丘，或上倍之，是谓凉风之山，登之而不死；或上倍之，是谓悬圃，登之乃灵，能使风雨；或上倍之，乃维上天，登之乃神，是谓太帝之居。"此段文献明确指出昆仑之丘是太帝所居之处，又是群神上天的必经之路。

关于"昆仑之丘"所居地理位置，王家祐先生认为"昆仑神山之宝地在岷岭葱茂处"。所言极是。由此，我们从这座"神殿"的造型又想到了中国道教中的"人、鸟、山图"，它是否起源于此物呢？这有待进一步的研究。回过头来，我们再看古蜀人大肆崇拜神山、天神的另一面，就能理解古蜀先民崇山、敬山之背景。《御览》卷八八引《蜀王本纪》载蜀之先王"蚕丛始居岷山石室中"，"鱼凫王猎至湔山，便仙去"。《华阳国志·蜀志》说"后有王曰杜宇……西山隐焉"。从这几位有名的先蜀之君王的事迹来看，无不与山有关，所涉猎之山均为成都西部的岷山山脉，也是成都平原西部最高最大的山脉，其主峰高达海拔5588米。而蜀之先王出自岷山，又仙去渝山或隐于西山，正说明古蜀人大肆崇拜山之原因，而山之巅又是神灵通向上天之路，因此古蜀人又将祭祀诸神的"天殿"构筑在山顶之上。通过以上认识，可推《山海经》所载之"昆仑山"当为四川成都平原西部的"岷山"。

四、神话与历史——蚕丛是龙与蚕（虫）联姻的象征

《史记·五帝本纪》载："黄帝居轩辕之丘，而娶于西陵之女，是为嫘祖……生二子，其后皆有天下。其一曰玄嚣，是为青阳，青阳降居江水；其二曰昌意，降居若水。""西陵"沈炳巽谓"蚕陵"之误。是则黄帝所娶之西陵氏之女，是谓蚕陵氏也。李绍明先生在《弘扬嫘祖文化重振南方丝路》一文中说："因蚕陵在蜀之西部故曰西陵。"按此蚕陵所在，即在今四川的西北部。笔者认为，《史记》《华阳国志》中的记载和近年来成都平原的考古发现，及文献所记的地理位置亦与四川的考古调查发现较为吻合。"蚕陵"位于成都西部的"蚕陵关蚕陵镇"，也正是史书所云"蚕丛居石室"之处，也与黄帝之妻嫘祖所居及活动的川西北的北川和盐亭有关。至今四川的北川县和盐亭县仍流传着许多嫘祖的遗迹和传说，据嫘祖文化研究会初步统计，反映嫘祖史迹的有嫘祖山、嫘祖坪、嫘祖穴、嫘祖井、轩辕坡、嫘祖墓、嫘宫山、西陵寺等，而祭祀嫘祖的庙宇有上百处之多。

黄帝族是大家周知的"龙"族，嫘祖是养蚕（虫）的发明创始人，说明在距今5000年左右，以龙为标记的龙氏集团已与山地养蚕为生的蚕陵氏联姻。所生两子（玄嚣、青阳）又分别降居"江水"和"若水"。经诸多学者考证，二水均在今四川成都平原的西部。这一带也正是蜀人蚕丛事迹流传较多、较广的地区。如茂汶叠溪有"蚕陵山"、灌县西有"蚕崖关、蚕崖石""蚕丛衣青衣教民蚕桑"等。

"江水"，一般认为是今"青衣江"，属岷江流域；"若水"，则认为是今"雅砻江"。根据近年来的考古发现，"若水"应为"洛水"或"雒水"，更加符合文献中的地理位置，并与考古发现的实物相印证。"雒水"即发源于成都西部的岷山水系，它流经彭州，穿越广汉，即位于三星堆遗址北边的"鸭子河"，此河又名"金雁江"。据《汉州志》载，"金雁江，汉以前名'洛水'和'雒水'"。1984年考古学家们在雒水的旁边发现了汉代的城墙，这些城墙的外面所包之砖上有许多"雒城""雒官城墼"之铭文，说明该城建在"雒水"之旁。

由于黄帝族（龙）与蚕陵氏（虫）的联姻，即在山地与平原之间形成了一个强大的"联邦"集团，并将活动的重心从岷山移至成都平原，在成都平原争得霸主始称"王"，这就是蚕丛氏。有关蚕丛氏（龙）与成都平原的"鱼凫氏（凤鸟氏）"的争夺，我们透过《山海经》即可见古蜀历史的点点痕迹。《山海经·大荒西经》云："有鱼偏枯，名曰鱼妇"，"风道北来……蛇乃化为鱼，是谓鱼妇"。这段看似神话的鱼妇和蛇，实际上是分别代表了两个集团的名称。一是"鱼凫氏"，二是以龙蛇为代表的"蚕丛氏"。

"蛇乃化为鱼"中的"蛇"，在《山海经》中有许多有关蛇的记载。《山海经·大荒北经》说："有神，人面，蛇身而赤，直目，正乘……是谓烛龙。"烛龙，我们在上文中已论述他是古蜀的开辟大神。《说文解字》说"蜀"："葵中蚕也，从虫，上目象蜀头。"由于许慎的这一解释，使后人大多认为"蜀"字从虫，是一般的昆虫，今天我们通过甲骨文和三星堆出土的纵目面具的造型来分析"蜀"字。蜀，从虫，但它不是单指一般的昆虫或毛毛虫之类，更多的是含有长虫之意，长虫即是人们常说的蛇，蛇亦称小龙。在甲骨文中，蛇与龙、虫的写法几乎一致，只不过"龙"多了一条须而已。因此我们认为蜀字的"虫"应视为"龙（蛇）、虫"的一种复合体。下面我们再看甲骨文的蜀，其字完全是三星堆青铜纵目面具的象形文字，头上长着大大的眼睛，其目直凸于外，头下则是卷曲的蛇（龙）身，而不是蜎蜎小虫。大眼直目凸于外，也正是蚕丛氏纵目的表现，由此可见二号祭祀坑出土的纵目人面像是龙与蚕（虫）的复合体，而"蜀"字也正是它的"象形文字"。当我们了解了蜀字真正的含意后，再看《山海经》里的"蛇乃化为鱼"的含意，"蛇乃化为鱼"实际上是指以"龙"为代表的"蚕丛氏"的政权被以"凤鸟"为代表的"鱼凫氏"所替代。

在距今4000年前的成都平原已有广汉三星堆古城、新津宝墩龙马古城、都江堰市的芒城、郫县古城、温江鱼凫城等。这些城址都具备自己的活动空间和完善的防御体系——城墙，显示出当年众邦国的同时存在并为自身的利益而争雄。这些城邦各有其主，他们或许就是《华阳国志》中所称的"蚕丛、柏灌、鱼凫、杜宇氏"等。在这些邦国中，从历史文献的记载情况和考古发现来看，势力大的要算龙族的"蚕丛氏"与凤鸟氏族的"鱼凫氏"。两族之间，既有联合，亦有争斗。根据三星堆一号祭祀坑中"凤鸟氏"的"鱼凫王"金杖与"龙（蛇）族"的"龙柱"在同一时期、同一情况下埋入坑中，和二号祭祀坑中既出有龙族的"烛龙"、蛇等造型又出有"凤鸟集团"的"神鹰"及其他凤鸟之造型，可以说此一时期的龙凤两族已是联姻合作之关系。但在争夺霸主期间，他们相互之间也展开过激烈的战斗。"有鱼偏枯，名曰鱼妇（凫）"，"鱼妇（凫）"偏枯可说是平原的"鱼凫氏"被从岷山下来的"蚕丛氏"击败，但鱼凫氏也很快对蚕丛氏予以反击，故有"风道北来……蛇乃化为鱼，是为鱼妇（凫）"。此时蛇（龙）的政权又被凤鸟氏所取代。由此我们可以看出蚕丛氏与鱼凫氏之间反反复复地进行着权力的更换。在古蜀权力的争夺中，除龙、凤之间的争夺外，我们从文献中还看到中原殷人对蜀的攻击（甲骨文中所记的"征蜀""至蜀有事"等），同时还有另一集团的力量也没有放弃"蜀王"位置的争夺，那就是"开明氏"。《华阳国志·蜀志》说："开明决玉垒山以除水害。帝遂委以政事，法尧、舜禅授之义，遂禅位于开明，帝（杜宇）升西山隐焉。"《华阳国志·序志》说："鳖灵（开明）死，尸化西上，后为蜀帝。"《山海经·海内西经》云："开明兽，身大类虎。"可见"虎方"的开明氏在一段时间内又获取了蜀王杜宇之大权，故有杜宇王隐于西山，最终魂化子鹃悲啼不止，为自己江山的失去而啼血的故事。

原载《中华文化论坛》2000年第1期

四川省文物考古研究院名家学术文集

浅析古蜀玉器传入越南的时间

近几十年来四川发现的玉器层出不穷。主要发现有距今六千年左右的巫山大溪文化出土的玉璜、玉玦、玉人面、玉圆雕人物等，随后陆续在四川的茂县、广汉、成都、绵阳、广元、广安等地出土了许许多多的玉器，从新石器时代直至清代都有发现。其中以成都平原的金沙和三星堆出土的古蜀玉器最引人瞩目。

纵观四川上下六千年的玉器发展史，作为中国玉器史的组成部分，它已经成为研究四川区域社会发展、文化交流和文明特色的重要资料和文化渊源之一。在这历史的长河之中，四川古代的玉文化一直保持与外界的联系和交流，既有接受其他文化的因素，也把自己的基因传与外界，特别是在中国的商周这段时期，三星堆、金沙这一时期的玉文化交流最活跃。北边有来自二里头文化的因素，如玉璋、玉戈、长方形刻纹玉板等，东边有良渚文化、石家河文化[1]的因素，如玉琮、玉锥等。这些器形通过古蜀人的应用和改制，又将自己具有特色的牙璋等器形向南推至越南。

近些年来在越南多地发现了不少的玉牙璋、玉瑗等器形，据所见

---

[1] 杨建芳:《中国古玉研究论文集续集》，文物出版社，2012年。

| A型麃村 | B型富寿省出土 | C型麃村遗址 | D型麃村遗址 | E型麃村遗址 |
| 遗址出土 | | 出土 | 出土 | 出土 |

图一

资料，其种类和数量也有一定的规模。在越南发现的玉璋、玉戈、玉瑗等玉器明显与中国的古蜀文化的同类器形有密切的联系，很可能与古蜀人南迁有内在的关系，尤其是冯原文化麃村遗址（Xom Ren）中发现的A型牙璋。本文为论述方便，将越南发现的牙璋暂时分为A、B、C、D、E五大型（图一）。

A型牙璋可分为A1、A2两类。共性是身长多在40厘米以上。双牙尖为一长一短，深凹刃。阑部装饰较为复杂，均为三组不对称的齿，齿下为一组不对称的兽形雕刻。器表打磨光滑。A1型与四川博物院所藏三星堆出土的牙璋、金沙遗址出土的一件牙璋的形式完全一致。A2型射部向顶端逐渐收窄，体微束腰，双牙尖较短，浅凹刃，看来是经过修改整形的结果（图二）。

B型牙璋较A型牙璋体短，比C型牙璋体长，体中部两侧微"束腰"。

C型牙璋体宽、短，简易，粗糙。

D型璋无牙，顶端作斜刃状，体短小，制作粗糙。

E型牙璋，双短牙，浅凹刃，体宽短，磨制光滑，制作较B、C、D型精细。

富寿省出土A1型　　　　　三星堆出土　　　　　富寿省出土A2型

图二

　　廛村遗址是由越南国家历史博物馆和越南社会科学大学历史系在1999年首先进行发掘的。2006年越南国家历史博物馆联合四川省文物考古研究院、陕西省考古研究所继续研究发掘了廛村遗址（Xom Ren），发现了不少的遗迹遗物。尤其是在遗址中发现的玉石器中的牙璋、戈、锛等（据越方统计，石戈：发现11件标本，其中有长胡形、矛形、短剑形戈；牙璋：其中有三种类型，月牙璋，"弓"字形锋、平锋的牙璋）。对于出土的这些玉石器，越南的学者一般认为廛村遗址（Xom Ren）出土的玉器与冯原文化中出土的玉器交流范围已经很广。

　　同时有的越南考古学家认为，在冯原文化各遗址出土的牙璋是一种本地的产品接受中国的影响，因为一些原因：冯原牙璋的石头原材料跟其他石器是相似的、冯原文化的技术程度比较发达，所以可以本地制造。冯原文化出土的牙璋包括石材，制造工艺比中国牙璋都差一点，并认为冯原文化牙璋的出现时间与中国相同——距今4000年左右[1]。

陈显丹卷

────────────

① 阮国平：三星堆国际学术会上的发言，2006年7月。

过去的学者们对于越南发现的古蜀文化的因素，都认为是战国时期末年到西汉之间南迁至越南北部①。显然，这是认为有一支古蜀人带着本民族的礼器——牙璋等来到越南建立了自己的"王国"。从发现的牙璋等器形来看其迁徙的时间要比文献记载的战国末年及西汉时期早得多。但也非越南学者所说冯原文化的牙璋与中国相同距今4000年。但是，至少在商代就有一支蜀人跨金沙江，经云南或广西而进入越南。

　　从玉石器的形式和加工制作的技术细节来看，冯原文化中期出土的玉器显然受到古蜀文化的极大影响。除了牙璋的实物外，玉瑗的形式和修补情况无不显示出古蜀文化的特点。在三星堆遗址中出土的许多器物都有小的圆穿孔，特别是青铜器的修接部分都采用两端穿孔，而后连接在一起，这与在越南富寿省仁村出土的玉瑗的打孔修补链接技术是一致的（图三）。在香港大亚湾遗址出土的一件石璋亦是用这样的方法补接的。香港大亚湾遗址发现的牙璋同时也提示了牙璋传播交流的线路除陆路外，还有海路②。

　　另外从冯原文化出土的陶豆、陶高柄豆来看，与成都平原的三星

富寿省仁村出土

三星堆出土

图三

---

①　王有鹏：《犍为巴蜀墓的发掘与蜀人的南迁》，《考古》1984年第12期；孙华：《蜀人南迁考》，《成都大学学报（哲学社会科学版）》1991年第1期。
②　徐恒彬：《沙丘遗址发掘研究的问题和建议——兼谈南丫岛大湾遗址的"牙璋"时代问题》，《东南亚考古论文集》，香港大学美术博物馆，1995年，第241页。

三星堆出土　　　越南龙良遗址出土　　　成都船馆遗址出土　　廛村遗址出土

图四

堆、金沙出土的陶豆、陶高柄豆的形制相似（图四）。从而可以看出他们之间有着不可分割的密切关系，可以说，从冯原文化的中、晚期古蜀文化就对其有了较深的影响。这些玉石器和陶器的年代多在距今3400年左右[①]。

　　这与文献记载的约在公元前3世纪，越南东北部的蜀部落打败了居住在红河流域的文郎部落，建立瓯雒国相距1000年左右。至于"安阳王"，中越史籍皆言其为"蜀王子"。其中最早记载见于《水经注·叶榆水》引《交州外域记》，其引文为："交趾昔未有郡县之时，土地有潴田，其田从潮水上下，民垦食其田，因名为雒民。设雒王、雒侯，主诸郡县。县多为雒将，雒将铜印青绶。后蜀王子将兵三万，来讨雒王、雒侯，服诸雒将，蜀王子因称安阳王。"无独有偶，古蜀王国的国都、三星堆所在地——广汉，古时也称"雒"。在广汉，考古工作者发现了汉时—三国时期的"雒城""雒官城壄"之砖。说明了越南所设的"雒王""雒侯"与"雒城"的名称之间有密切的"特殊关系"。

　　当然这是后来的史书追记以前的史事。从越南富寿省仁村、廛村

<hr />

① 有关冯原文化的年代，越南何文瑨教授认为，代表冯原文化早期的Dong Cho遗址的C14测定年代为BP3800±60。冯原与Xom Ren遗址代表冯原文化的中期阶段，年代应晚于Dong Cho遗址。代表冯原文化晚期的铜豆遗址的C14标本测定数据有：BP3330±100（Bln—830）、BP3050±80（B—3711）、BP3015±65（HCM W—05/93）、BP3100±50（HCMV—06/93）。此文原载于香港中文大学中国考古艺术研究中心：《南中国及邻近地区古文化研究：庆祝郑德坤教授从事学术活动六十周年论文集》，香港中文大学出版社，1994年，第215—218页。

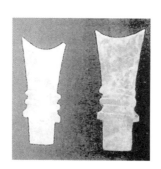  

三星堆遗址出土　　　　　　金沙出土　　　　河内出土铜戈

图五

冯原文化出土的玉牙璋和有领玉瑗来看，其时代属冯原文化的中期，从而可以推测古蜀的玉器形式和技术早在公元前14世纪或前13世纪就已到达越南的境内。越南河内发现的一件蜀式青铜戈亦可证明蜀文化在商周之际已影响到越南的古代文化（图五）。

从以上考古材料来看，古蜀王国和越南的冯原文化之间存在着多种相同或相近的因素，但不是战国晚期或秦汉之际才开始有的，这一点已有一些学者根据越南北部各遗址的发掘研究认为这些文化中已受中原商周文化之影响[1]。这里所说的中原商周之影响，实际上就是通过古蜀文化的直接因素（当然古蜀文化中也融合了中原文化的一些因素，如在成都平原发现的大量玉器中的牙璋、玉戈以及青铜尊等类器形就有相当部分吸收了中原文化的因素）。《华阳国志·蜀志》说杜宇"以南中为园苑"，说明蜀国统治区曾达到今云南、贵州一带。古代云贵地区曾为百越分布地，故云"南接于越"。这样看来蜀地距越南北部的距离并非遥远。反过来我们再看三星堆祭祀坑中发现大量的海贝[2]是来自南海或印度洋之中，同样证明了南海通蜀的路径早在公元前14世纪就有了。

---

[1]　C·F·W·Higham在《岭南及东南亚地区的史前文化》（《东南亚考古文化论文集》）一文中认为："据越南北部各遗址显示，此地在商及周初已经与中原有直接或经岭南地区的间接交往。"

[2]　四川省文物考古研究所：《三星堆祭祀坑》，文物出版社，1999年。

三星堆出土　　　越南义立遗址出土　　富寿省仁村出土　　三星堆出土

图六

由此推测越南出土的A1型牙璋和石材的加工制作技术（图六），乃至玉瑗的修补技术，当是在公元前14世纪或更早由蜀人带到越南的。同时的冯原文化也采集当地的石材，用蜀人的制玉技术对其加工，制造出A2、B、C、D、E等型的牙璋。

另外具有特色的古蜀船棺葬在越南的朱芹、朱山、越溪、清化等地都有发现，而且还在墓的外围堆砌一圈石块①。这种船棺葬或许就是古蜀文化南迁的遗俗。从这些都不难看出他们与古蜀文化之间的密切关系。甚至就连越南的最大的古都——"螺城"的布局和夯土的建城方法都几乎与成都平原的古城结构是一样的②。由此我们可以推测古蜀文化对越南古代文化的影响至迟从公元前14世纪就已开始，直至秦汉。

原载四川广汉三星堆博物馆等编：《三星堆研究》（第五辑），巴蜀书社，2019年，第288—292页

① 童恩正：《试谈古代四川与东南亚文明的关系》，《文物》1983年第9期。

② 古螺城（越南语：Cô Loa），在河内市东北18公里的东英县（越南语：huyên Dông Anh）古螺乡境内，为一土城。已有2000多年历史。越南历史王朝曾两度在古螺城建都，即蜀代安阳王（公元前3世纪）的瓯雒国时期及千年北属时期后开始跨入独立阶段的吴朝时期（939—944年）。

成都金沙遗址出土文物相关问题的讨论

金沙遗址位于成都市青羊区苏坡乡金沙村，2001年2月8日，成都中房地产公司在金沙村修建蜀风花园时发现了大量的玉石器、金器及铜器等。这些不同质地的文物一发现立刻引起了学术界的高度重视，特别是出土文物的各种不同类型更让人吃惊，大家一致认为，"它们是三星堆两个祭祀坑出土文物的翻版"。就这些器型而言，虽然与三星堆两个祭祀坑出土的许多文物有相似之处，但也有它自身的变化和特点。就其文化和时代而言，它是古蜀文化的发展和延续。就其意义来讲，它的发现对于深入研究古蜀文化的内涵有着极其重要的实物资料价值。笔者就成都金沙遗址出土文物相关的一些问题进行初步研讨，以求证于方家。

一、金沙村出土文物的种类

目前在金沙村遗址出土几千件文物的种类，主要有金器、玉器、石器、铜器、骨器、陶器六大类。

1. 金器，主要有冠、"蛙形饰"、圆形凤鸟饰、面具、金丝（带）、鸟首鱼身金箔饰、金喇叭形器、金盒形器、金球拍形器、金鱼形器等①。

2. 玉器，主要有牙璋、边璋、琮、凿、刀、瑗、璧、槽形器、矛、玑、珠、穿、牙玑、镯、圭等。

3. 石器，主要有虎、蛇、牙璋、边璋、凿、璧、石饼、石料、石龟、石钺、石人等。

4. 铜器，主要有瑗、方空戚形器、戈、锯齿形戈、铜簪、铜人、铜眼形器、铜皮、铜尊、叠残片、铜圆形器、铜挂饰、铜牌饰、铜泡、水牛头、铜人头像、铜贝饰等。

5. 陶器，主要有小平底罐、瓶、盉、勺把、纺轮、尖底盏、尖底杯、高柄豆、圈足罐、圈足杯、高领罐等。

6. 骨器，主要有鹿角、象牙门齿、白齿、獠牙及卜骨等。

上述金沙村遗址出土的各类质地的器形，可以说绝大部分与三星堆遗址出土的器形是相同的。但是在这些相同之中，也有不同之处，下面分述之。

二、与三星堆玉石器之比较

玉石器在三星堆遗址和金沙村遗址中都是出土量最多的。就其制作工艺和精加工而言，其技术手法是一致的。但就形体而言，虽然相似，但它们之间是有差别的。首先我们将两处的玉石牙璋相比较，三星堆出土的玉牙璋一般形体瘦小，长度多在40—60厘米，金沙村遗址出土的则在20—40厘米。三星堆的玉牙璋的射部，多双尖"鱼嘴"形，同时也有不少的牙璋射部呈"丫"字形，金沙村遗址出土的玉牙璋的射部则多"丫"字形，射部呈"鱼嘴"形的极少。三星堆的牙璋柄部上的刻线，一般较直较深，金沙村的牙璋柄部上的许多刻线较浅，有一部分

---

① 朱章义、张擎、王方：《成都金沙遗址的发现、发掘与意义》，《四川文物》2002年第2期。

较深的刻线则涂有朱色，尤其是射部呈"丫"字形的柄部上，不仅刻线较深，涂有朱色，其线条还带弧形。对石牙璋来说，两地都是用较差的石材进行加工，且制作都非常的粗糙，这是它们的共性。

在人物的雕刻上，三星堆的石人发现很少，到目前只发现了两件，且是将其轮廓雕出即可，其五官轮廓都难以分辨，形体也较小，其高度一般在10厘米左右（图一）。而金沙村的石跪立人像，头顶方形冠饰，两侧上翘，长辫及腰，口部涂朱，双手交叉作捆绑状，其手及绳子的捆绑痕迹非常明显，石人的高度一般在18—26厘米（图二）。石虎（高度一般在17—20厘米、长15—27厘米）和石蛇在三星堆遗址中也有少量发现，但其制作的质量和数量也远不及金沙村遗址出土的石虎、石蛇。金沙村遗址出土的石虎、石蛇不仅数量大，而且都雕刻得非常的完美，石虎的眼睛、獠牙清晰可见，并多涂朱色，石蛇的三角形头、圆眼睛及盘曲的身体都显示出一种活的动感，这是三星堆所出土的石虎和石蛇无法比的。另外，在金沙村遗址中还出土了一只石龟，其制作和打磨工艺都非常高超，石龟及另一件磨制石钺是在成都平原先秦遗址中首次发现，这在三星堆古遗址中是不见的，这也是两者之间的差异，也是人们

图一　石刻人像

图二　石跪立人像

更应引起注意的现象。

另一方面，金沙村的石器中边璋较多，且大，上边大多用三条玄纹一组组成几何棱形纹，并多涂有朱色。在石凿方面，尤其是凹刃石凿，在金沙村遗址中出土的数量大于三星堆，金沙村出土的石饼也比三

星堆遗址中出土的石饼大，但共性都是用石材，且是一些片叶岩，其制作也非常粗糙。从两地出土的玉石矛来看，金沙村的出土量大于三星堆，但三星堆出土的矛要比金沙村的精致、规整，金沙村的矛一般显得身长，矛叶比三星堆出土的矛叶窄，矛脊没有三星堆出土的矛脊明显突出。

金沙村出土的玉、石戈与三星堆同类器形的异同之处是：三星堆的戈身长，特别是双刃带弧的，其长度一般都在40厘米以上。金沙村出土的曲弧刃戈体小，且短，有些不足20厘米，但其连弧不少于三星堆出土的连弧刃戈（图三，1，2）。

在金沙村遗址中出土的许多较精巧的玉玑，是三星堆遗址中没有的，在玉瑗方面，其数量也远远大于三星堆遗址出土的同类器形。

在玉琮方面，三星堆出土的玉琮一般为素面短体，量也较小，在三星堆出土的玉琮有两件、石琮有三件，其中只有一件玉琮上面刻有玄纹，其他几件为素面。而金沙遗址中出土的琮形体比三星堆的高大，雕刻极其精美，琮表面有细若发丝的微刻花纹和一人形图案，其中一件高22厘

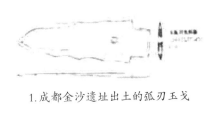

1.成都金沙遗址出土的弧刃玉戈

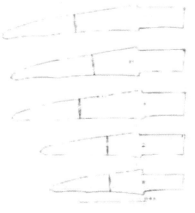

2.三星堆遗址出土的弧刃玉戈

图三

1.金沙出土玉琮　　2.三星堆出土玉琮

图四

米，其形式风格与良渚文化出土的玉琮形式极其相似（图四，1，2）。

三、与三星堆青铜器的比较

在金沙村遗址中出土的青铜器目前大约有千件。但绝大部分都是铜瑗之类的器形，其他方面的种类较少。与三星堆遗址中出土的青铜器类相比，其种类远不如三星堆遗址出土的青铜器种类多、形体大，如在三星堆遗址中出土的各式各样的青铜人头像、跪坐人像、面具、神树、鸟、龙、虎、动物面具、太阳形器、神殿等器形，在金沙村遗址中都是没有的。另一方面，在金沙村出土的铜器中也有一些是三星堆遗址中所没有的。如金沙村遗址中出土的一种铜"圆形器"（该器现藏于成都市文物考古研究所，2001C：714）就是三星堆遗址中没有的器形。这件器形体薄而圆，中心有一个类似玉瑗的大"穿"，一面平整，一面凸起有棱，在该器的通身布满了许多的小孔，其用途目前不明。但就同类器形而言，其形式虽然基本相同，但也有所变化。如铜戈，三星堆遗址出土的铜戈，戈身呈梯形，戈本较长，锯齿刃也较长，而金沙村遗址出土的铜戈，本身约呈长条形，通身短小，有似"明器"之感（图五，1，2）。又如铜眼泡，其形体也比三星堆遗址中出土的眼泡小。青铜鸟在金沙遗址出土一件，其造型和数量也是不能和三星堆遗址出土的青铜鸟相比的，三星堆遗址出土的青铜鸟多种多样，造型生动活泼（图六，1，2）。

在金沙村遗址中出土的青铜器中最引人注目的是一尊小的青铜立人像（图七），这尊人像高约20厘米，其站立姿势与三星堆遗址中出土的大立人像基本一致。但头上的冠饰和其他装饰方面却与三星堆遗址出土的大立人像的冠饰差别很大（图八）。在三星堆遗址中出土的青铜立人像高的可达262厘米，矮的仅有10余厘米。三星堆出土的大立人像头上的冠饰是一种高冠，冠的下部饰"回字"形花纹，冠的上部是由五个花瓣组成的花冠，人像身着龙凤长衣和"法带"，手、脚戴镯，赤足站

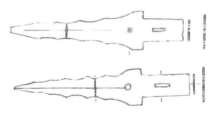

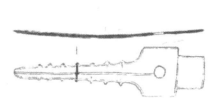

1.三星堆遗址出土青铜戈　　　　　　　2.成都金沙遗址出土青铜戈

图五

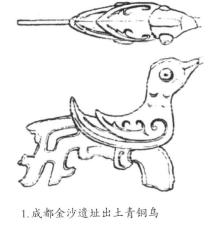

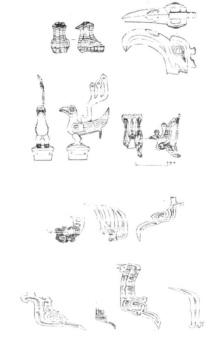

1.成都金沙遗址出土青铜鸟　　　　　　2.三星堆遗址出土青铜鸟

图六

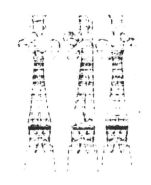

图七　成都金沙遗址出土青铜立人像　　　图八　三星堆遗址出土青铜立人像

立在一个"祭祀"的神坛上。而金沙村遗址出土的青铜立人像头上的头饰是带有类似"太阳光芒的条状放射物"。另一方面,三星堆遗址出土的人物形象的五官轮廓都很清晰,而金沙遗址出土的人物的五官轮廓相对来说较模糊,上身穿长服,腰系一带,带前别有一物,脑后编发垂辫于臀部,衣纹也不清晰,双足站立于一"器物"上,它与三星堆出土的青铜大立人像及所站立的"座子"是无法相提并论的。

通过以上几个方面的比较,我们完全有理由认为金沙遗址的文化内涵是与三星堆文化一致的,她既是三星堆文化的继承者,又是三星堆文化的发扬者。特别是在玉石器方面更是体现了这一点。如凡是三星堆有的玉石礼器,她都有;三星堆没有的,她也有。如在金沙遗址中出土的玉石钺、贝形饰、圭形器等都是三星堆没有的。同时我们还可以看出各种不同类型器物在量上的变化。如在三星堆遗址中发现的琮少而形式单一,在金沙遗址中则发现大量的琮,形式也多样化。又如石雕之类的文物,在三星堆遗址中发现的石雕(圆雕)只有几件,而在金沙遗址中则发现了几十件大大小小形式不同的圆雕,其种类有虎、龟、跪坐人像、蛇等,其口部都涂有朱色。另一方面,在金沙遗址发现的大量凹刃石凿,三星堆遗址也是无法相比的。

四、关于金沙村遗址的时代

从目前金沙村遗址出土的遗迹遗物来看,金沙村遗址是跨越时间较长的一个古蜀遗址。就其中的玉器而言,其时代早的可到商代的中早期。如其中出土的许多玉璋、玉戈等器形都与三星堆一、二号祭祀坑出土的玉戈、玉璋相似,同时也与殷墟出土的玉戈相同。另一方面,在金沙村遗址中出土的玉琮又与良渚文化有相似之处。但是我们从所有的出土文物中,特别是与三星堆出土文物同类型的器物相比较,也能看出比这些器物年代更晚的东西。我们知道三星堆遗址一、二号祭祀坑出土文物的时代在商代的中晚期。而金沙村遗址出土的器物中除了有与三星堆遗址出土的器物同一时代的外，还有许多器物的时代相对晚于三星堆遗址出土的器物。如上文所析三星堆遗址出土的器物与金沙村遗址出土的器物的不同之处，实际上就是这些器物在不同的时代中的发展变化或某些器型的衰落的表现。由此我们可以通过这些现象了解其大致的时代情况。

如金器，在三星堆遗址一、二号祭祀坑中出土有金杖、金虎、金树叶、金鱼形器、金璋、金圆形饰、金丝（带）、金面具等。其中最重要的是金杖，在这件金杖上雕刻有两组图案，每一组图案的组合是一对鸟、两尾鱼、两支"麦穗"似的箭穿于鸟、鱼之身，在图案的端部有两个头戴王冠的人头像。该人头像为圆形脸，其眉、眼、嘴等均为双勾圆弧线（图九）。在金沙村遗址出土的金器中最为重要的是一件"金带"和一件金面罩。"金带"在金沙村遗址出土的文物中属重中之重的珍品，上刻有与三星堆遗址出土的金杖上一样的图案，其上也是由一对鸟、两尾鱼、两支"麦穗"似的箭杆穿于鸟鱼之身组成。在图案的端部亦有两个人头像（图十）。虽然两者的图案组合都是一样的，但是它们已发生了很大的变化。首先是在三星堆遗址出土的器形是金杖，金沙村遗址出土的器形是"金带"。带上的纹饰远没有三星堆遗址金杖上的纹饰精美，特别是人头像的眼、嘴等线刻不似三星堆人物采用的是圆润的线条，而是较方折的线条，制作和工艺都没有三星堆的精致。这种现象

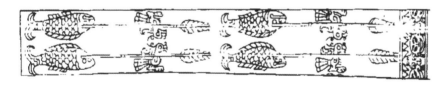

图九　三星堆出土金杖上的图像

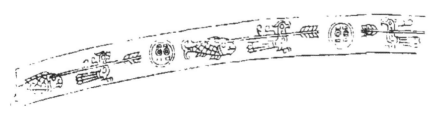

图十　金沙遗址出土"金带"上的图像

应当说是一个走向衰落的表现，也是与当时中原诸地区所呈现出的文化现象一致的。

另一件是金面罩，在金沙村遗址中目前发现的金面罩只有一件，与三星堆遗址出土的金面罩相比要小，但比三星堆出土的金面罩厚，眼睛镂空，但眉部不镂空，耳也无穿孔，其用途有可能与三星堆出土的金面罩不同。

另外我们从金沙遗址中出土的小青铜立人像和小的青铜人头像来看，其制作粗糙，形体矮小，给人以"明器"之感，而无"神器"和"重器"之感，很可能它反映出的是"礼崩乐坏"的时代。

五、金沙村遗址的属性

我们将金沙村遗址出土的文物与三星堆遗址出土的文物比较后，大致可以看出金沙遗址与三星堆遗址的文化内涵是一致的。我们大家已知三星堆遗址属古代蜀国的都城，那么金沙村遗址的性质又属哪一类呢？下面我们就根据遗址里面出土的文物和遗迹现象来分析。

金沙遗址的分布面积，现已探明有3平方公里，地处成都市青羊区苏坡乡金沙村和金牛区的黄忠村①。这里曾是房地产公司开发的区域，整个区域被划分为"梅苑"（遗址东北部）、"兰苑"（位于梅苑的西侧，相距约30米）、"体育公园"（南邻兰苑，东邻梅苑的北部）和黄忠村的"三合花园"。因此，考古发掘工作也就根据这些定名来划定发掘区域。

（一）遗迹：

1. 房子，主要发现在兰苑和黄忠村的三合花园。均是挖基槽的木骨泥墙式建筑。房子的方向也基本为西北至东南向。

2. 陶窑，发现于兰苑、黄忠小区的三合花园及金都花园。均是小

---

① 《成都市黄忠村遗址1999年度发掘的主要收获》，《成都考古发现》，科学出版社，1999年，第164—181页。

型馒头窑，面积约6平方米。

3. 墓葬，主要发现于兰苑、体育公园内。分一次葬和二次葬，一次葬均为仰身直肢。墓坑均为西北至东南向，头朝西北或东南，以东南方向为主。半数以上的墓没有随葬品，有的也不多，主要是陶器，另有五座墓还出有少量的铜器和玉器。

4. 窖穴，灰坑窖穴主要发现于兰苑。全部呈圆形，有成排分布的现象。其中一座窖穴出土了较多无实用价值的特殊陶器，是一个值得注意和研究的现象。

5. 象牙堆积坑，位于梅园的东北部发掘区的东部，从断面观察象牙共分8层。在坑内还发现大量的玉器和铜器。

6. 石璧、石璋半成品分布区位于梅园的东北部发掘区的北部。

7. 野猪獠牙、鹿角、玉器、美石分布区位于梅苑的东北部发掘区的南部。野猪獠牙经过初步鉴定，全系野猪下犬齿，说明这些遗物是经过专门挑选的。

（二）根据金沙村遗址目前的发现来看，其出土的不同遗迹不同质地的文物都有一定的区域性。如玉石器和象牙主要出土于遗址梅园东北部发掘区的东面，骨角器和野猪獠牙及一些精致的玉器主要出土于梅苑东北部发掘区的南面，石璧、石璋的半成品主要出土于梅苑东北部发掘区的北面，房子、墓葬、窖穴、陶窑主要出土于兰苑、三合苑及体育公园。

（三）我们从金沙村遗址中出土的一千多件文物的情况来看，出土的文物大部分属于礼器，特别是玉石器、青铜器、金器等。

（四）从金沙村遗址出土的金器中最为突出的是一件"金冠"，在这件金器上刻有人头像、鱼、鸟的图案，其刻法和组合的方式都与三星堆遗址出土的金杖相似。

根据以上几个方面的理由，我们可以认为成都可能是继广汉三星堆古蜀王国之后的另一个时期的都城。我们知道，新石器时代晚期古蜀人就在三星堆建立了自己的王国，在这里他们的统治延续了2000年，在2000年后的商末周初突然在三星堆中断消失，他们到哪里去了呢？应当说他们把自己的政治经济的中心移到了今天的成都，而金沙村遗址是这个都城中专为王室生产加工宗庙礼器的重要场所。在金沙遗址没有找到宫殿遗址之前有理由这样认为。也有可能，我们应当重新审视成都十二桥遗址的大型木构建筑的性质和功能，以及它与金沙遗址之间的内在联系。

六、有关金沙村遗址出土"金蛙饰"的讨论

在金沙遗址中出土有两件金蛙饰（图十一），分别长6.96厘米、宽6厘米，长6.94厘米、宽6.17厘米。关于这两件金蛙饰的用途，有学者研究认为："金沙村蛙形金饰很薄，单独使用的可能性很小，应当是附贴于其他质料器物上作为装饰。这种用金饰件装饰的器物最大的可能就是大型漆器，并且漆的颜色也可能是红色。"[1]同时还认为："我们可以对金沙村四鸟

图十一　金沙遗址出土
的"金蛙"饰

绕日金饰和蛙形金饰联系在一起推测复原，其构图应是圆形的四鸟绕日金饰位于漆器的中央，周围等距呈放射状或旋转状排列四个或更多的蛙形金饰。"[2]当然，这只是一种推测，但是，就金蛙饰的用途，笔者认为，还应结合以往的出土文物资料来研究。首先同意金蛙饰"单独使用的可能性很小"的意见。但把金蛙形饰作为四鸟绕日的附属装饰是值得讨论的。我认为金沙遗址出土的金蛙饰应是与多种饰物组成一组具有宗教礼仪的图案。这一点我们可以从以往发现的古蜀文物中找到答案。

---

① 成都市文物考古研究所、北京大学考古文博院：《金沙淘珍：成都市金沙遗址出土文物》，文物出版社，2002年，第32—34页。

② 成都市文物考古研究所、北京大学考古文博院：《金沙淘珍：成都市金沙遗址出土文物》，文物出版社，2002年，第32—34页。

首先我们来看早于金沙村遗址的三星堆祭祀坑出土的青铜尊上的纹饰。在三星堆二号祭祀坑中出土的K2：②146、151、127、129尊，在尊肩部和腹部都有一组饕餮纹，我们仔细看饕餮纹中间的"鼻梁"，就会发现它是一个单独的"蛙形饰"（图十二），它是由大头、身子及四肢三部分组成。四肢成弯曲状，身体中间有中线，在中线的两侧饰有纹饰，它与金沙遗址出土的"金蛙饰"的造型是一致的。K2②：159四兽首四鸟尊，在这件尊的腹部饰有饕餮纹，饕餮纹中间的"鼻子"也

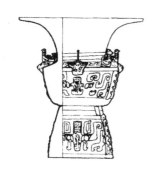

图十二　三星堆青铜尊腹部中　　　　　图十三　三星堆青铜尊腹部中
　　央的"蛙形饰"　　　　　　　　　　　　央的"蛙形饰"

是一个独立的"蛙形饰"。但在造型上有所不同，即这件蛙形饰比较瘦长，"头"部呈长方形，四肢较短（图十三）[1]。

其次我们再来看1959年和1980年在彭县竹瓦街分别出土的两个青铜器窖藏，窖藏中出土的巴蜀青铜器，其中大型的器物就是几件青铜罍，在这几件罍的盖、肩、腹部等处都布有不少的纹饰。但这些纹饰一直没有引起人们的注意，今天我们看见了金沙遗址出土的金蛙饰以后，再回过头来看竹瓦街铜罍纹饰[2]：

铜罍一，人面盖纽，盖上饰有两头水牛作前膝下跪状，在两头水

①　四川省文物考古研究所：《三星堆祭祀坑》，文物出版社，1999年，第254—264页，图一三九——一四七。
②　王家祐：《记四川彭县竹瓦街出土的铜器》，《文物》1961年第11期；四川省博物馆、彭县文化馆：《四川彭县西周窖藏铜器》，《考古》1981年第6期。

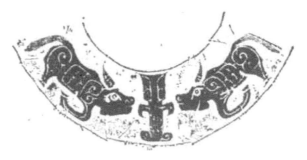

图十四　彭县竹瓦街出土青铜罍上的"蛙形饰"

牛之间就是一个"蛙形饰"。该蛙形饰的头较大，上肢向下弯曲，下肢向上蜷曲（图十四）。

铜罍二，盖上所饰纹饰与铜罍一同，另在肩部饰有两蜷曲的夔龙纹，在夔龙纹的中间也装饰了一个"蛙形饰"。

铜罍三，满身布满花纹，在罍的下腹部饰有一对卷曲的夔龙纹，在夔龙纹的中间饰有一个"蛙形饰"，而这个"蛙形饰"又被处在铜罍器身中间的扉棱从身体的中间穿过，将"蛙形饰"一分为二。

"蛙形饰"是在什么时候出现在青铜礼器之上的呢？根据目前的考古资料来看，"蛙形饰"的出现大体在商代的早期，它是由兽面纹的鼻子和嘴部连在一起演化而出，但并不明显。到了商代中晚期后才开始逐渐形成一个完整的独立体。发现青铜器上有"蛙形饰"的地区主要是在陕西南部，在商周之时这里主要是彊国活动的区域。从彊国出土的"鱼父癸觯"①上的"蛙形饰"来看，它与古蜀王国的关系应当说是比较密切的。首先我们来看古代文献的记载，《华阳国志·蜀志》记蜀王蚕丛"纵目"。再看三星堆祭祀坑出土的纵目人面像的"眼睛中的眼球"是长长的突出于眼眶之外。我们再看陕西泾阳县高家堡出土的一件卣上的"蛙形饰"和现存于北京历史博物馆的"鱼父癸觯"上的蛙形饰，它们都位于器身的中部，蛙形饰特别的突出，方形的大头上长着两只竖立的

---

① 出土于陕西的"鱼父癸觯"现藏于中国历史博物馆，它应是"彊国的器物"。彊国很可能与四川早期的古蜀"鱼腹（凫）"或"蚕丛"有一定的关系。

眼睛。这种竖立的眼睛应是在平面上反映出来的"立体纵目现象"。这种现象也可能表示的是一个"戴着面罩"的人（此题将另文讨论）①。河南、山东、山西等地区也有发现，但它们的纹样没有陕西和成都平原出土的"蛙形饰"那样明了。商代中晚期的"蛙形饰"的特点是体瘦长、窄，头部一般呈长方形，眼睛不明显，有的还与兽面的眼或眉相连。如在三星堆祭祀坑中出土的一件高领尊，其腹部和高圈足上都有这种"蛙形饰"。它的特点是"头部"和躯体的长度几乎相等，且都呈长方形②。到西周时期，这种"蛙形饰"的头部开始变成方形或异型，上面的眼睛也非常的明显，而眼睛几乎都是呈斜竖立状③。到了西周的晚期，这种"蛙形饰"从青铜器上的纹饰中消失。

蛙形饰的用途到底是什么呢？它主要用于哪种场所呢？上面我们大致知道蛙形饰主要用在商代中期至西周中期的青铜尊、簋、卣、鼎、罍及斧、钺等器物之上，特别是在尊和罍、簋、鼎的器形上最多。然而每一种器形又有一定的区域性。如河南、陕西以鼎、鬲、簋为主④，而陕西的主要以簋（图十五）为多，山东的以斧钺（图十六）为主，四川

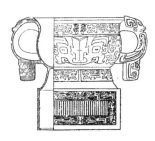

图十五　宝鸡强国墓地出
　　　　土的"蛙形饰"
图十六　山东益都苏埠屯出土铜钺上的"蛙形饰"

①　陕西省考古研究所、陕西省文物管理委员会、陕西省博物馆：《陕西出土商周青铜器》，文物出版社，1979年。

②　四川省文物考古研究所：《三星堆祭祀坑》，文物出版社，1999年，第268页，拓片二六。

③　李伯谦：《城固铜器群与早期蜀文化》，《考古与文物》1983年第2期。

④　中国青铜器全集编辑委员会：《中国青铜器全集》，文物出版社，1996年，第32页，图三二，"羊鼎"；第64页，图六三，"兽面纹鼎"；第70页，图六九，"父丁鬲"；第94页，图九二，"车簋"；第95页，图九三，"子庚簋"。

则以尊、罍为主。它的出现并不是单独地呈现在某件器形之上，而是与夔龙、凤鸟、眼睛、水牛等配在一起，且作为主题放在中央。而能与它组合的纹饰都是有力量和吉祥及光明之物。这就不难看出蛙形饰在商周这一特定的历史时期有着举足轻重的地位，特别是在礼器上的地位。因此有理由认为蛙形饰在商代中期至西周的中期这一阶段当是古人将其作为最重要的宗教崇拜物来对待，特别是古代的蜀人。

至于在陕西诸地区发现的青铜器上的蛙形纹饰，很可能是受到蜀族的影响，应当说蜀人的"蛙形饰"是从中原诸地区青铜器的兽面纹的鼻嘴加工改变而成，反过来它又影响到其他的地区。为什么要这样讲？只要我们回头检讨一下即可发现，在中原及其他地区出土的商周青铜器上有蛙形纹饰的装饰是极其少见的，而在成都平原古蜀人的活动区域发现的青铜器上，特别是古蜀的重要的青铜礼器上几乎都有。这一现象也包括了陕西省的南部地区。这种情况只能说明前面的推理是合理的。我们知道古蜀的青铜尊、罍的造型是受了中原地区的影响，但他们在纹饰的装饰手法上却有所不同，他们不但能引用外来的文化，同样又将外来的文化与自己的文化相结合。这种你中有我、我中有你的现象，是否只能说明二者之间在文化上的相互渗透和交流的结果呢？目前有学者研究认为，陕南（城固）的铜器可以分为三组。

"甲组，代表性的器物有空锥足分档鬲、瓶、尊、方罍、簋等礼器和曲内戈、矛、双翼铜镞等武器。造型、纹饰与中原商文化同类器物几乎完全相同，是典型的商式铜器。"

"乙组，代表性的器物有三角形援直内戈，长援直内戈，长胡四穿戈、弧刃直内钺等，与商文化有明显区别。"

"丙组，代表性的器物有圆刃方銎人面纹钺、直口双耳罐、脸壳、铺首等。造型、纹饰均不见于商文化，具有浓郁的地方特色。"①

就上述甲、乙、丙组的青铜器中，研究者认为，甲组属商文化，

---

　　① 李伯谦：《城固铜器群与早期蜀文化》，《考古与文物》1983年第2期。

丙组属陕南城固的地方性文化。丙组的青铜器，研究者又明确指出："如果将城固铜器群具有代表性的乙组、丙组器物同早期蜀文化中具有代表性的二组、三组器物比较，不难发现，两者有着惊人的相似。这说明，城固铜器群同早期蜀文化的关系要比商文化、先周文化以及辛店文化、寺洼文化的关系密切得多。"[①] 还有的学者通过对陕南宝鸡竹园沟、茹家庄出土的大量遗物研究认为，茹家庄出土的200余件铜器中的铜罍与商人不一样而与蜀罍极其相似，同时认为宝鸡竹园沟、茹家庄西周墓的主人，可能与蜀人是同族之关系。[②] 这些观点，笔者是赞同的，但要补充一点，就是通过对陕南青铜器上的蛙形饰及出土的大量的蜀式兵器、人面、青铜罍等器形的研究，我们有理由直接认为城固一带当时应属古蜀人的文化范畴。其他如"方鼎"上的蛙形饰、泾阳高家堡出土尊上的蚕纹、扶风召李出土卣上的蝉纹等都与古蜀青铜文化中的纹饰有着非常密切的关系。更重要的是在茹家庄出土的青铜器中有鼎5、簋5等，这也与古蜀民族崇尚"五"有关。如在成都平原出土的新都一号大墓出土的青铜器中就有鼎5、戈5、剑5、锯5、斤5、罍5等，不论是工具还是礼器或兵器都是五件一组。因此，我们有理由认为，在商及西周时期，陕南一带主要是受古蜀王国势力的影响。

原载《中华文化论坛》2003年第4期

① 宝鸡茹家庄西周墓发掘队：《陕西省宝鸡市茹家庄西周墓发掘简报》，《文物》1976年第4期。

② 胡智城等：《宝鸡茹家庄、竹园沟墓地出土兵器的初步研究——兼论蜀式兵器的渊源和发展》，《考古与文物》1983年第5期。

巴蜀青铜器研究

巴蜀青铜器研究

　　光辉灿烂的巴蜀文化，是古老的中华民族的文明历史不可缺少的一部分，它有其自身的特点，扬名于历史，扬名于海内外。尤其是今天，随着早蜀文化遗址三星堆遗址的发掘及两个大型祭祀坑大量的青铜器出土，古老的巴蜀文化从原来已知的春秋战国时期上推了一千七百多年，精湛的巴蜀青铜器突然映入人们的眼帘，让人震惊。原因何在呢？这是因为过去巴蜀地区从未发现过数量如此多，时代如此早，种类如此繁多，且精美的青铜器。故三星堆祭祀坑青铜器发现的消息传于海内外时，使国内外学者大为震惊，并给予了高度的评价①。

　　巴蜀青铜器的发现，除了在现四川行政区域内，还在湖南②、湖

---

① 如大英帝国博物馆的首席中国考古学家杰西卡·罗森说："这些发现看来比有名的中国兵马俑更要非同凡响。"戴维·基斯在英国《独立报》上说："这次发现无论在质量上还是在数量上都使人们对中国金属制造的认识上升到了一个新的高度。"

② 熊传新：《湖南发现的古代巴人遗物》，《文物资料丛刊》第7辑，文物出版社，1983年；《我国古代錞于概论》，《中国考古学会第二次年会论文集》，文物出版社，1982年。张欣如：《溆浦大江口镇战国巴人墓》，《湖南考古辑刊》1982年第1辑。高至喜：《"楚公豪"戈》，《文物》1959年第12期。

北①、陕西②、贵州和云南③等地都有发现。从目前的资料来看，巴蜀时期的青铜器主要集中发现于四川的成都平原、川南、川东和陕西南部、湖北的西部、湖南的西北部。过去一些专家学者们已从不同角度对巴蜀的戈、文字、符号、印章等作了一些探讨④，为我们研究巴蜀的青铜器奠定了基础。为了较为全面地反映巴蜀时期的青铜器的造型、特点、种类等，本文将四川出土的一些主要青铜器加以归类介绍和研究。其目的是让更多的学者了解巴蜀文化及其特征，以便深入地进行分析研究。

一、巴蜀青铜器的分类

巴蜀青铜器，主要发现于四川各地及邻近省区的商至西汉初期的墓葬、祭祀坑、窖藏之中，只有极少数出于遗址的地层内。从目前已发表的资料来看，巴蜀的青铜器种类可以分为11大类：

1. 人物造型类：有人面像，大、小全身人物像，头像等；
2. 礼器类：有尊、罍、鼎、觯、瓠等；
3. 容器类：有壶、盘、鉴、敦、盆、匜、豆等；
4. 炊具类：有釜、甑、鍪等；
5. 工具类：有斧、斤、曲头斤、雕刀、削、锯、凿、刀、匕等；

---

① 王家德：《宜昌地区所见周代巴蜀铜器刍议》，《江汉考古》1991年第1期。黎泽高、赵平：《枝城市博物馆藏青铜器》，《考古》1989年第9期。王家德：《鄂西发现一批周代巴蜀青铜器》，《四川文物》1987年第1期。

② 张沛：《陕西旬阳县发现的巴蜀文化遗物》，《四川文物》1989年第3期。李伯谦：《城固铜器群与早期蜀文化》，《考古与文物》1983年第2期。卢连成、胡智生：《宝鸡茹家庄、竹园沟墓地有关问题的探讨》，《文物》1983年第2期。宝鸡市博物馆：《宝鸡竹园沟西周墓地发掘简报》，《文物》1983年第2期。

③ 童恩正：《我国西南地区青铜剑的研究》，《考古学报》1977年第2期；《我国西南地区青铜戈的研究》，《考古学报》1979年第4期；《近年来中国西南民族地区战国秦汉时代的考古发现及其研究》，《考古学报》1980年第4期。

④ 冯汉骥：《关于"楚公豪"戈的真伪并略论四川"巴蜀"时期的兵器》，《文物》1961年第11期。陈显丹：《略说巴蜀墓葬随葬品的组合及其纹饰符号的异同》，《四川史学通讯》1984年第5期。刘豫川：《巴蜀符号印章的初步研究》，《文物》1987年第10期。

6. 乐器类：有铎、铃、编钟、镈钲、钲、铙等；

7. 兵器类：有戈、矛、剑、戟、钺、弩机箭镞等；

8. 印章类：有椭圆形、圆形、方形、长方形、"山字"形印面等；

9. 动植物类：有龙、蛇、凤、鸟、鹰、公鸡、怪兽、昆虫、虎、神树等；

10. 日常生活用品类：有铜镜、带钩、手镯、针、盒、勺、竿等；

11. 其他类：有铜泡、桥形饰、扣饰、銮、胄顶等。

上述各类器物中有相当一部分已与中原诸地区文化的青铜器风格相同，尤其是春秋战国时期的器物更是如此。在这些器物当中，特别是鼎、豆、敦、壶、釜、盆、鉴、盘、带钩、匜、刀、削、斧、斤、凿、锯等容器、炊器、工具、日常生活用品及乐器等与中原地区的青铜文化及诸邻地区的青铜文化无甚差异，因此本文不再对这些器物进行论述，主要对巴蜀青铜器的人物造型、礼容器、兵器、动植物和印章等具有地方特点的器物进行论述。

（一）人物造型类

此类造型主要出于广汉三星堆遗址一、二号祭祀坑内。其造型主要有大、小全身人像，人头像，大小人面像等。其中全身整体人像可分为七式，最高的达260厘米，最小的仅几厘米。

Ⅰ式：属站立人像，有大有小。如标本K2②：149大铜人立像，身高181.2厘米，座子高78.8厘米，总高260厘米。其特征是头戴花形高冠，杏叶眼，鼻棱突出，方颐大耳，两耳垂下各穿一孔，嘴角下勾，细长颈。左肩左斜饰一方格形"法带"，鸡心领。双臂上抬，手腕上各戴三个"手镯"，双手作"指"状，拇指特大，指甲突出，进行了极大的夸张，左手举于鼻，右手与胸齐。左衽，长襟后摆成"燕尾"形。两小腿上各戴一方格形的"脚镯"。赤脚，五指突出，站立于方座上。座子上下两层，中间以四个兽头连接，形制庄严典重。（图一，1）。

Ⅱ式：小站立人像，一般仅10厘米高，如标本K2③：292—2号人像连座子高8厘米。双手平抬作握物状，身着铠甲威严地站立于方座上（图一，3）。

Ⅲ式：双膝跪坐人像，一般高10厘米，最小的仅3厘米，其造型为高髻、头发由前向后梳，再向前卷。宽脸、方颐，云纹大竖耳，耳垂穿孔。两眼圆睁正视前方，眼球微外凸。张口露齿，神态严肃。上身穿右衽长袖短衣，腰部系带两周。下身着狭鼻裤，一端系于腰前，另一端系于背后腰带下。双手扶膝，手腕上各戴二镯，双膝跪，臀部坐于足跟上，高15厘米（图一，5）。

Ⅳ式：为半圆雕，头上戴冠，粗眉大眼，高鼻子。眉及眼球、眼眶和耳部有黑色颜料，两云形纹耳嘴角下勾，粗短颈。身着对襟服，束腰，双手散掌放于腹部。躯干下部微侧，右脚蹲，左脚单跪，呈半跪坐姿式。通高13.3厘米（图一，4）。

Ⅴ式：头上戴帽，帽上饰三匹"羽毛"似的装饰品。浓眉大眼、楞鼻梁、大嘴、长颈，身着铠甲服装。双臂上抬，平与肩高，双手作极大夸张，特大，曾似握有何物。腰部收束，腰下残。

Ⅵ式：头顶带盖尊，手捧于尊的腹部，面部表情庄严。上身赤裸，腰下系一短围裙，双膝下跪于一座似"云雾缭绕的山顶"上（图一，6）。

Ⅶ式：头戴双髻帽，鹰眼、钩鼻、大嘴、长颈，身作鸟体状，双翼展开，作腾飞状，一尾上翘，一尾下垂，两利爪立于一小神树的果实之上（图一，2）。

头像可分为九式：

Ⅰ式：头上部为子母口形，圆眼外凸，蒜头鼻，高鼻梁，大嘴紧闭，下颌宽圆，竖直耳，耳垂穿孔。粗颈。残高29厘米。

Ⅱ式：头上似戴双角形"头盔"，将面部遮住。长方脸、斜直眉，三角形立眼。棱形鼻梁，高鼻尖。嘴角下勾，表情威严，体现了武将的气魄。高47厘米。

Ⅲ式：平顶，粗眉大眼，尖圆鼻头，棱形鼻梁，大嘴紧闭。云雷纹

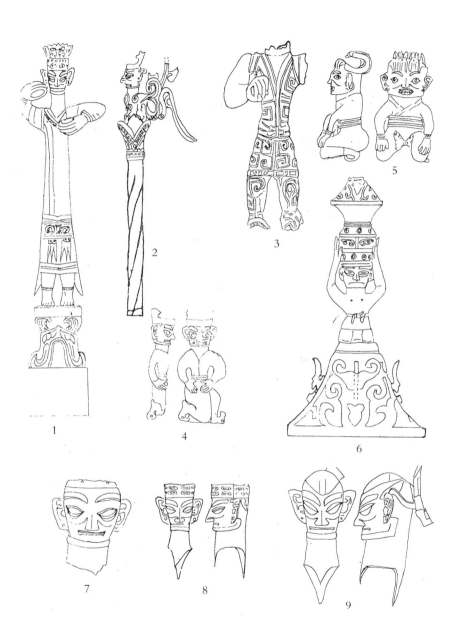

图一

竖直耳，耳垂穿孔。粗长颈，两侧收束，脑后编长辫子。高35.7厘米。

Ⅳ式：头上原似戴有帽，粗眉大眼，鼻棱高突。颧部突出，嘴角下勾，形体较大，残高25厘米（图一，7）。

Ⅴ式：头戴"回"形花纹平顶冠。粗眉大眼，低鼻梁，高鼻尖。嘴角下勾，两云形大耳，耳垂下各有一穿，后脑勺约外凸。粗长颈，颈部的下端前后均铸成倒三角形。通高34厘米（图一，8）。

Ⅵ式：圆头顶，无帽，粗眉大眼，细鼻梁，嘴角下勾，两云纹耳，耳垂下各有一穿，后脑圆滑，梳发向后。头戴"蝴蝶"形花笄。颈上细下粗，颈部下端铸成倒三角形。通高46.4厘米（图一，9）。

Ⅶ式：圆头顶，头上"盘辫"，发际线至耳。粗眉大眼，高鼻梁，鼻尖约向上。嘴角下勾。两云形纹半圆耳，耳边的边廓上从上至耳垂饰有依次递减的三个小圆穿。两耳的上方留有"短鬓发"。粗短颈，颈端前铸成倒三角形，后端较平齐，高13.3厘米，形体很小。

Ⅷ式：圆头顶，阔巴，杏叶眼，棱鼻梁，大嘴。两斜直耳，脸戴黄金面罩，其眉、眼部镂空。

Ⅸ式：平顶，阔下巴，杏叶眼，高鼻梁，大嘴，两嘴角下勾。两耳饰成云形纹斜直耳，耳垂下各有一小圆穿。耳的上部脸处留有"鬓发"。长发向脑后梳，发梢梳成发辫，上端束扎四道，长辫至颈端。短颈，颈部铸成倒三角形。通高36.5厘米。

面具可分为五式：

Ⅰ式：宽脸，圆下颌。粗眉大眼，棱鼻子，大嘴。两云雷纹形小耳，耳垂穿孔。形体小，高6.5厘米、宽9.2厘米、厚0.4厘米。

Ⅱ式：阔眉大眼，眉尖上挑，眼球外凸，作了极大的夸张。鹰钩鼻，鼻子两侧勾成云气纹，两鼻孔呈"M"形。两只大耳似云气飞腾；耳郭内饰成粗犷的云纹图案，大嘴，两嘴角上翘近耳根处。通高65厘米、宽138厘米、厚0.5至0.8厘米。

Ⅲ式：瘦长形脸，阔眉，杏叶眼。上额部位较宽，下颌较窄。鼻棱凸出，嘴角下勾。长斜直耳，双耳垂下各有一穿，整个造型呈仰首状，前高15厘米、后高12.2厘米、厚0.3厘米。

Ⅳ式：方颐、宽面、上大下小。粗眉大眼，鼻棱突出，大嘴，嘴角下勾。耳饰云纹，耳垂下各穿一孔，额正中凿一方形孔，宽52厘米、高25.8厘米。

Ⅴ式：长眉，棱形纵目，低鼻梁，鼻梁上装饰一个很高的"卷云纹（似一种动物形）"。鼻尖上翘、阔嘴，嘴角上翘至耳根。脸面宽44.2厘米，眼球突出9厘米，眼球直径10厘米，面具高32.7厘米，鼻上梁饰高66厘米，通高77.5厘米、厚0.3—0.6厘米。

（二）礼容器

商周时期的巴蜀礼容器与中原诸地区有个明显的区别，即中原诸地区的青铜礼器以鼎为主，而巴蜀的青铜礼容器则以尊、罍为主。尤其是春秋以前，在巴蜀的墓葬、遗址中，几乎没有发现过鼎，就连商代时期蜀国的都城三星堆遗址内，迄目前为止，亦无鼎发现。而发现最多的则是尊，其次是罍。鼎则在巴蜀地区的春秋战国时期的墓葬中方有少量发现。根据目前的资料来看，巴蜀地区的青铜尊主要有以下七式：

Ⅰ式：束颈，广肩，肩上饰突起的龙虎纹，虎作食人状。斜腹、高圈足，残高43.5厘米（图二，1）。

Ⅱ式：尖唇、侈口、方沿、束颈，颈上饰有三周凸弦纹。折肩，肩上饰云雷纹和乳钉纹，其间铸有三只突起的鸟和三个羊首。斜腹、腹上有扉棱，扉棱之间以云纹衬底。主体突出目云方和饕餮纹。高圈足，器身外表涂有朱色。通高41.8厘米（图二，2）

Ⅲ式：宽沿。直口，高领微束，颈上施三周凸弦纹。窄肩上满饰云雷纹，并铸有四只立鸟。肩下铆有四个很大的兽头。兽头上长有两只大角，做成"云纹"状。角下有两尖圆耳。腹部上大下小，深腹、腹下内收。高圈足，圈足与腹部交接处有四个长方形孔。腹部和圈足上都饰有四个扉棱和半浮雕的饕餮纹。通高54厘米（图二，3）。

Ⅳ式：尖唇、侈口、束颈、颈上饰有三周弦纹。折肩，肩上饰有四个突出的牛头。牛头上和牛头之间共铸有六只立鸟。腹微内收，腹上以云纹为地，以变形饕餮纹突出于上。通高53厘米。

Ⅴ式[①]：方唇、窄沿、口微敛、颈上饰有四道凸弦纹。肩上突起四个羊头。羊角上卷成云纹形。深腹微内收、底微外鼓。腹上以云纹衬底，腹中间饰夔龙纹。腹上部和下部各饰一周圆圈纹和一周勾连云雷纹。矮圈足。通高34厘米（图二，5）。

Ⅵ式：尖唇、敞口、短颈、折肩、肩上饰三个牛首。斜腹、矮直圈足，整个形体都较小。通高38厘米。

Ⅶ式：侈口、高领、鼓腹、腹下约外接于喇叭形圈足上。腹身饰夔纹。以雷纹为地。通高27厘米（图二，7）。

罍，主要发现于川西平原的彭县[②]、成都[③]及绵阳[④]等市县。根据形制，大体可分为七式：

Ⅰ式：方唇、直口，圆腹，腹下收，圈足，双耳为立体牛头形，牛跪于肩上。双耳中间饰以主体羊头，器体镶嵌绿松石。颈肩、圈足上各饰弦纹两道，腹下有一牛头小耳，盖为覆豆形。顶端饰一蟠龙，四周粘饕餮纹，其下嵌有饰绿松石，再下饰相向两跪牛，两牛之间饰变形牛头。通高79厘米（图二，4）。

Ⅱ式：直口、方唇、束颈，颈上有弦纹两道，圆肩，两侧肩长鼻形立体象头耳，双耳中间亦饰立体象头。后面腹下有一兽首小耳，器身、

---

① 原简报订为罍。本文根据殷墟等地出土的同类器物定为尊。

② 王家祐：《记四川彭县竹瓦街出土的铜器》，《文物》1961年第11期。四川省博物馆、彭县文化馆：《四川彭县西窑窖藏铜器》，《考古》1981年第6期。四川省博物馆、新都县文物管理所：《四川新都战国木椁墓》，《文物》1981年第6期。平文：《西周铜罍》，《成都文物》1986年第3期。成都市文物管理处：《成都三洞桥青羊小区战国墓》，《文物》1989年第5期。

③ 四川省博物馆、新都县文物管理所：《四川新都战国木椁墓》，《文物》1981年第6期。平文：《西周铜罍》，《成都文物》1986年第3期。成都市文物管理处：《成都三洞桥青羊小区战国墓》，《文物》1989年第5期。

④ 四川省博物馆：《四川绵竹县船棺墓》，《文物》1987年第10期。

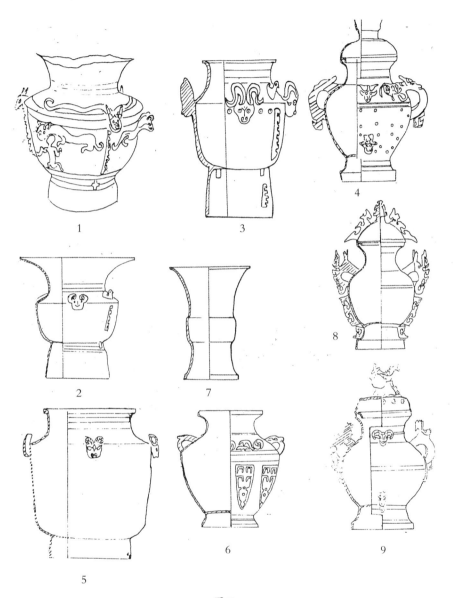

图二

圈足以突棱分为相同四组纹饰，每组分上、中、下三层。肩上、中间饰一蟠龙，两边刻饰夔纹；腹部饰浓眉大眼夔龙，张口蜷身，一趾四爪分明。圈足上饰一跪牛。盖呈盔形，有四鸟形突棱，中饰夔龙，以突棱为夔鼻，通高9.4厘米（图二，8）。

Ⅲ式：方唇、侈口。长颈，颈上刻饰两道弦纹。双羊首耳，耳上各有一环。圆肩，肩中部有一羊首。两面相同。器身饰夔龙纹，大头、粗卷形身。一爪四趾。喇叭形圈足，器盖若复置深盘，盘上铸一立体怪兽，大口，双柱形角。脊背上有立棱，通高50厘米（图二，9）。

Ⅳ式：盖上龙角成扇形，颈较Ⅲ式短，溜肩，鼓腹，两侧饰以大型的夔龙形耳，底内拱很高，弧形高圈足，通高48厘米。

Ⅴ式：侈口、长颈，颈上饰三道弦纹，圆肩，肩上饰双耳和六个涡纹。斜腹，腹下饰一兽头小耳，喇叭形高圈足，器盖为覆豆形，上饰6个圆涡纹。通高36厘米。

Ⅵ式：平唇、大直口、束颈、斜肩，肩上嵌两兽头耳，其间饰涡纹和"出"形文，腹部饰蝉纹。斜腹，喇叭形矮圈足。通高40厘米（图二，6）。

Ⅶ式：盖隆起，上有四环，耳有四枚曲尺形扣钉。平唇，口微敛，鼓腹，上腹部有四个竖环耳。平底，矮圈足。通高45厘米。

（三）兵器类

巴蜀兵器，是巴蜀文化中最具有特色的器类。根据考古发表的资料来看，主要有戈、矛、剑、钺、镞、戟等。其中最具特色的是戈、剑、矛、钺，现分述于下：

戈，主要有直内戈和有胡戈两大类，可分为以下型式：

A型戈：为直内式，多带齿，可分为二式：

AⅠ式：尖锋，窄直援，援两侧无刃而铸成"锯齿形"。援中有脊，脊从穿上直贯前锋。长方形栏，栏正中有一圆穿，直内。残长19厘米、厚0.2厘米。

AⅡ式：整个形体较AⅠ式宽大。其锋端及末处无齿。戈援两侧的齿较AⅠ式细小。援中有脊，脊从穿上直贯前锋。宽栏，大圆穿，直内，通长19厘米、厚0.2厘米。

B型式：其特点是身细长而有栏，可分为三式：

BⅠ戈：长三角形身，三角形前锋，长援，中有脊。边刃明显，窄栏，直内，内从栏部始，两侧内收，约呈梯形。通长30厘米。

BⅡ式：前锋呈圆弧形，长援中部两侧内束，至栏处两侧展宽，下侧微胡。窄栏，下栏处有一长方形穿。下齿较上齿长。本较厚，断面呈椭圆形。直内，内上一小圆穿，通长27.4厘米。

BⅢ式：援呈瘦长三角形，上、下出栏，援与内呈一定夹角，援上饰一勾鸟，细长的鸟身当脊。下援至栏处，微胡。后近胡处有一长方形穿。窄栏，长方形直内。通长29.6厘米。

C型戈：系直内式，无栏，无齿，可分为六式：

CⅠ式：半弧形前锋，上援较直，下援微弧，援本正中有一圆穿。宽本，无栏，本后端两内侧各有一小方形穿。长方形直内，内上有一"桃形"穿。身长19厘米、宽9.6厘米。

CⅡ式：尖前锋，三角形援本，本部平直。中有脊，边刃明显，本部饰一兽纹。本后正中有一圆穿。无栏，长方形直内，内后饰有目形纹和卷云纹，内中有一小圆穿。通长19厘米。

CⅢ式：半圆形前锋，本不对称，中有脊。边刃明显。本后端微内弧，两内侧边各有一长方形穿。长方形直内，内上有一小圆穿。通长20厘米。

CⅣ式：三角形前锋，援上有脊。本中部微束而后展开，本后端中部有一小圆穿，两内侧边各有一长方形穿。直内，内上有一"桃"形空，端呈"燕尾"形。通长31.5厘米。

CⅤ式：尖圆前锋，援约带弯弧，边刃明显，中有脊，脊断面呈圆柱形。本后端中部有圆穿，两内侧边各有一长方形穿。直内，较长，内上有一"桃形"穿，内后端凹陷，两侧端形成尖角，通长26厘米。

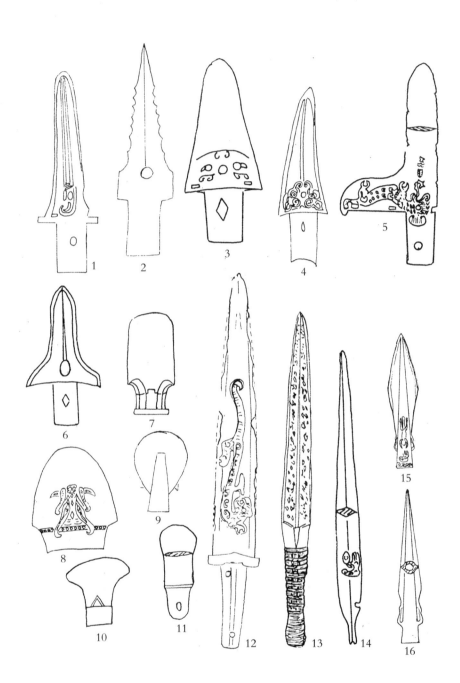

图三

C Ⅵ式：整个戈身显得很宽大。前锋微弧，宽本无脊，本后饰以虎头纹，口为一大圆穿，长方形直内，内上有一小圆穿。通长26.2厘米。

D型戈：是阔三角形直内式戈，有的学者称作"戣"[①]，本文根据其用途、形制归入戈类。根据此形戈的不同形制，可分为四式：

D Ⅰ式：前锋约呈半圆形，宽援，中脊不明显，两侧刃微弧，本后饰虎头纹，中有一圆穿。长方形直内，内上有一棱形穿。

D Ⅱ式：小三角形前锋，援上饰圆圈斑纹。宽本，中有脊，本后中部有一大圆穿。长方形直内，内上有一棱形穿，通长25.6厘米。

D Ⅲ式：前锋尖小，宽本，无栏，中有脊，本中有一圆穿，直内，内后端呈"燕尾"形，内上有一棱形穿。

D Ⅳ式：三角形前锋，宽援。中脊明显凸起本上饰一只大形虎头，长方形直内很长，几乎与戈援长度相等，长方形内上饰长方形穿。

E型戈：整个戈身似"十"字形，可分为四式：

E Ⅰ式：尖圆形前锋，体呈"十"字形，短援，援至栏的中部微束，而后展宽，上边呈锐角形，下边约呈直角。宽栏微内弧。长方形直内，内上有一棱形穿。通长23.5厘米。

E Ⅱ式：三角形前锋，狭援，长胡直内式。狭援胡且阔而长，胡的下端平齐，末端向后突出一牙。长方形内，内的后端呈"燕尾"状。

E Ⅲ式：尖圆形前锋，长援，窄本。援与内呈"十"字形。内近栏处有四条平行线。戈身铸虎斑纹。通长26.5厘米。

E Ⅳ式：尖圆形前锋，援较直，中脊明显，援至本后部扩展。长胡，上援近栏处微突起。长方形直内，上有一小圆穿。

F型戈：为长胡戈，其形制大体与中原戈相似，可分为六式：

F Ⅰ式：前锋尖圆，长援。短胡，窄栏，有上齿无下齿。长方形直内，内后端抹成圆弧形，内上有一小圆穿。

---

① 冯汉骥：《关于"楚公豪"戈的真伪并略论四川"巴蜀"时期的兵器》，《文物》1961年第11期。陈显丹：《略说巴蜀墓葬随葬品的组合及其纹饰符号的异同》，《四川史学通讯》1984年第5期。刘豫川：《巴蜀符号印章的初步研究》，《文物》1987年第10期。

FⅡ式：前锋尖圆。上刃较直，短胡窄栏，胡上有两长方形穿。上齿突出。无上齿。长方形直内，内上有一圆形穿。

FⅢ式：援狭长而直，脊不明显。长胡，上有两穿，窄栏。长方形直内，内上有一圆穿，援上部接连胡处，两面铸有相同的虎纹。长25厘米。

FⅣ式：三角形前锋，援作三角形，长胡，窄栏，胡上饰一虎。胡末端突出一牙棱，胡近栏处有三穿。长方形直内，内上有一圆穿。通长23厘米。

FⅤ式：三角形前锋，微昂，至援后突收成束腰，至胡部展开，长胡，窄栏，近栏处有两个方形穿和一个椭圆形穿，长方形直内，同上有一方形穿。通长20.2厘米。

FⅥ式：尖圆形前锋，微上昂，窄条形长援身。长胡，上有三穿，窄栏，上下有齿，长刀形内，内上有一条形穿。通长48.5厘米。

剑，巴蜀式剑，主要发现于成渝两地的墓葬中，窖藏和遗址中发现极少。根据出土的实物资料，可将已发现的巴蜀式剑分为A、B、C三大型。另外还发现有大量的中原式剑。

A型剑：剑体都长且较厚重，剑身一般都铸有虎斑纹，可分为四式：

AⅠ式：前锋尖小，长身，上铸"虎斑"纹，中脊突出，扁茎无格。剑茎用两片木板夹紧，并插入铜套内。茎上缠以棕丝。

AⅡ式：三角形前锋，三角形长身，较厚重，剑身铸有虎斑纹。中脊明显。扁茎无格。近柄处铸有虎纹及巴蜀符号。通长48厘米。

AⅢ式：尖锋、宽身、双刃微弧渐宽。剑身扁平，中脊突起，肩下斜收至柄端。扁茎无格，剑体满布虎斑纹，残长37.2厘米。

AⅣ式：前锋较宽大，体厚重，中脊突出，直通柄，通身铸虎斑纹，肩部折收略呈90度角。扁茎，无格。上铸虎纹和巴蜀符号等。通长40.3厘米。

B型剑：是在巴蜀式剑基础上吸收了中原剑的风格加以改装的，故带有中原与巴蜀剑的综合风格。可分为二式：

　　B Ⅰ式：三角形前锋，细长身，较窄。有格，长扁茎，长茎上有一穿孔。

　　B Ⅱ式：尖前锋，剑身宽大扁平，整个剑身似细长的等腰三角形，中脊有凹槽。宽格，长扁茎。剑身饰一虎纹。茎上有两圆穿。长34厘米。

　　C型剑：它与A型剑相比，主要差别在于A型剑体宽大，且厚重，通常铸有虎斑纹，还有较长的茎。C型剑一般形体较小，剑细窄，无虎斑纹，剑身与茎无明显区别，此型剑可分为五式：

　　C Ⅰ式：尖圆前锋，体较细长，呈柳叶状，双刃微弧，中脊突起，扁茎无格，长22.8厘米，宽3.6厘米。

　　C Ⅱ式：小圆前锋，柳叶体，中有突脊，截面呈棱形。无格无首，扁茎很短。剑身饰巴蜀符号，长36.2厘米。

　　C Ⅲ式：柳叶形体，身较短。横断面呈扁椭圆形。扁茎较短，无格。剑身饰变形"蝉纹"，此种剑多为两件一组。

　　C Ⅳ式：柳叶形细长身。中脊突起，身与茎无明显区别。剑身铸有巴蜀符号，茎侧有一半圆形穿，茎中部亦有一圆穿，通长28.8厘米。

　　C Ⅴ式：尖锋，柳叶形，双刃弧渐宽。剑身扁平，中有脊。剑身与柄无明显区别，而是以剑的下端两侧自然内收，使剑茎与剑身浑然一体，像一片完整的树叶一样。

　　矛，在成渝两地的墓葬及窖藏中都有发现，且多有纹饰，根据出土情况和实物的比较，巴蜀的矛大体分为九式：

　　Ⅰ式：小阔叶，长骹，骹中部下侧铸弓形小耳，骹上饰虎头及其他各种纹饰符号。此式矛的骹长略比叶长二分之一左右。

　　Ⅱ式：尖锋，叶肥大而长。叶长为整个矛长的四分之三左右。最宽处在叶中部。圆长骹直贯前锋。骹两侧有弓形耳，形制粗壮。骹上饰虎、花蒂、手掌纹等。

　　Ⅲ式：锋尖利，叶较宽，中有突脊。至骹部，叶两侧成弧形内收与骹相接。短骹，骹上饰蝉纹和手、"珏"等符号纹饰，骹两侧饰弓形耳。

Ⅳ式：三角形矛身，叶很细长。叶下直连着弓形耳，长骹直达前锋。

Ⅴ式：尖锋，细长叶。整个矛叶似柳叶形。长骹，形体小。上面饰人及手掌纹等。

Ⅵ式：长叶较宽，长直贯前锋，骹下两侧附耳，骹上饰虎纹及其他纹饰符号。

Ⅶ式：整个矛身呈三角形。中脊突起，叶上有槽。叶下折肩内收与骹相接。短骹无耳，骹上有一长方形穿。

Ⅷ式：三角形前锋，细长叶，叶下两侧内收与骹侧两耳相接。骹上饰人头及符号纹饰等。

Ⅸ式：尖锋，宽棱形叶。长骹，骹上饰螳螂纹及手心纹等，两侧饰弓形耳。

钺，根据诸多学者的研究有三种用途：一是作为征伐砍杀用的兵器；二是作为刑具；三是特别大的钺，制作得又非常精致的，可能作为礼仪之用。而巴蜀的钺有 A、B、C、D、E、F、G、H 型。它主要用于征伐砍杀之用，有极少部分作为明器使用。

A 型钺：呈舌状，可分为二式：

A Ⅰ式：舌形。弧刃、折肩，肩下两侧内收至钺。钺身饰牛头，肩下饰圆卷纹；长方形扁銎。

A Ⅱ式：舌形，半圆弧刃。折肩内收成尖角，好似倒钩。而后两侧内收至銎部。钺身两面饰云纹和变形的"人面像"。长方形扁銎。

B 型钺：为尖圆刃。后腰收成扁长，銎平面中部有长三角形空隙。銎的横切面呈菱形。

C 型钺：其特点是小弧刃，直身。可分为三式：

C Ⅰ式：弧刃罗平，刃宽约小于身宽。无腰，长方形身。折肩、粗銎，銎内呈圆锥形。

248

C Ⅱ式：弧刃较平，刃宽于身。弧刃两端与身交接处折成"锐角"

形。长方形身，身两侧亦铸成刃。椭圆形直銎。銎端有折沿。

C Ⅲ式：弧刃似斧之刃，至腰身微束。折肩呈锐角而后斜收至銎，銎上铸纹饰符号。

D型钺：整体形状似"葫芦"形。一般为圆刃束腰，可分为四式：

D Ⅰ式：圆刃，束腰，下身呈梯形。圆刃身的比例为1∶1.5倍左右。折肩平直。椭圆形长銎，素面。

D Ⅱ式：圆弧刃，弧刃部分比腰身长。其比例多为1.5∶1左右。恰好和A Ⅰ式比例相反。束腰，折肩内收，方形长銎。

D Ⅲ式：半圆刃，束腰。身较直，折肩斜收至銎部。刃部与腰身的比例大多为1∶1左右。粗短銎。

D Ⅳ式：大圆刃，梯形身，身下端两侧微内收。肩呈倒"刺"状。粗短銎。

E型钺：这类钺发现极少。整个体形呈弧刃。束腰，体扁平，腰下部展开成肩，肩折收为柄，柄上有椭圆形穿。这种钺已非实用，可能是明器。

F型钺：整个形状呈"鞋形"又似"斧"形。上身斜收至銎，椭圆形长銎。

G型钺：平刀、斜肩，腰微束，至底端身两侧向外敞成喇叭形銎，但不明显。

H型钺：钺身呈"梨"形。圆刃，长銎。刃一两侧各有一刺突出，体较薄。

（四）动植物类

这类青铜器的造型主要有龙、蛇、虎、鸡、鸟、怪兽、蝉、树等。

龙的造型有呈卧状，有的呈立状，有的呈攀缘腾飞之状。其用途有的作为金杖杖首之用，有的作为祭器之用，还有的攀于神树之上，起装饰作用，另还起到分散树的重力之用。

蛇，一般为三角形头，昂首，嘴微张，两鼻孔以云纹装饰，鼻上两侧"胡须"向后倒。鼻梁中部微有突起的脊。三角形眼，眼睑后角上勾至额部。两眼中间的额部刻有一菱形纹饰，额后刻云纹。脑后上方有一装饰物，两侧下边饰花纹。整体呈半圆形，身部饰有大菱形纹，大菱形纹又分别由四个小菱形纹组成。蛇身两侧下边饰以云雷纹。颈下两侧各有一半圆环突出，似系于某种物体上的穿（图三，4）。

虎，大多是铸造于錞于和其他容器之上，也有单铸成虎形的。通常为尖圆形大耳、圆眼、昂首、张嘴、尖齿外露、尾上翘等（图三，8）。

凤鸟类，其形式较多。圆眼长颈。多为长勾喙，短嘴，有的鸟冠高立，有的将尾翘得高高的，有的作展翅飞翔状，还有的做成一个巨大的鹰头，形状凶猛（图三，5、6、7）。

公鸡，鸡冠高耸，圆眼，挺胸昂首。羽毛由棱形纹和人字纹组成。鸡尾呈弧形状，双足粗壮有力，脚爪特别尖利（图三，2）。

怪兽类，一般为大耳，长嘴粗颈。身细长，短足，双尾，一尾上卷，一尾下拖。身刻云纹（图三，3）。

铜树，有大有小。座子一般呈圆形，也有的树座呈"小山"形；有的座子上还跪有武士形象的人。还有的树枝是由两支树枝相互缠绕而成。从目前已修复拼接好的一棵铜树来看，其组成由树座、树干、树枝三大部分组成。树枝分为三层，每层有三支树枝，每支树枝上分别挂有果实、铃等装饰物及立鸟。树侧有一条巨龙攀于上（图三，10）。其他还有一类似人非人、似兽非兽的"面具"。一般为头上饰两云形纹角，双眉飞出脸面，然后向上内勾，上下两排牙齿紧咬。有的下面还铸成两只头相对的"鸟"将其抬起（图三，9）。面具的两只大眼圆睁，有的还涂过色。嘴角多下勾，双眉尖处和两嘴角的下方各有一圆穿，可能是跳"图腾舞蹈"或祭祀活动所戴时穿绳而用。

（五）巴蜀印章

巴蜀时期的铜印章主要出土于墓葬之中，主要有圆形、方形、长

图三

方形、八角形及不规则形等，在其他质地方面的还有椭圆形印面①。巴蜀铜印章上的印文同中原印文截然不同，它的印文是由图案、符号构成的"巴蜀图语"。从印的外形来看主要有以下六种形式：

Ⅰ式：印台为坛形，板纽，印面为正方形。

Ⅱ式：圆锥形印台，无纽，长柄，印面为圆形。

Ⅲ式：扁薄印台，鼻纽。圆形印面或方形印面，这类印章出土最多。

Ⅳ式：印台为梯形，桥形或兽纽。印面为长方形。

Ⅴ式：高圆柱体印台，圆形印面，印面周边做成齿轮状。

Ⅵ式：一般为一规则形的印面，如有"双铖"形的②，"山"字形的。其纽有鼻纽、桥纽等形式。

其他还有角纽、博山纽、虎头纽③，印面多为圆形，但为数极少。

二、巴蜀青铜器的大致分期

巴蜀青铜器的分期是依据类型学的比较和共出随葬品的特征、组合（见巴蜀地区墓葬及窖藏器物统计表）及墓葬本身的时代特征来进行分期的。这里的分期，也是大致性的分期，因受现有许多资料的局限性及可比性的局限。巴蜀青铜文化从目前来看，至迟从商代已较发达，但在现在的四川行政区域乃至湖南、湖北的西部、陕西南部的汉中等常出巴蜀之物的地方，亦没有较多的或者很确切的春秋时期的青铜器发现。因此，春秋这一阶段的巴蜀青铜器呈现了一段空白。而这一工作除学者

① 四川省文管会、大邑县文化馆：《四川大邑五龙战国巴蜀墓葬》，《文物》1985年第5期，第39页，图二十五，2、7。

② 四川省博物馆、新都县文物管理所：《四川新都战国木椁墓》，图七，《文物》1981年第6期。

③ 四川省博物馆：《巴蜀青铜器》，成都出版社，1993年，第169页—172页，图版二○四、二○六、二一○。

们进一步深入研究之外，主要靠考古工作者们根据地下出土的实物资料来解决这一缺环问题。人物造型之类，到目前为止，也只有三星堆遗址出土的一批，亦无比较资料可言。故本文对巴蜀青铜器只能提出大致的分期。

（一）人物类

如雕像中的青铜人头像、立人像、面具等，多属于商代中晚期，其中Ⅲ式全身人像，Ⅰ—Ⅳ式头像、Ⅰ式面具，与共出的玉璋、戈、陶器等来看，陶器中的尖底盏、器座和广肩平底罐等器形属于广汉三星堆遗址第三期的特点，其时代属商代中期①。Ⅰ、Ⅱ、Ⅳ—Ⅶ式人物全身人像和Ⅴ—Ⅹ式青铜人头像及Ⅱ—Ⅴ式面具，根据其遗址本身的地层关系②和与一号祭祀坑相对比，其时代当为商代晚期。

（二）礼容器类

青铜器中的Ⅰ式罍与安阳殷墟③出土的同类器物相似，加之本身出

---

① 陈显丹：《广汉三星堆遗址发掘概况、初步分期——兼论"早蜀文化"的特征及其发展》，四川大学博物馆、中国古代铜鼓研究学会：《南方民族考古》（第2辑），四川科学技术出版社，1989年。四川省文物管理委员会、四川省文物考古研究所、四川省广汉县文化局：《广汉三星堆遗址一号祭祀坑发掘简报》，《文物》1987年第10期。四川省文物管理委员会、四川省文物考古研究所、广汉文化局、文管所：《广汉三星堆遗址二号祭祀坑发掘简报》，《文物》1989年第10期。

② 陈显丹：《广汉三星堆遗址发掘概况、初步分期——兼论"早蜀文化"的特征及其发展》，四川大学博物馆、中国古代铜鼓研究学会：《南方民族考古》（第2辑），四川科学技术出版社，1989年。四川省文物管理委员会、四川省文物考古研究所、四川省广汉县文化局：《广汉三星堆遗址一号祭祀坑发掘简报》，《文物》1987年第10期。四川省文物管理委员会、四川省文物考古研究所、广汉文化局、文管所：《广汉三星堆遗址二号祭祀坑发掘简报》，《文物》1989年第10期。

③ 中国社会科学院考古研究所：《殷墟妇好墓》，文物出版社，1980年。

土的地层关系^①当属商代晚期。Ⅱ—Ⅵ式罍，与辽宁喀左等地出土的商末周初的罍^②相似，其造型特点基本一致。罍上饰的兽面纹、夔纹、雷纹、涡纹及器身饰的方格纹、立体怪兽等，皆与商末周初时期的风格相同。因此这部分罍的时代当属商末周初。Ⅶ、Ⅷ式罍形体趋于简单，制作粗糙，且常出于木板墓或船棺葬之中，时代当属战国。Ⅰ式尊为龙虎尊，与安徽润儿河^③等地出土的龙虎尊相似，当为商代中期。Ⅱ—Ⅵ式尊与安阳殷墟晚期^④及湖南岳阳、华容^⑤、陕西清涧县^⑥所出土同类器形相近，应为商代晚期。Ⅶ式尊的风格与商代的尊相比，不论从风格、形体、造型上都有较大差异，多具西周之特点，应为西周器物。尊至西周以后，不论在春秋或战国时代的墓葬中，几乎少有发现。另一方面而言，从战国的墓葬中则出现了较多的鼎、壶、釜、鍪等礼容器和炊器。如战国早期有Ⅰ式鼎和Ⅰ、Ⅱ式壶，中期有Ⅱ—Ⅳ式鼎和Ⅲ、Ⅳ式壶，晚期有Ⅴ式鼎和Ⅴ—Ⅷ式壶（图一，1—8）。

①　陈显丹：《广汉三星堆遗址发掘概况、初步分期——兼论"早蜀文化"的特征及其发展》，四川大学博物馆、中国古代铜鼓研究学会：《南方民族考古》（第2辑），四川科学技术出版社，1989年。四川省文物管理委员会、四川省文物考古研究所、四川省广汉县文化局：《广汉三星堆遗址一号祭祀坑发掘简报》，《文物》1987年第10期。四川省文物管理委员会、四川省文物考古研究所、广汉文化局、文管所：《广汉三星堆遗址二号祭祀坑发掘简报》，《文物》1989年第10期。

②　喀左县文化馆、朝阳地区博物馆、辽宁省博物馆：《辽宁喀左县北洞村出土的殷周青铜器》，《考古》1974年第6期，图版壹：1，图四、图五：1。

③　中国科学院考古研究所：《新中国的考古收获》，图版叁拾，《考古学专刊》甲种第六号，文物出版社，1961年。

④　中国社会科学院考古研究所：《殷墟妇好墓》，图版二二，1、2；图版二三，1，《考古学专刊》丁种第二十三号，文物出版社，1980年。

⑤　《中国文物精华编委会》《中国文物精华》，图版44，文物出版社，1990年。《"文化大革命"期间出土文物》第一辑，人民出版社，1972年，第32页图版。

⑥　陕西省考古研究所、陕西省文物管理委员会、陕西省博物馆：《陕西出土商周青铜器一》，图版六一，文物出版社，1979年。张沛：《陕西旬阳县发现的巴蜀文化遗物》，《四川文物》1989年第3期。李伯谦：《城固铜器群与早期蜀文化》，《考古与文物》1983年第2期。卢连成、胡智生：《宝鸡茹家庄、竹园沟墓地有关问题的探讨》，《文物》1983年第2期。宝鸡市博物馆：《宝鸡竹园沟西周墓地发掘简报》，《文物》1983年第2期。

（三）兵器类

从前文中的分型及列表可以看出，AⅠ、AⅡ式戈属商代中期至晚期。这两式戈仅在广汉三星堆遗址两个大型商代祭祀坑中大量出土，其他地区迄目前止，还没有发现过。西周以后不见AⅠ、AⅡ式戈。CⅠ—CⅤ式戈、BⅠ—BⅡ式戈、DⅠ式戈、FⅠ式戈主要流行于商代晚期至西周。这些类型的戈在陕西汉中、城固①等地的商周窖藏和遗址中均有出土。这一时期，尤其是在商代，巴、蜀两地几乎没有矛被发现，至商代晚期至西周初期方有少量的Ⅰ式矛和AⅠ、AⅡ、B式钺出现。AⅠ、AⅡ、B式钺至春秋后消失，春秋晚期至战国初期，主要流行DⅡ、CⅤ、EⅠ、EⅡ、FⅠ式戈和Ⅰ—Ⅲ式矛，DⅠ、CⅡ式钺。CⅣ、DⅡ、DⅢ、EⅢ式戈出现于战国早期，同时，川西平原的蜀人开始使用大量的DⅠ式钺和AⅠ、BⅠ式剑。至战国中期，有CⅤ、BⅢ、DⅡ、Ⅲ、EⅣ、FⅢ、Ⅳ式戈，Ⅰ、Ⅳ式矛，AⅡ、BⅡ剑。新出现E型钺。战国晚期有BⅢ、CⅤ、DⅠ、DⅡ、DⅢ、DⅣ、EⅢ—Ⅴ、FⅢ—FⅥ式戈，Ⅰ、Ⅱ、Ⅴ—Ⅸ式矛，CⅠ—CⅤ、AⅠ—AⅢ、BⅠ—BⅢ式剑。钺的种类亦大大增加。在这一时期出现的钺有CⅢ、DⅠ—DⅢ、F、G、H型。到巴蜀文化的末期，秦汉之际的兵器主要流行DⅣ、FⅤ、Ⅵ、EⅤ式戈，Ⅰ、Ⅴ—Ⅷ式矛，BⅠ—BⅢ、AⅡ、AⅣ、CⅡ、CⅢ式剑，DⅠ、DⅢ、DⅣ、CⅢ、CⅣ、F、H型式钺。

在这些兵器中，不论是巴地还是蜀地，在春秋之前的遗址、窖藏或墓葬之中，青铜剑的发现量极少，仅在新繁水观音遗址中发现两柄小型青铜剑和在广汉三星堆遗址的一号祭祀坑中发现一件玉剑。剑的大量

---

① 陕西省考古研究所、陕西省文物管理委员会、陕西省博物馆：《陕西出土商周青铜器一》，图版六一，文物出版社，1979年。张沛：《陕西旬阳县发现的巴蜀文化遗物》，《四川文物》1989年第3期。李伯谦：《城固铜器群与早期蜀文化》，《考古与文物》1983年第2期。卢连成、胡智生：《宝鸡茹家庄、竹园沟墓地有关问题的探讨》，《文物》1983年第2期。宝鸡市博物馆：《宝鸡竹园沟西周墓地发掘简报》，《文物》1983年第2期。

巴蜀地区墓葬及窖藏出土器物统计表

地区	墓（坑）号	墓葬形制与葬具	陶器	青铜器 礼容器	青铜器 生活容器及工具	青铜器 兵器	青铜器 乐器	青铜器 巴蜀印	青铜器 汉字印	其他
巴县冬笋坝	M1	狭长坑	豆、罐		鍪、釜、甑、削	矛、钺		1		
	M2	船棺	豆、罐		鍪、釜、盘	钺		1	1	
	M3	船棺	豆、罐、钵		鍪、盘、削	戈、剑、钺				
	M4	船棺	豆、罐		鍪、釜、甑	匕、矛、剑、钺、镞				璜形铜饰
	M5	船棺	罐		鍪、釜、甑、盘					
	M6	狭长坑	豆		鍪、釜、甑、盘	矛、剑、钺		1	1	
	M7	船棺	豆、罐		鍪、釜、削	剑、钺				
	M8	船棺	豆、罐		鍪、釜、甑	剑、钺			1	
	M9	船棺	豆、罐		鍪、盘、甑、盘、斤	戈、矛、剑、钺				
	M10	船棺	罐		鍪、釜	钺				胄顶、小环、琉璃珠
	M11	船棺	豆、罐		鍪、釜、甑、盘、壶、斤、削	匕、矛、剑、钺				

续表

地区	墓(坑)号	墓葬形制与葬具	陶器	青铜器						其他
				礼容器	生活器器及工具	兵器	乐器	巴蜀印	汉字印	
	M12	船棺	豆、罐、盂、壶		鍪、甑					
	M14	船棺	豆、罐、盂		鍪、削	钺				
	M16	船棺	罐		鍪	钺		1		
	M18	船棺	豆、罐、盘		鍪、釜、甑、盘	剑				秦半两、铁削
	M31	狭长坑	豆			剑、钺				
	M32	狭长坑	豆、罐			钺		2		
	M33	?	豆、罐、壶		鍪、釜、甑、盘、削	匕、矛、剑、钺				小石斧、漆弓
	M34	狭长坑	豆		盘	矛、剑				带钩
	M35	船棺	豆、罐		鍪、釜、甑、盘、削					
	M36	长方形坑	豆、罐、壶、盘、钵		鍪	矛				剑首

续表

| 地区 | 墓(坑)号 | 墓葬形制与葬具 | 陶器 | 青铜器 | | | | | | 其他 |
				礼容器	生活容器及工具	兵器	乐器	巴蜀印	汉字印	
巴县冬笋坝	M37	长方形坑	豆、壶、罐、盘		鍪、削	矛、剑		1	1	半两钱、带钩、铁斧
	M39	长方形坑	豆、罐		鍪、削	矛、剑、钺				
	M41	船棺	豆、罐		鍪、釜、盘			1		璜形铜饰
	M42	船棺	豆、罐		鍪、釜、盘、削	钺				半两钱、带钩、弦纹镜、铁斧
	M43	船棺	豆、罐		鍪、盘	钺				铁削
	M46	长方形坑	豆、罐、钵			钺				铁凿
	M48	狭长坑	豆、罐			矛				铁削
	M49	船棺	豆、罐		鍪、釜、甑、盘、削	矛、剑、钺		1	3	半两钱、带钩、小铜环、铁削
	M50	船棺	豆、罐、钵、壶			戈、矛、剑、钺、镞		4	2	半两钱、璜形铜饰、带钩、玉剑饰

地区	墓（坑）号	墓葬形制与葬具	陶器	青铜器						其他
				礼容器	生活容器及工具	兵器	乐器	巴蜀印	汉字印	
	M51	船棺	豆、罐		釜、甑、盘	矛、剑、钺				半两钱、铁削、铁斧
	M52	狭长坑	豆、罐		鍪、盘、削	矛、剑、钺				半两钱、铁削、铁斧
	M53	狭长坑	豆、罐		鍪、削	矛、剑				半两钱
	M54	长方形坑	豆、罐、盂		鍪	钺				铁鍪
	M55	长方形坑	豆、罐、盂			矛、剑				铁削、铁斧
	M56	长方形坑	豆、罐、盂		鍪、削	戈、矛、剑、钺				铁削、铁斧
	M57	狭长坑	豆、罐、盂		鍪、削	钺				
	M58	狭长坑	豆、罐、盂		鍪、釜、削	矛、剑、钺				带钩、铁削
	M59	？	豆、罐、盂		鍪、釜、削	钺				半两钱

续表

地区	墓(坑)号	墓葬形制与葬具	陶器	青铜器						其他
				礼容器	生活容器及工具	兵器	乐器	巴蜀印	汉字印	
	M60	长方形坑	豆、罐		削	矛、剑			1	铁錾
	M61	长方形坑	豆、罐、盂							铁錾
	M65	长方形坑	豆、罐、盂		錾	矛、剑、钺				半两钱
	M68	狭长坑	豆、罐、盂		錾、削	钺				
	M73	长方形坑	豆、罐			矛、剑				铁錾、铁削
	M76	长方形坑	豆、罐、盂			剑、钺				铁錾、铁削
	M78	长方形坑	豆、罐、盂		釜、甑、削	矛、剑				半两钱
	M84	船棺	豆、罐		錾、甑、盘、削	剑、钺				铁器?
	M85	狭长坑	豆、罐		釜、甑、削	矛、剑、钺				半两钱、带钩、铁削
广元宝轮院	M1	船棺	罐、盂、盆、釜		釜、削	剑、钺				

地区	墓（坑）号	墓葬形制与葬具	陶器	青铜器						其他
				礼容器	生活容器及工具	兵器	乐器	巴蜀印	汉字印	
	M2	狭长坑	罐、盂							半两钱、带钩
	M3	船棺	豆、罐、盘		釜、盘	矛、剑				
	M4	狭长坑	豆、罐		鍪					
	M5	船棺	豆、罐、壶		釜					
	M6	船棺	罐		釜削			1		半两钱
	M7	狭长坑	豆、罐、盆		铁器					铁器
	M8	船棺	豆、罐、盘		釜、甑					
	M9	狭长坑	豆、罐、盆		釜					
	M10	狭长坑	豆、罐、盂		釜、甑	戈、矛、剑				半两钱
	M11	船棺	罐、盂、盘		削	钺				半两钱、汉式剑

续表

地区	墓(坑)号	墓葬形制与葬具	陶器	青铜器						其他
				礼容器	生活容器及工具	兵器	乐器	巴蜀印	汉字印	
	M12	船棺	罐、盂、盆			钺				半两钱、木梳
	M13	狭长坑有木椁	罐、盆、壶		鍪、釜、甑、盘、削	戈、矛、剑、钺				半两钱、木弓
	M14	船棺	豆、罐、盂、盆		鍪、釜、削	矛、剑、钺				半两钱、璜形饰带钩、剑鞘、漆盘、木梳、铁钺
	M15	船棺	罐、盆、壶		鍪	剑、钺				半两钱、剑鞘
涪陵小田溪	M1	长方形坑		Ⅷ罍	釜、甑、豆、盆、盒、斤、凿	戈、矛、剑、钺	编钟、钲			勺
	M2	长方形坑有棺	釜		鍪、釜、甑、壶、斤	剑、镦、镳	编钟、钲、錞于			玉环、琉璃管、龙纹方形镜
	M3	长方形竖穴有棺、椁			鍪、釜、甑、壶、盆、盒、斤	戈、矛、剑、钺、镦、弩机				勺

续表

地区	墓(坑)号	墓葬形制与葬具	陶器	青铜器						其他
				礼容器	生活容器及工具	兵器	乐器	巴蜀印	汉字印	
	M4	长方形竖穴，有棺	釜		鍪、釜、甑、罐、盆、壶、削	钺		1	1	玉龙佩、琉璃珠
	M5	长方形竖穴，有棺、椁	釜		鍪、釜、甑、盆、壶、削	钺		1	1	
	M6	方形圆角土坑	釜		盆					
	M7	狭长形圆形土坑	豆、釜、壶		刀					玉璜
湖南溆浦县大江口镇	?						编钟、钲、錞于			
湖南慈利县蒋家坪	?						錞于			
湖南石门县公市公社	?						錞于			
湖南常德	M26					戈				

续表

地区	墓(坑)号	墓葬形制与葬具	陶器	青铜器						其他
				礼容器	生活容器及工具	兵器	乐器	巴蜀印	汉字印	
湖南常德	?					钺				头像、人面具、动物、植物等
广汉三星堆	K1		罐、盏	尊、罍、彝		戈				头像、人面具、动物、植物等
广汉三星堆	K2			尊、罍、彝		戈				
新繁水观音	M1	土坑	罐		斧、削	戈、矛、钺				
新繁水观音	M2	?	罐、瓮			戈、矛、钺、镞				
新繁水观音	M4	?	罐、器盖		削					
新繁水观音	M5		罐			剑		4		
芦山县清仁乡仁家坝		?				剑		4		
成都天回山		狭长方形有棺样	罐、豆、壶	鼎盖	斧	戈、剑				带钩
成都南郊		?	罐		刀、斧、凿	戈				

续表

| 地区 | 墓(坑)号 | 墓葬形制与葬具 | 陶器 | 青铜器 | | | | | | 其他 |
				礼容器	生活容器及工具	兵器	乐器	巴蜀印	汉字印	
彭县竹瓦街	J1			尊、罍、觯	鍪	戈、矛、钺				
彭县竹瓦街	J2			罍		戈、钺鏚				
犍为县金进乡二生产队		长方形土坑墓	罐、釜			戈、矛、剑、钺				
新都马家公社二大队		长方形土坑有独木棺椁		罍、鼎、缶、敦、豆	鍪、釜、壶、鉴、锯、盘、斤、凿、削、刀	戈、矛、剑、钺		2		带钩、勺、匕等
蒲江县东北公社	M1	狭长形土坑独木棺	罐、豆、盖		凿	钺				
蒲江县东北公社	M2	狭长形土坑独木棺	罐、豆、盖		削			1		
大邑县五龙	M1	土坑、木椁	壶、盒		斤	矛、剑、钺				
大邑县五权	M2	土坑、木椁			鍪、甑、斤	戈、矛、剑、钺、鐏				带钩、玉璧、鋬
大邑县五权	M3	狭长土坑			鍪、甑、斤	矛、剑、钺、镞				带钩、鋬、碳精

续表

地区	墓(坑)号	墓葬形制与葬具	陶器	青铜器						其他
				礼容器	生活容器及工具	兵器	乐器	巴蜀印	汉字印	
大邑县五龙		船棺，一坑三棺	鼎、钵、盖、盉、釜		刻刀	矛				石印章
成都市圣灯乡	M1	狭长形土坑竖穴				戈、矛、剑、鐓、钺、镰				胃项、带钩、铁斧
成都市圣灯乡	M2	狭长形土坑竖穴	罐、豆、釜			戈				
成都市南一环路		？								
成都白果林小区	M4	船棺		鼎	盘、盆、壶、凿、斤、削	戈、矛、钺				勺
成都青羊宫		长方形竖穴土坑，有棺、椁			鏊、壶、盒、匜、敦、削	戈、矛、剑、钺				
大邑五龙	M18	长方形竖穴土坑，有残木板	罐、豆、壶、釜、盆		鏊、盘	剑		1	1	半两钱、桥形饰、铁斧、铁镰

地区	墓(坑)号	墓葬形制与葬具	陶器	青铜器						其他
				礼容器	生活容器及工具	兵器	乐器	巴蜀印	汉字印	
大邑五龙	M19	长方形土坑	罐、豆、釜、盆、器盖		釜、甑、盘	戈、矛、剑、镞、弩机				半两钱、带钩、铃、铁削、铁剑
荥经同心村	M5	长方形土坑	罐、豆、盘			剑、镞				铜铃
荥经同心村	M1	长方形土坑			斤	戈、矛、剑				
荥经同心村	M2	长方形土坑			釜、凿锛	剑				铜泡、扣饰、铃、桥形饰
荥经同心村	M3	长方形土坑			凿	矛、钺				
绵竹青道乡三大队	M1	船棺		罍、鼎	釜、甑、壶、盒、勺、匕、斤	戈、矛、剑、钺				雕刀、凿、削、锯片、剑鞘
成都三洞桥青羊小区	M1	长方形土坑竖穴		罍、鼎	勺	剑				

四川省文物考古研究院名家学术文集

续表

地 区	墓（坑）号	墓葬形制与葬具	陶 器	青铜器						其 他
				礼容器	生活容器及工具	兵 器	乐 器	巴蜀印	汉字印	
成都三洞桥青羊小区	M2	长方形土坑竖穴		鼎盖		带鞘双剑				
成都三洞桥表羊小区	M3	土坑竖穴有木板	罐、豆、釜		削	戈、剑、钺				
成都三洞桥青羊小区	M4	土坑竖穴	罐、尖底盏		削	戈、矛、钺				

发现是在战国时期的墓葬之中。钺主要流行于川东战国晚期和秦汉之际的墓葬之中，尤其是F、H、G型钺，不论在川西蜀人之地还是川东巴人之活动区域，都大量流行，且在陕西[①]、湖南[②]等地都有发现。

三、巴蜀文化初辨

通过上述对青铜器的分类、大致的分期及墓葬中随葬器物的组合统计，可以找出巴文化与蜀文化的一些差异。这些差异也就是巴蜀青铜文化的不同特点，这对我们更好地深入研究巴、蜀两个族别、两个方国的历史、文化、经济的发展是有所帮助的。

首先从墓葬的统计表中可以看出，在川西平原蜀人的主要活动区域内不论是窖藏、墓葬还是遗址中，凡时代在春秋以前的，迄今目前止，均无剑发现。其他兵器中则以A、B、C型戈，Ⅱ式矛，AⅠ、AⅡ、B、E型钺为主。春秋以后，中原型式的有胡戈逐渐与蜀戈相融合；唯一差别，即蜀戈身及内上多铸有纹饰符号和动物图案，戈上的穿且多"桃形"穿。巴文化在春秋以前则无戈发现，但战国时期的戈则在涪陵小田溪、巴县冬笋坝以及其他的有关巴人的船棺葬中都有发现，而这些戈大多属E、D、F型戈，F型戈的柄端一般有钩刺，戈的本部多装饰一个很大的虎头。

剑，以巴人活动的区域川东出土最多，在蜀人的主要活动区域中

---

① 陕西省考古研究所、陕西省文物管理委员会、陕西省博物馆：《陕西出土商周青铜器一》，图版六一，文物出版社，1979年。张沛：《陕西旬阳县发现的巴蜀文化遗物》，《四川文物》1989年第3期。李伯谦：《城固铜器群与早期蜀文化》，《考古与文物》1983年第2期。卢连成、胡智生：《宝鸡茹家庄、竹园沟墓地有关问题的探讨》，《文物》1983年第2期。宝鸡市博物馆：《宝鸡竹园沟西周墓地发掘简报》，《文物》1983年第2期。

② 熊传新：《湖南发现的古代巴人遗物》，《文物资料丛刊》第7辑，文物出版社，1983年；《我国古代錞于概论》，《中国考古学会第二次年会论文集》，文物出版社，1982年。张欣如：《溆浦大江口镇战国巴人墓》，《湖南考古辑刊》1982年第1辑。高至喜：《"楚公豪"戈》，《文物》1959年第12期。

也不少，但主要出于船棺葬、木板墓等，长方形土坑墓中发现较前两种葬式少。笔者将两地出土的剑进行比较，看得出巴地区域和各地船棺葬中出土的青铜剑上多铸有"虎斑纹"，其体长、大、厚重，剑体一般呈三角形，双刃较直，柄部明显，上多铸有虎纹，这些剑基本上都属A型。蜀地出土的剑，尤其是土坑墓中出土的剑，一般身柄无明显区别，无肩、形体且小，柄侧多有半圆穿，剑身无虎斑纹，而多手心纹和花蒂纹等。蜀剑双刃因剑体呈柳叶形，故双刃较弧。可见原来将巴蜀青铜剑统为"柳叶形"剑是不确切的，只有蜀地土坑墓中出土的C型剑其体才呈"柳叶形"。

在巴蜀青铜文化的礼容器中，两周以前以Ⅰ—ⅡⅤ式尊和Ⅰ—Ⅶ为主，其次是方彝、觯、瓠等，壶类极少，更无鼎发现。鼎在春秋以后的战国墓中方有少量的发现，在巴人主要活动的领域内迄今未发现尊、罍等青铜礼容器。在这一阶段，川西平原也没有船棺葬或木板墓发现，而是大量的土坑墓，其随葬品的陶器组合是"罐、豆、盏"或"罐、豆、壶"。

战国之际，在蜀人的主要活动范围的川西地区发现大量的墓葬，其形式有土坑墓、棺椁墓、船棺墓和木板墓。而这些墓葬中大量渗透了巴、楚、秦文化的因素，尤其是巴人之物，如不论是土坑墓、木板墓、船棺葬等均出大量的A型剑和D型钺。我们在上述内容中谈到，在蜀人的主要区域成都平原的遗址，墓葬或窖藏所出兵器主要是戈，而无剑。从墓葬统计表中的巴县冬笋坝船棺葬和昭化宝轮院船棺葬中，可以看出凡出兵器的墓葬都随葬A型剑和A、D、B、F、H、G型钺等，但绝大部分无戈。相反，在成都平原所出的墓葬中则大部分有戈而无剑。由此看出，戈是蜀人的主要兵器，剑、钺是巴人的常用武器。

在巴人的主要活动区域涪陵一带的船棺葬和湖北、湖南出土的巴人墓中的随葬器物中，除了典型的剑、钺外，还出有錞于、编钟、钲等乐器①。这一特点在成都平原的战国土坑墓中是不见的，就成都地区出土的船棺葬中也是很少见的，仅见于新都马家乡一号木椁墓中发现有五件编钟②。

生活容器方面，巴人的随葬器物常以"铜、鍪、釜、甑、盘"或"鍪、釜、甑"或"鍪、釜、盘"为主要的器形组合。基本器形是"鍪、釜"。工具则有削，可以说每个船棺葬中，不论随葬器物的多少，都有铜削或铁削。相反，在川西蜀人的土坑墓中，铜削发现很少。生活容器方面则不像川东巴人墓中出土的随葬品那样较为成套的出现。且多两件一组，一般为"鍪、甑""鍪、壶"或"鍪、盘"。川西出土三种以上的器物组合如"盘、盆、壶""釜、甑、盘"等，多出于船棺葬，因此可以说这也是巴人之墓。同时说明了在战国之际的蜀国已名存实亡，完全被巴人统治和"同化"了。

原载《成都文物》1994年第1、2期

---

① 涪陵县文化馆：《四川省涪陵县白涛区小田溪发现春秋战国时期巴人墓葬》，《文物》1973年第1期。

② 四川省博物馆、新津县文物管理所：《四川新都战国木椁墓》，《文物》1981年第6期。平文：《西周铜罍》，《成都文物》1986年第3期。成都市文物管理处：《成都三洞桥青羊小区战国墓》，《文物》1989年第5期。

略说巴蜀墓葬的随葬品组合和纹饰符号的异同

巴蜀文化是我国光辉灿烂的古代文化的重要组成部分，有必要对它进行全面深入的研究。可是，自20世纪30年代以来，特别是中华人民共和国成立后，对它的研究虽然是取得了重大的可喜成就，但由于出土文物资料缺乏，至今有些问题尚不够清楚，这对其研究工作有一定的影响，如关于巴文化与蜀文化的具体异同问题就很难做出令人满意的确切说明。因此本文拟主要选择部分战国以来的巴、蜀典型墓葬的出土文物，就其随葬品的组合与纹饰符号进行初步的分类排比，从而找出两者间的异同规律来，以期有助于巴蜀文化的研究工作。下面即就印文、纹饰符号、墓葬随葬品的基本组合三个方面来看巴文化和蜀文化的异同。但由于水平有限，谬误一定不少，尚希专家和同志们能予以指正。

一、印纹

巴印的组合一般为一至四种图案组成。其主要图案由"植物"类"花蕾""三角形""圆点""文字"等符号组成，这些印的时代略当战国晚期。蜀印的组合不限于这几种内容，其组合多由四至七种单体图案拼成，内容主要有"火"、"王"、棱形纹、"花蒂"、动物、"三星"等图案和文字。其中有"三星"的印，时代一般在战国中早期，从而可见蜀印较巴印的组合内容多而繁，较为突出的特点是蜀印的图案组合当中通常都有"竖心"纹在印面的边上。巴地所出印纹虽有与蜀印纹相同之处，但一般不见"竖心""三星""花蒂"之类的印纹。蜀印的动物飞禽图案主要有狗、虎、鸟、蜂。巴地所出印纹的动物图案较少，一般为虎和鸟两种，而鸟的造型则不如蜀鸟复杂。巴印有鸟纹者则无其他纹饰图案相配，蜀印之鸟纹多加有其他动物图案和"火""王"等图语。巴印在人物方面影印纹中的头形只有单一的头，未配有其他纹样。整体人形纹则由动、植物相合而成。巴印头纹和蜀印头纹均为简化之头形，而不同点是：蜀印头纹为形，无眼、鼻、嘴，只有两大耳；巴印头纹无五官，头上有两高髻。另外蜀印中还有以矛、人等图案组成的印纹。

二、纹饰符号

巴、蜀的青铜乐器、兵器、生活用具等上面常有铸造或雕刻的精美纹饰。它的内容较为丰富[①]，综合起来基本上可以概括为动物、植物、人像三大类。动物有牛、虎、龙、蛇、羊、象、龟、鸟、鱼、虫、蜂等。植物有树、草、花、笋（竹）形等。人物主要有头、"异人"、"人面蛇身"、手等整体和局部。

（1）动物类：蜀地所发现的剑、矛、戈、钺、斧、斤、钩、盂、壶等兵器和生活用器、乐器上常饰有牛、羊、龙、虎、龟、虫、鱼等。

① 刘瑛：《巴蜀铜器纹饰目录》，《巴蜀兵器及其纹饰符号》，《文物资料丛刊》1983年第7期。四川省博物馆、重庆市博物馆、涪陵县文化馆：《四川涪陵地区小田溪战国土坑墓清理简报》，《文物》1974年第5期。陆德良：《四川芦山县发现战国铜剑及印章》，《考古》1959年第8期。沈仲常、王家祐：《记四川巴县冬笋坝出土的古印及古货币》，《考古通讯》1955年第6期。四川省博物馆、新都县文物管理所：《新都战国木椁墓》，《文物》1981年第6期。

巴地出土的动物种类较蜀地少而线条简单，主要有虎、鱼、龙、虫、象等。现分别作比较如下：

虎：蜀兵器上的虎纹，嘴大张而露锋齿，背有"剑齿"，尾平后伸略上卷或下拽其尾。同时有些虎身周围饰有□（下文简称"八"字纹）纹、"竖心"、梭形、"三星"、植物或配以纹及人、"花蒂"等。巴地兵器上的虎纹，身多无纹饰，有些形状似狗，尾多上翘，尾后一般饰有"波浪纹"。虎嘴张而不见齿。虎身周围多饰有其他图案，但多数无"八"字纹。

龙：巴地的多长身背，身直，足不见爪，足呈卷典状。身饰以云雷纹或"C"纹。龙尾后饰"工"字形纹和"波浪"纹。蜀龙回首大张嘴、睁圆眼。龙背上与虎纹一样有"剑齿"，龙足略呈鸭足蹼状，龙尾后多无其他纹饰相配。

蚕或为虫：蜀地皆以圆圈点缀其身或周围，其须几乎都系于一"树丫"上，多为两个对称，其下多以"人"字形纹相配，这是它们的主要特征。巴地的虽也用圆圈纹点缀其身，但多以单个出现而不对称或无"树丫"，虫的头尾均有一须，但蜀虫区别多是头须而无尾须。蜀虫的种类亦较巴虫多。迄目前止，巴虫只发现上述一种。蜀虫除上述外，还有似"蜘蛛"蜂、大头"蚕"等类似的纹样。

鱼：蜀地所出较巴地少，图案也简单。如绵阳所发现的斧上所刻鱼纹无翅，很简单，鱼身用圆圈纹作为鱼鳞。巴地器物上所刻的鱼各部清晰，头、尾、翅、脊等轮廓明显，实比蜀鱼繁缛而形象。

其他动物：蜀地的兵容器上还多饰牛、鸟蝉纹以及植物花草、"文字"类符号，多枝叶加"八"字纹。花类一般仅见于蜀地；巴地极少或不见。蜀地最常见的是有四瓣花叶、一花蕊的花，这种花在蜀地的铜乐器和兵器上均有，花上边通常还加"三星"，就现有资料来说，这是巴地不见的。在刻画"文字"符号方面，双方还有许多差异，最显著的特点是蜀地纹饰符号中一般都有"八"字形纹。手心纹①：巴、蜀两地的手心纹一般都由手、花蕾等组成，多者由六种不同纹饰符号组成。巴地手心纹多以手、花蕾两种组成。蜀地手心纹多由手、花蕾、波浪纹等不同的文字和符号组成。其组合远比巴地要复杂而丰富，如有"王"等"文字"与手组合的手心纹在巴地是少见或极少见的。

（2）人物像：巴地出土的兵器上的人像较简单。其形为头上有两高髻（或丫髻）侧双耳，面部非常简化，用点或"1"便代替了眼、鼻、嘴；其躯干更为简化。躯干以下往往饰以"手心纹""波浪纹""竹笋"等纹饰，有的下部无纹饰，有些人像还作"人首鸟身"状。蜀地人像，通常不是单一的人像，而是多伴有虎、手、虫等图案。其头有的三头相连而无身；有头无五官而悬一物上。这种头形与巴地类似，但中间无"小"形作躯干。这种现象可能是巴、蜀相互影响的结果。蜀地人像还有的作"人首蛇身"，头上有椎髻，身卷曲，有目无嘴、鼻或踞地等形象，有的则是饰以带状物和身佩利剑的武士，等等②。

三、巴蜀墓葬随葬品的基本组合

根据已发表的考古材料，可以将巴、蜀两地域内发现的秦以前墓葬中的随葬品组合进行比较和区分。巴地主要以巴县冬笋坝战国墓③为例，蜀地由于资料零散，故以较集中的成都平原出土的墓葬为例。

蜀墓随葬品在西周—春秋这一阶段陶器主要以罐、钵、瓮为基本

① 手心纹的"心"，徐中舒《巴蜀文化初论》定为"蓓蕾"，邓廷良《巴人的图腾——兼论图腾的并居》一文认为是"虫（蛇）"。参见《四川史学通讯》1983年第2期。本文从徐说。
② 李复华：《四川郫县红光公社出土的战国铜器》，《文物》1976年第10期。
③ 前西南博物院、四川省文物管理委员会：《四川巴县冬笋坝战国和汉墓清理简报》，《考古通讯》1958年第1期。

的组合。战国早中期则以罐、壶、釜或罐、壶、豆为主①。铜兵器在春秋、战国之前以戈、矛、钺为主而不见剑。战国早期墓中出现剑，中晚期遂多，但仍以戈为主。基本上是有兵器的墓必有戈。铜生活用器中常见的是鼎。

巴墓，迄目前为止未见战国以前之实物。所发现者皆为战国以来的墓葬。其随葬品组合特点是：陶器一般为罐、豆或罐、豆、盉（釜）。铜兵器以剑、矛为主。凡有兵器的墓必有剑。在铜质生活用器方面则与蜀相反，鼎在巴地几乎不见，罐、鉴、釜则屡见不鲜（详见附表）。

从以上巴、蜀纹饰、符号及墓葬随葬品组合的比较，我们可以看出，不论是纹饰图案的组合还是物类，蜀地均较巴地繁复且精，这似应是证明蜀人文化较高于巴人文化，也许是表现两者在文化上固有的差异。至于二者在一些器物上的纹饰又有许多共同之处，却又表明，这是巴人文化与蜀人文化在长期交流中不断相互影响和融合的结果。巴、蜀的人们为开发我国西南地区以及缔造祖国悠久的民族文化并肩劳动，共同做出了重大贡献。

原载《四川史学通讯》1984年第2期

---

① 四川省博物馆:《百花潭中学十号墓发掘记》,《文物》1976年第3期。赖有德:《成都南郊出土的铜器》,《考古》1959年第8期。四川省文物管理委员会:《成都羊子山第172号墓发掘报告》,《考古学报》1956年第4期。《成都天回山发现三座土坑墓》,《考古》1959年第8期。西南博物院:《四川昭化县宝轮院发现秦代以前墓葬群遗址》,《文物参考资料》1954年第8期。四川省文物管理委员会:《成都战国土坑墓发掘简报》,《文物》1982年第1期。

附表

地点	墓号	时代	墓葬形制	陶器组合	铜兵器组合	铜容器
新繁水观音	4	商末周初		钵2、盖1		
新繁水观音	1	周或春秋	用三种不同环底罐作墓边	罐44	戈、矛、钺、斧	
新繁水观音	2	周或春秋	用陶器做墓圹之边	罐23、瓮1	戈3、钺1	
成都百花潭中学	10	战国早期	下长方形竖穴墓	盏1	戈11、矛6、剑1	鼎1、甑1、壶1、鍪2
新都马家公社		战国早期	长方形土坑木椁墓	罐1、豆1、釜1	戈30、矛5、钺10、剑5	鼎5、豆2鍪5、壶10、盘2、甑2、罍5、瓿2、匜2、豆形器5
成都南郊		战国中期	可能为土坑墓	罐1、盏3	戈3、斧2	
成都电机校		战国中期	下长方形土坑墓	盏4	戈8、矛4、钺1、斧1剑1	
成都天回山		战国晚期	狭长方形土坑墓	罐9、豆1、壶1	戈1、斧1、剑1	鼎1 Fu
成都羊子山	172	战国晚期	狭长方形土坑墓	罐15、壶1、釜1	戈1、矛1、弩机1、剑1、箭镞1	鼎1、盘1、匜1、纺1、釜1、罍1、盉1、瓿1
涪陵小田溪	1	战国晚期	狭长方形土坑墓		剑8、矛3、钺4、戈5、弩机2	釜甑1、釜3、勺2、豆4、罍3、盆1、盒1
涪陵小田溪	2	战国晚期	狭长方形土坑墓	釜3	剑1	釜甑1、釜1、鍪1、壶2、勺1、镦1、豆1、鐎1

续表

地点	墓号	时代	墓葬形制	陶器组合	铜兵器组合	铜容器
涪陵小田溪	3	战国晚期	狭长方形土坑墓	釜3	剑1、矛1、钺1、戈1、戟1	釜甑1、釜1、盆1、鍪1、盒1、勺1、镦1
巴县冬笋坝	41	战国晚期	狭长方形土坑墓	罐5、豆6		罐1、鉴1、鍪1、釜1
巴县冬笋坝	42	战国晚期	狭长方形土坑墓	罐6、豆5	剑1、斧1	罐1、鉴1、鍪1、釜1
巴县冬笋坝	43	战国晚期	狭长方形土坑墓	罐4、豆5	剑1	釜1、罐1
巴县冬笋坝	49	战国晚期	狭长方形土坑墓	罐5、豆5	剑2、矛2、斧2	罐1、鉴1、釜1
巴县冬笋坝	50	战国晚期	狭长方形土坑墓	罐1、钵1、豆5、四耳罐1	剑2、矛2、戈2、锸2、斧2	罐1、鉴1、釜1、瓿1、镦1
巴县冬笋坝	53	战国晚期	狭长方形土坑墓	罐2、豆5、盂1	剑1、矛1	罐1
巴县冬笋坝	54	战国晚期	狭长方形土坑墓	罐3、豆2、盂4	斧1	
巴县冬笋坝	56	战国晚期	狭长方形土坑墓	罐2、豆2、盂2	剑1、矛1、戈1斧1	罐1、鍪1
巴县冬笋坝	57	战国晚期	狭长方形土坑墓	罐5、豆4、盂2	斧1	罐1
巴县冬笋坝	58	战国晚期	狭长方形土坑墓	罐4、豆7、盂2	剑1、矛1、斧1	罐1
巴县冬笋坝	59	战国晚期	狭长方形土坑墓	罐2、豆2、盂2	斧1	罐1
巴县冬笋坝	61	战国晚期	狭长方形土坑墓	罐1、豆4、盂1		罐1

关于罗家坝遗址M33的年代及
相关问题的探讨

　　四川省宣汉县罗家坝遗址的发现是近年（1999—2003年）巴文化考古的一项重大的考古发现，其间发现墓葬52座（含19座1999年发掘）、灰坑81个，出土文物有铜器、铁器、陶器、骨器、玉石器等随葬品1000（含1999年出土文物）余件。它的发现对于研究巴人的文化、经济、军事、政治都有着极其重要的价值，特别是M33的发现，给人们提出了许多值得注意和思考的问题，如巴人在商周时期的主要活动中心在什么地方？死者是为谁而战？因为在墓葬里的死者遗骸上发现了多个箭头，战争发生的地点又在何处？同时我们还通过墓葬里出土的随葬品中的鼎、敦、盒、壶、簋、尊缶（缶）、豆的组合，可以看出巴人在商周之际已与楚人有着密切的关系，同时也与中原的商周王朝保持着密切的联系，葬于墓葬中的鼎、簋（墓中的随葬品中的铜箫在四川尚属首次发现）就说明了这一点，而这些联系是通过汉江流域来到巴地还是通过其他方式进入该地区，这也是值得探讨的问题。由于宣汉县罗家坝遗址的发掘出土资料还在整理之中，因此这许许多多的问题都待发掘资料的整理发表后，人们才能通过这些资料所反映的情况来深入研究探讨它的许多问题。本文通过现知的一些资料试图对该遗址M33的相对年代和墓主的相对身份和地位作一分析研究，以期抛砖引玉。

一、关于33号墓的年代问题

关于罗家坝遗址33号墓的年代问题，在目前没有进行其他自然科学手段测试的前提下，我们只能通过墓葬里面出土文物进行分析。在罗家坝33号墓葬中出土的主要文物，特别是能够断代的器物主要是青铜甗、簠、豆、罍、敦等礼容器。首先我们来看青铜甗，甗是蒸饭器，全器分为上下两部分，上体用以盛米，称为甑，下为鬲，用以煮水。青铜甗在商代早期已有铸造，但为数很少。到商代晚期至西周早期开始多起来，特别是西周末期到春秋初，甗是绝大多数殉葬铜礼器的墓中必有之器，它在中原及各地区的墓中常和鼎、簠、豆、壶、盘、匜（或盉）组成一套随葬礼器。在罗家坝33号墓中出土的随葬礼器组合是鼎、甗、豆、罍、簠、壶、匜。可见其基本组合是与中原和楚等地的基本组合一致。由此而来，我们大体可以说这组随葬器物是符合春秋战国时期以来的基本组合情况的。另一方面，我们还可以从组合中的器物来看，33号墓中发现了中原及各地区常见的鼎、簠等器形。这是在古代巴蜀墓中少见或是不见的，特别是簠，到目前为止，在四川的战国以前的古墓葬中还从没有发现过随葬簠这种中原常见礼器的。目前我们所知在四川广汉三星堆的两个商代的祭祀坑和新都一号大墓[①]，是出土青铜器最多的两个遗迹单位，虽然也出了许多与中原及各个地区相似的青铜器，但即使是人们把新都一号大墓和三星堆两个祭祀坑视为古代的一代蜀王所为，也从未发现过簠。簠出现于西周早期后段，但主要盛行于西周末春秋初，战国以后消失。由此可见该墓的年代不会晚于战国时期。同时我们再来看墓中出土的甗，在西周末至春秋早期的甗，其甑、鬲上下两部

---

① 四川省博物馆、新都县文物管理所：《四川新都战国木椁墓》，《文物》1981年第6期，第1—12页。

分通常是连体的，到春秋早期以来，生活中的实用甗，不论是圆体的还是方体的，几乎全是分体式。33号墓中出土的甗无疑是分体式的。33号墓出土甗的鬲部较矮，三足呈"马蹄形"。敦，是33号墓中出土的又一中原常流行的礼器。它盛行于春秋晚期到战国晚期，秦代以后消失。罗家坝33号墓中出土的敦，盖与器的造型完全相同，各有三足两环耳。上下内外皆圆，相合成为一个圆球，使用时分别成为两个半球器皿，俗称"西瓜鼎"。此式是敦的标准式，最为流行，体现的是春秋晚期的特点。豆，豆是古代专备盛放腌菜、肉酱等和味品的器皿。青铜豆出现在商代晚期，盛行于春秋战国。33号墓中出土的豆有两类，一为带盖式，盖上有底平的圆纽，上下两个器皿扣合在一起约呈球形，分开后两个器皿同样可以盛食物，这是较为典型的战国早期之器。另一种是长柄浅盘豆，而这种又是战国晚期常见的豆。

尊瓿（缶），是一种盛酒器，常见于春秋中期和战国时期。这些器物一般出土于较大的墓葬之中，33号墓出土的尊瓿形状为：带盖，短颈，宽肩，斜腹，整个器形显得矮胖，肩两侧各有一个兽头大耳，肩和器盖上都饰有一周圆涡纹，这种造型也与长沙楚墓三期五段出土的尊瓿是一致的。

在罗家坝遗址的墓葬中包括33号大墓中发现了不少的中原器形（礼器）和楚式的器物组合，但是在这些墓葬中都没有发现本土的礼容器和重要的一些器形。如在巴蜀墓葬中特别是一些重要的大墓中常见的錞于和乐器，如编钟、钲、铙之类的。而在兵器方面则完全相反，出土的兵器几乎全是巴蜀典型的兵器，而无中原式剑或楚式剑之类的兵器。根据以往的发掘资料发现，在巴人墓中若有錞于出土，该墓的时代一般都在战国晚期到西汉初期。

我们现在可以通过M33的出土文物的组合情况来看其大致的年代。我们在前面叙述的单件器物上也了解到M33的器形有早有晚，早的可到春秋早期，晚的可到战国晚期，但从另一方面我们也知道M33的出土文物的组合主要是受到楚文化的极大影响，所以在这里我们也主要按楚文化的一些资料作为参照。通过其对比，也可窥见其大致的年代。

在数十年的考古工作中，出土的楚墓已有数千座之多，因此它给人们研究楚文化的各个方面因素都提供了丰富的实物资料，同时也为研究楚墓中的随葬器物的组合和断代都提供了极其重要的依据。研究人员认为："凡是出土鼎、敦（椭圆形、球形）、壶（或加豆）的属于战国早期至战国中期前段的墓葬，出土鼎、敦（平顶合碗形）、壶（或加钫、盘、匜、勺）的属于战国中期后段的墓葬""或出鼎、敦、壶、盘、匜、勺，鼎、盒、壶、盘、匜、勺"都属战国晚期[1]，依据研究楚墓随葬品组合分期的结果和墓葬33号出土文物的组合情况及墓葬中出现大量的巴蜀图语，我们可以将宣汉罗家坝遗址M33的时代定在战国的中晚期。

二、关于罗家坝遗址M33墓主身份研究及相关问题的探讨

1. 关于M33墓主身份的问题

有报道认为其是巴的王、侯一级，他到底是王还是侯？还是一般人？现在我们就从M33的葬具和墓里的随葬品来分析。根据M33出土现场及放置器物成一长条形，长约9米，宽约0.73米，中间相隔1米左右有隔板的情况来看，此墓的葬具可能是一具船棺（图一）。从目前四川

图一　罗家坝M33

① 湖南省博物馆、湖南省文物考古研究所、长沙市博物馆、长沙市文物考古研究所：《长沙楚墓》（上），文物出版社，2000年，第五章《分期与年代》，第436—485页；第六章《若干问题的讨论》，第486—558页。

境内来讲，这具船棺虽然不是最大的，但这是船棺中出土文物最丰富，特别是青铜器最多的一具，出土青铜器一百多件。

另一方面，在这具船棺里出土的文物可以说大多属于礼器和仪仗之类的青铜器，如鼎、簠、豆、甗、敦、壶、匜、盒、尊瓿等几乎都属于礼器。如簠，是为祭祀和宴飨时盛放黍、稻、粱等饭食的器具。《周礼·舍人》："凡祭祀共簠簋。"郑玄注："方曰簠，盛黍、稷、稻、粱器。"又如豆，也是礼器的一种，常以偶数组合使用，但是也有用奇数组合的，有关用豆之数，《周礼·掌客》载："凡诸侯之礼，上公豆四十，侯伯豆有三十有二……"而大量的青铜戈、剑、矛、钺等兵器则是墓主用于显示自己身份或威仪的。从上面的情况来看，显然，M33的墓主不是一般的人，但他也并非是一代巴王。虽然墓葬不是一代巴王的墓，但它目前却是巴地发现的最大规模的战国墓，其墓主一定属于巴氏王族的高级贵族。

2. 关于 M33 的族属问题

宣汉县罗家坝遗址地处今川东北部的渠江流域，这里曾是古代巴国的势力范围，并居住着许多不同的民族，其中主要的民族有七个，《华阳国志·巴志》载："其属有濮、賨、苴、共、奴、獽、夷、蜑之蛮。"在上述的民族中，有哪一支属于居住在罗家坝遗址这个大区域的呢？

濮，春秋时期主要活动于江汉流域，秦汉以后分布于西南各省。苴，属巴人的一支，但主要活动在巴郡之北至广元一带，广元宝轮院船棺葬或即苴人的墓葬。共、奴、獽族现已无从考证，夷蜑主要活动在今川东北、重庆和鄂西及湖南、黔东等地。蛮，又称"板楯蛮"，属巴人的一支，《舆地纪胜》卷一六二引《晋中兴书》："賨者；廪君之苗裔也……"他们在先秦时期的主要活动区域在今嘉陵江和渠江流域。通过 M33 出土文物及发现的一些葬具痕迹，可以看出巴人所用的葬具很可能是船棺，这可能与史书记载中的"巴郡南郡蛮本有五姓：巴氏、樊氏、曋、相氏、郑氏……巴氏子务相……因共立之，是为廪君，乃乘土船"有关。

也就是说罗家坝遗址的居民可能是"廪君蛮"。他们生活在水边，交通、捕鱼等生活劳动大部分都在水里，也就是说与船有着密不可分的联系。所以他们死后用船棺作为葬具是理所当然的。

3. 关于 M33 与新都大墓的关系

在罗家坝遗址墓葬中最能让人将之与新都大墓相联系的是出土的一枚印章，这枚印章的印纹有许多方面都与新都大墓中出土的印文相似。除此而外，墓里出土的随葬品组合也有许多相似。如新都大墓中出土文物的组合是鼎、敦、甗、盘、壶、罍、匜、豆、勺、缶等，罗家坝 M33 出土文物的随葬品组合也多是鼎、敦、甗、壶、豆、匜等，二者极其相似。不同的是，新都大墓的随葬品都是五件一套，而罗家坝 M33 是单件的。在葬具上的区别也是很大的，新都大墓是有棺有椁有腰坑，而罗家坝 M33 只有一具船棺，这可能是"王""侯"之区别。罗家坝墓葬中出土的随葬品组合：兵器和印章及其印纹，在某些方面都强烈地反映出它与新都一号大墓的墓主有着一种密切的内在联系，这样一来，它又给人们提出了一个重要问题，就是他们是否属同一族属同一支系或同一族属不同支系？巴和蜀的关系又是怎样的呢？由于资料的局限性，有很多问题都需要等资料公布后才能进行研究，只好将此问题提出，以引起人们的关注。

M33 出土文物是十分丰富的，且有大量的青铜器，这与四川历次发现的船棺葬有所不同，它与四川广元昭化宝轮院船棺葬、德阳什邡船棺葬、重庆巴县冬笋坝等地的船棺葬结合起来，将对各地区的船棺葬的时代序列的研究增加一个重要的因素，更重要的是在发现的纯船棺葬中这是出土青铜文物最多的一次。这些发现为我们研究巴与蜀之间的文化关系、民族关系、宗教关系等方面提供了极其重要的实物资料。另外，在罗家坝遗址中出土的各类青铜器上都有许多的纹饰符号，其中有些纹饰符号组合还是首次发现，这些发现也为巴蜀文字的研究提供了全新的资料、丰富了巴蜀文字符号的内容。

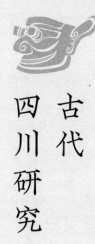

古代四川研究

凉山州青铜文化的研究

    四川省凉山彝族自治州是我国最大的彝族聚居地，它地处川西南的高原地区。根据史书记载，在汉以前，它隶属益州刺史部南部的越嶲郡①。从古至今，这里曾是古邛、徙、筰等民族生活繁衍的地方，他们是中华文明的创造者之一，他们在这块土地上为创造出自己具有民族特色的文化做出了巨大的贡献。

    考古资料表明，早在新石器时代晚期，这里的民族就创造出了一种以两个大陶瓮相互重叠在一起作为葬具的"大洋堆文化"②及"礼州文化"③，继之又以巨石树立作四壁，顶部再覆以重达几吨的大石，覆盖在竖穴土坑上的大石墓和用石板垒砌的石棺葬④形成独特的民族文化风格。其间，他们在接受其他民族文化因素的同时，又创造出了具有自己民族特色的青铜文化。今天我们可以通过她的青铜文化，了解其民族文

---

① 谭其骧:《中国历史地图集》(第二册)，地图出版社，1982年，第31—32页。

② 资料现藏凉山州博物馆。

③ 礼州遗址联合发掘队:《四川西昌礼州新石器时代遗址》,《考古学报》1980年第3期，第443—456页。

④ 西昌地区博物馆:《西昌河西大石墓群》,《考古》1978年第2期，第91—96页。凉山彝族地区考古队:《四川凉山喜德拉克公社大石墓》,《考古》1978年第2期，第97—103页。

化的特色，了解她与其他民族文化的关系，了解她在古代文化交流中的
重要性。

一、凉山地区青铜器的分类

据目前所知，凉山地区的青铜器集中出土于西昌、会理、盐源等
地的大石墓或石棺葬之中，其时代大多属战国至东汉这一时期。出土青
铜器的种类主要有山字格剑、曲柄剑、双环首柄剑、三角援铜戈、铜
钺、铜矛、双柄刀、铜镞、铜盾、铜鼓①、铜铃、铜编钟、铜锤、铜锭、
铜钱范②、铜案、铜带饰、铜手镯、铜发饰、铜环、铜镂孔筒形器、铜
锥状器、铜管、铜双轮形器③、铜杖以及铜柄铁剑、"摇钱树"④、铜护臂、
铜釜、铜鍪、铜甑、铜鸡、铜鸟（燕）、"巴蜀印章"（资料藏凉山州博
物馆）等。从上面发现的各种不同的器物来看，我们可以将其归结为兵
器类、生活器皿类、乐器类、宗教礼仪类、炊具类、货币等。

二、凉山青铜器的特点

在凉山州发现的各类青铜器数量是非常有限的，其时代也多在战
国以后。但就其有限的青铜器种类而言，它的个性是非常明显的。如出
土的山字格剑，剑身近似柳叶形，中脊突出，剑格作"山"字形，剑茎
呈扁圆形，后部约呈"十"字形镂孔，并与茎相通。长度一般在30多
厘米。还有的剑做成曲柄，柄首为鱼尾，鱼尾的鳞都刻画得非常清晰，

---

① 会理县文化馆：《四川会理出土的一面铜鼓》，《考古》1977年第3期，第215—216页。

② 西昌地区博物馆：《四川西昌发现货泉钱范和铜锭》，《考古》1977年第4期，第
284—285页。

③ 西昌地区博物馆、四川省博物馆、四川大学历史系、西昌文化馆：《西昌坝河堡子大
石墓第二次发掘简报》，《考古》1978年第2期，第86—90页。

④ 凉山州博物馆：《发现笮文化》，《中国文物报》2001年12月14日，第4版。

这种装饰手法也是很有特点的。

凉山出土的双柄铜刀、弧背铜刀，在刀身下同时用两个柄铸于刀把上，是其他地区少有或不见的形式，而弧背铜刀不仅背弧，其刃部也是弧形的，其身和弧出的部位就像一尾"大肚鱼"。

"摇钱树"本是四川地区具有浓厚特色的器物，它主要出土于四川乐山、绵阳、德阳、成都、泸州等地汉代的崖墓及砖石墓之中，在凉山州出土的摇钱树除部分与成都、乐山、德阳等地出土的摇钱树的形式相同外，在西昌、盐源等地还出土了一种"树形"饰，长约20厘米，树端一人，双腿分开站在树丫上。立人腰佩短剑，一只手握剑柄，一只手上举过头顶，手牵站在树巅"璧"形物上的双兽或双马。有的立人似上身裸体（图一、二）。树上的"璧"形饰，一般为对称设置，"璧"形饰的"肉"部上饰有一周"条弧"纹饰。最引人注目的是从整个树枝的立面上看去，其形状似一头"马面"（图二）。在西昌马道出土的摇钱树上铸造的人物形象及神话故事人物的线条都很细致写实。如树上的西王母像，其眼、鼻、耳、嘴五官轮廓清晰可见，其服饰的花纹、皱纹的线条显得非常柔和。树上刻画的玉兔、蟾蜍都上身赤裸，且表现出的形象都是兽首人身，一个在"捣药"，一个在"熬汤（酒）"。在西王母及玉兔和蟾蜍的下面有一条龙，龙的眼眉及獠牙都极其突出（图三）。其他出土的铜树上还有将人物做成牛首人身的，或身着铠甲，手持枪、斧等兵器。

"蛙案"和"杖首"是凉山地区出土文物中最具民族特色的青铜器，当属凉山地区出土文物中的精品。蛙案长48厘米、宽17厘米、高17厘米，案沿一周装饰有32只立体青蛙，案的两端各有一条蛇，头昂立，蛇口衔鱼，两条蛇的身尾相互盘绕。蛇的颈部由几何形图案装饰，蛇身及蛇尾铸成网格纹的阳线图案盘桓于案面的中心。案足铸成几何形，案足通身线刻鱼纹，所刻鱼纹也别具特色，鱼纹完全是被"剔了肉的鱼骨架"，整体形象就像出土的鱼"化石"（图四）。

凉山州出土的杖首有银的和铜的两种质地，这里我们要讨论的是

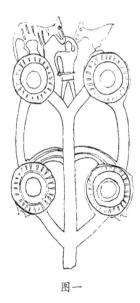

图一

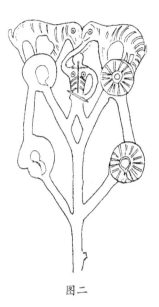

图二

图三

图四

青铜杖首。凉山州出土的青铜杖首，其造型堪称一绝，在杖首的顶端铸造有三个背水的少女：她们身着长裙，头戴小尖帽，背上背着小水罐，相对而立。这组造型充分体现了当地的民族风格和艺术特点。

另外在凉山州发现的青铜器类中，最大宗的要数兵器中的戈和箭矢，这也体现了民族地区的特色。《周礼·考工记》载："故攻国之兵欲短，守国之兵欲长。故攻国人之众，行地远，食饮饥，且涉山林之阻，是故兵欲短；守国之人寡，食欲饱，行地不远，且不涉山林之阻，是故兵欲长。"凉山地区的戈，即是用于步战，加以大小凉山山区环境及森林之阻，戈秘较短。童恩正先生根据从成都百花潭中学10号墓出土嵌错铜壶上水陆攻战图像上的人物和戈的比例分析，认为在西南地区的戈中，有一种戈的长度在140厘米左右[1]。另一方面，在凉山发现的箭头中有三棱型的、有圆锥型的，在这些箭头上几乎都有倒刺，使箭头的杀伤力大大提高。由此可以看出凉山地区的民族为什么会大量采用戈和箭、刀之类的兵器。这些都体现了在大小凉山山区战争多是短兵相接的特点。

三、凉山州青铜器与周边青铜文化的关系

在凉山州出土的各类文物，除了有自身的民族特色外，更多的是与其他文化的交流和吸收的产物，其中有与北方草原文化相似的山字格剑及石棺葬等，特别是与滇文化、古蜀文化之间的交流最频繁，甚至与越南东山文化也有交流。

1. 与滇文化的关系

在凉山州发现的青铜器中，与滇文化关系最密切的应是会理出土的铜鼓。这件铜鼓通高30.4厘米，鼓面直径41厘米，足部直径50厘米。

---

[1] 童恩正：《我国西南地区青铜戈的研究》，《考古学报》1979年第4期，第441—456页。

鼓面较小，胴部突出，腰部内收，足部外张。鼓面正中为八芒光体，芒呈等腰三角形，芒间饰以各自平行的直线条。光体以外用单弦纹隔成晕圈八道。胴部自鼓面逐渐收缩与腰部相接。胴部上端有晕圈一组，下端为划船纹，计船六只。船身长短不一，船载二、三、四人不等。船上人均为椎髻，戴大耳环，着条纹衣，执短桨划船。髻上饰鸟羽。腰部饰牛鸟图，牛鸟图颇为生动，牛为长角高峰牛，鸟喙弯曲。这面铜鼓可以说与云南晋宁石寨山出土的石寨山型铜鼓相似①，鼓上的人、物等纹样的造型与石寨山12号墓铜鼓上的人物、服饰相一致。可见两者的文化关系相当密切。《华阳国志·南中志》载："南中在昔盖夷越之地……编发左衽，随畜迁徙……夷人大种曰昆，小种曰叟，皆曲头、木耳、环铁、裹结。"《太平寰宇记·巂州风俗》云："木耳夷死，积薪烧之。烟正则大杀牛羊相贺，若遇风，烟旁散，乃大悲哭。"按巂州在今四川西昌及云南省的宁蒗、永胜一带，有的学者研究认为这一带是古代"昆明人"居住区，应是昆明人②。还有的学者根据石寨山式铜鼓在四川会理一带发现，认为"会理，汉为越巂郡会无县。《华阳国志·蜀志》记：'会无县……故濮人邑也。'说明会理在晋以前也是濮人部落住地。会理船上的划船人像身着条花衫，与石寨山12号墓2号铜鼓上的人像服装相似，也证明他们同属濮人。"③《华阳国志·蜀志》载："定笮县：笮，夷也。汶山曰夷，南中曰昆明，汉嘉、越巂曰笮，蜀曰邛，皆夷种也。"《华阳国志·蜀志》中说的笮、昆明、越巂、邛等都是指现今的凉山地区及云

① 侯方岳：《铜鼓与钟鼎同源分流浅议》，《铜鼓和青铜文化的新探索——中国南方及东南亚地区古代铜鼓和青铜文化第二次国际学术讨论会论文集》，广西民族出版社，1993年。

② 张增祺：《"万家坝型"铜鼓与"石寨山型"铜鼓的关系》，《铜鼓和青铜文化的新探索——中国南方及东南亚地区古代铜鼓和青铜文化第二次国际学术讨论会论文集》，广西民族出版社，1993年。

③ 张世铨：《论中国战国至汉代使用石寨山式铜鼓的民族部落》，《铜鼓和青铜文化的新探索——中国南方及东南亚地区古代铜鼓和青铜文化第二次国际学术讨论会论文集》，广西民族出版社，1993年。

南的晋宁西北部地区，由此可见在凉山州及滇池的古代昆明人都属一个大的民族，因此会产生一些相同的文化也就不奇怪了，只不过是不同的支系而已。故《史记·西南夷列传》正义说："编、畜、皆寯、昆明之俗也。"①除此而外，在凉山州发现的蛙案也反映出其与古滇民族有着相同的喜好，在云南晋宁石寨山10号墓出土的铜鼓除纹饰图案与西昌会理出土的铜鼓纹饰一样外，还在鼓面的周沿铸有四只对称的青蛙。虽然青蛙也是古代西南地区许多民族所崇尚的动物，但把青蛙作为青铜器上的装饰则是凉山与云南晋宁石寨山共有的特点。就连凉山州出土的铜杖上的少女形象也与云南石寨山所出贡纳场面贮贝器盖上的牵羊民族有相同之处，其装饰手法又与越南东山文化中的一件剑上的人像有相同之处。凉山州出土的曲刃铜短剑（戈）也与云南晋宁石寨山越南东山文化相似②。

凉山州出土的铜钟与云南晋宁石寨山出土的器身顶端有半圆形环纽、两侧各饰龙纹二、左右对称、口为椭圆形的钟相似，只不过上面的纹饰有所不同。类似的钟在四川的茂县也有发现③。就凉山彝族自治州和云南西北地区古代民族的葬式而言也有许多相同之处。如在凉山彝族自治州的越嶲、冕宁、喜德、普格、西昌、德昌④等县发现了许多的"大石墓"。这种墓葬的形式同样在云南境内金沙江以南的地区有所

---

① 刘琳校注《华阳国志·南中志》说："昆明人，属羌种，既今藏缅语族中的一些民族。如彝族、白族等的先民。"晋人常璩统称藏缅语族的"夷"人为"昆"。"小种曰叟"是说昆明人中的一些部落自称为"叟"。"叟人主要分布在今四川西部及邻近的云贵地区。"

② 童恩正：《试论早期铜鼓》，《考古学报》1983年第3期，第307—328页。

③ 茂县羌族博物馆、阿坝藏族羌族自治州文物管理所：《四川茂县牟托一号石棺墓及陪葬坑清理简报》，《文物》1994年第3期，第4—40页。

④ 西昌地区博物馆：《西昌河西大石墓群》，《文物》1978年第2期，第91—96页。冕宁县文化局：《冕宁县三块石古墓葬清理简报》，《凉山彝族奴隶制研究》1978年第2期。凉山彝族地区考古队：《四川凉山喜德拉克公社大石墓》，《考古》1978年第2期，第97—103页。

发现①。在凉山彝族自治州发现的大石墓出土的块形耳环、扁薄圈状手镯、铜铃和珠饰均与云南晋宁石寨山的滇族文化相似②。为此，童恩正先生在其《四川西南地区大石墓族属试探——附谈古代濮族的几个问题》一文中通过对西南地区出土的大石墓葬及出土文物的分析，认为夜郎、滇、邛都都属于濮族系统③。这些发现足以说明两地的民族文化有着最为密切的关系。《后汉书·南蛮西南夷列传》说：滇池以西"又有嶲、昆明诸落，西及同师，东北至叶榆，地方数千里。无君长，辫发，随畜迁徙无常"。我们通过这段历史的记载可以看出这些民族有"居无定所"之习。为此"昆明人""越嶲人"等的文化也就会随从迁徙不断交流同化，最后融于大一统的中华民族文化之中。如在凉山州和云南发现的铜钟就是一例很好的说明。

铜钟在中原地区的商周之际就已盛行，战国时以编钟等组成的乐队曾达到空前的规模。到了汉代，钟开始衰落，尽管宫廷中还在演奏，但已不是昔日的风采。正如《后汉书·礼乐志》所载，"自公卿大夫，观听者但闻铿锵，不晓其意"。然而在中国的大西南以及金沙江流域中的古代民族仍有它的身影，直到东汉中期以后才在西南地区消失。

2. 与巴蜀青铜器的关系

在凉山州出土的文物除了与滇文化有密切的关系外，它还与古代的巴蜀文化有着密不可分的内在联系。如在凉山州发现的摇钱树，上文已提到它本是四川地区具有浓郁特色的青铜器形，主要出土于四川的德阳、绵阳、成都、乐山等地的砖石墓和崖墓之中。在上述地区出土的神树的内容，主要有仙禽神兽、天马、神猴以及东王公、西王母、朱雀、歌舞、杂耍艺人等。凉山州出土的摇钱树除了有上述主要内容外，其树

① 云南省文物工作队：《弥渡苴力战国墓》，《云南文物》1982年第12期，第40—43页。何超雄：《祥云检村发掘三座石椁墓》，《云南文物》1979年第8期，第59—60页。
② 云南省博物馆：《云南晋宁石寨山发掘报告》，文物出版社，1959年。
③ 童恩正：《四川西南地区大石墓族属试探——附谈古代濮族的几个问题》，《考古》1978年第2期，第104—109页。

的造型与结构等完全与上述绵阳、德阳、乐山等地区出土的摇钱树一样。也就是说，这些地区流行的摇钱树的形式被凉山州的民族吸收，但对树上的内容进行了改动和充实，其人物形象，多是本地区的民族人物打扮，都是上身赤裸，腰配短剑。树上挂的"钱"，其钱面多是"云纹"，而不是其他地区出土的摇钱树上的"五铢"钱，其树枝一般铸造成"龙、蛇"之形。在凉山州出土的许多兵器中，除了具有民族特色的山字格剑和曲刃剑、曲刃戈等兵器外，其他类型的戈、剑等均与巴蜀地区出土的戈、剑相同。就连山字格剑的剑身也是受了巴蜀"柳叶形"剑的影响。其他诸如凉山州出土的铜釜、铜鍪、铜鸡等更是与成都平原古蜀人出土的铜釜、铜鉴、铜鸡、铜矛相同，甚至就连一些墓葬的形式等都能显示出它们与古蜀人的相同之处。如最近在盐源发现的古墓葬中出有土坑墓，墓里的葬具采用了木椁。在土坑墓的顶部则用大石封顶。而土坑墓是古蜀人在春秋战国时期常用的一种葬式。就凉山州及其金沙江流域发现的大量的石棺葬而言，川西的蜀人很早就有关于石棺的传说。《华阳国志·蜀志》载："有蜀侯蚕丛，其目纵，始称王，死作石棺石椁。"由此可见古蜀文化对于这一地区文化的影响。

为何人们会在凉山彝族自治州发现如此多的古蜀文物呢？这可能是历史上古蜀人南迁及战国时期古蜀王国的势力所及的结果。

古蜀国在开明王朝统治时期，国势强大，《华阳国志·蜀志》载，开明氏的保子帝曾"攻青衣，雄长獠僰"。凉山州出土的巴蜀印章和文献的记载都充分反映在战国中期，蜀国的势力空前强盛，其势力东扩至巴、楚[①]，北至秦（陕西汉中），南至南苑（今云南贵州北部一带）。到了秦灭巴蜀前夕，蜀在中国的西南已被称为"戎狄之长"，这无疑也包括了生活在今四川凉山州境内的越嶲、邛、笮、冉駹等民族部落。因此，在凉山州能够发现大量的古蜀文物也就不难理解了。但这也仅是其

---

① 　湖北松滋，《史记·六国年表》记秦惠公十三年（前387年）"蜀取我南郑"；《楚世家》载楚肃王四年（前377年）"蜀伐楚，取兹方"。

中之一的原因。另一方面的原因是在秦灭巴蜀之际，蜀王南逃时所遗留下的文化影响。

蜀开明氏的一支在秦灭巴蜀时及以后就向南迁徙了，其中一支成了越南的"安阳王"①，根据有的学者考证，"蜀开明氏沿岷江到达蜀地以南的青衣、獠、僰之中以后，向西南方向继续迁徙的道路是沿金沙江而上"。其线路还可以直接向南迁徙。《后汉书·南蛮西南夷列传》载：滇池以西"又有嶲、昆明诸落，西及同师，东北至叶榆，地方数千里"。这些部落经济落后，军事实力也不及蜀人，因此南迁的蜀人要通过这些地区是很容易的，故张光直先生在《华南史前民族文化提纲》②一文中，很早就将越南东山文化看成是中国西南部文化的一支。关于越南的东山文化民族，童恩正先生在其《试论早期期鼓》一文中，通过考古出土的实物资料和古代文献记载分析，认为是骆（雒）越人。他在文中说："越南东山文化与云南晋宁石寨山以及夜郎、句町文化之间的关系相似。这种相似关系说明了一个大民族——濮人的共同特点，这个特点就是'辫发、额部缠帕、戴大耳环'。"而雒越人，也正是后来有学者考证越南北部的雒地就是蜀开明的一支南迁于此③。根据这些现象，我们再来检讨一下沿线出土的实物依据。

首先从3000多年前成都平原古蜀文化广汉三星堆遗址和成都金沙村遗址出土的人物造像，其形象多有辫发、戴大耳环、戴手镯、脚镯（环铁）的特征，再看与金沙江流域相交的古越嶲人和昆明人居住区出土的人物造像，也有辫发、缠帕、戴大耳环的特点；其次再看越南东山文化出土的一铜剑上的一男子形象，也突出了"辫发、缠帕、戴大耳环"之特点。同时在越南东山文化出土的长援无胡戈、长胡三穿曲援

① 蒙文通：《越史丛考·安阳王杂考》，人民出版社，1983年。孙华：《四川盆地的青铜时代·蜀人南迁考》，科学出版社，2000年，第347—353页。

② 《民族学研究所集刊》1959年第7期，第43—103页。

③ 孙华：《四川盆地的青铜时代·蜀人南迁考》，科学出版社，2000年，第347—353页。

戈，有学者明确指出是明显地受了云南晋宁石寨山文化的影响，而进一步追寻踪迹，石寨山这两种形式的戈，都是在蜀戈的影响下产生的[①]。同时在越南的东山文化中还发现了在巴蜀地区流行的土坑墓和船棺葬。在古蜀区域内发现的摇钱树在金沙江的凉山、云南省的昭通都有发现。把蛙作为青铜器上的装饰和"崇拜"物，不仅在成都平原的广汉三星堆遗址、成都金沙村遗址有出土，而且在沿金沙江流域的凉山、云南晋宁石寨山等地都有发现。这些不同的地区具有共同特点的文化内涵，无疑证明了古蜀文化对这些地区的影响，也同时证明了凉山地区是中国西南地区古代文化传播交流的一个重要的中心环节。它也是中国的另一条通向境外的"南方丝绸之路"的重要桥梁。

原载《中华文化论坛》2002年第4期

陈显丹卷

---

① 童恩正：《我国西南地区青铜戈的研究》，《考古学报》1979年第4期，第441—456页。

论四川汉代的“摇钱树”

　　在四川东汉的墓葬中，常有一种较为奇特的文物出土，通常高达100厘米至180厘米左右。这种文物分主干、分枝、器座及挂饰几部分组成。器座大多为陶器，有的器座表面施釉或涂彩。形式一般为下面大、上面小，有的无底、中空，顶端有一空柱，用于插主干。主干为铜质，一般分为三至六节，每节二或四个挂环，最多的达六个挂环，用以挂树枝。树顶上通常有一只神鸟——朱雀。由于大多数树枝上都铸有带有“五铢”或没有五铢字的铜钱，学者们根据研究，初步推定这种文物叫“钱树”或“摇钱树”[①]，故人们习惯称之为“摇钱树”，以此认为这是古人的生财之道。

　　今天当我们再回头来细细地观察这些“摇钱树”时，你会发现这些树并非是古人生财之道的“摇钱树”，而是有更高更深的含义。

　　首先我们从四川广汉三星堆遗址出土的几棵神树来看，其造型与结构可谓是汉代“摇钱树”的来源。

　　三星堆遗址二号祭祀坑内出土了6个个体的青铜神树，其中最为完整的是K2②：149号神树，其树残高为395厘米，树分树座、主干、分

---

　　① 于豪亮：《“钱树”“钱树座”和鱼龙漫衍之戏》，《文物》1961年第11期，第43页。

枝及挂饰等，树座呈"山"形，高大挺拔的树干分为三节，每节"挂"有三支树枝，每支树枝上分别铸有花朵、鸟等，树枝上分别挂有许多铜环或玉环、鸟形挂饰、金树叶、铜海贝等。在树的顶端立有一只大鸟。在神树的三层树枝的中间，有一条巨龙呈由天而降之势（图一）。

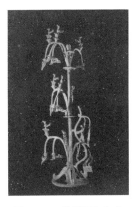

图一　三星堆K2出土　　　　图二　广汉出土的摇钱
　　的青铜神树　　　　　　　　　树座

下面我们再看汉代的"摇钱树"，其座子一般呈"山"形，在座子的表面常浮雕有雄狮、神羊、避邪、麒麟、蟾蜍捣药等。有的座子还分上、中、下三层浮雕图案，如广汉出土的一件彩绘山形树座（图二）。最下一层是由鹿、神鸟、大象及"驯象人"所构成；中间的图案为两侍者相对鞠躬，俩人身后依次排列有三层房子，俩人的头顶上分别塑有神兽，在座子的上层正中塑的是西王母坐在龙虎座上的神像，周围环绕着仙禽异兽，西王母的头顶两侧塑有两只立鸟呈相对而望之势，座子的右侧由座底向上生长出一棵挺拔粗壮的大树，树冠至山顶部向左弯，平盖在山顶两只立鸟的背上，树的顶部结有仙果[①]。还有的树座，则为三种神物重叠而成。这三种神物分别是四方神北神——玄武中的"龟"垫底，龟的背上驮着蟾蜍，蟾蜍是中国神话中"嫦娥"的化身。在蟾蜍的背上蹲着一只大熊。在龟、蟾蜍、熊背、四肢及腹下有两条龙（蛇）缠

①　此树座藏于广汉市文物管理所，1995年出土于广汉市连山乡杜家嘴崖墓。

绕于上^①（图三）。

图三　广汉出土摇钱树座

以上是汉代"摇钱树"座子的部分情况。下面我们再看看树的主干及枝叶结构。

例一，四川三台县出土的钱树为四向五层，树高138厘米，树干有五节（层），每节有四个环（即四向）、树枝上除铸有钱纹外，上面还铸有马、飞燕、鹿、青龙、玄武、仙人舞人、仙人骑兽、叠案、雀戏，全树上还饰挂有雌雄马16组，计32匹，天马1匹、猴子48只，树顶立1朱雀、五铢钱256枚^②。

例二，四川彭山县江口崖墓1972年出土的钱树高105厘米，为五节四向，每层两支大树枝、两支小树枝，树枝上除铸有"铜钱"外，上面铸有西王母在龙虎座上。在西王母像的两侧有许多仙人在旁，手捧宝物，或舞蹈。在树端西王母所在的树枝下所铸的"铜钱"均带有花纹，而下面的几层则有许多天马、仙禽及驯兽之人。树顶端立一朱雀，口含"宝珠"，旁有一人高举"月亮"。

例三，1989年11月四川省绵阳市何家山一号汉墓出土的"钱树"，树上除与上两例的情况相同外，在树干上还铸有五尊佛像，每尊像高6.5厘米，上唇有口髭，头后有椭圆形项光，顶髻宽大，着通肩大衣，领口下垂，右手施无畏印，左手握衣角，结跏趺坐^③。类似这样的树，在忠县涂井十四号汉崖墓中也有出土，树干除有佛像外，在佛像两侧由枝杈云气构成屏背（应看成背光），佛头两侧各有钱纹二枚，周边饰羽毛状飞翅^④（图四）。

1996年西昌市马道镇东汉砖室墓出土的铜树，高1.3米，树干饰有

---

①　此树座藏于广汉市文物管理所。

②　此树藏于三台县文物管理所。

③　此树藏于绵阳市博物馆。

④　现藏于四川省文物考古研究所。

图四　绵阳出土的摇钱树　　　图五　摇钱树上的西王母、舞者、仙
　　　　　　　　　　　　　　　　禽、仙人、玉兔捣药等

云气纹，树上有羽人、朱雀、天马等仙人和神兽形象，树枝呈龙形或呈
羽毛状，树端饰有神仙和朱雀。

　　我们从上述各地出土的树座及"钱树"来看，它的主题反映的并
不是我们想象的古人作为"生财之道"的"摇钱树"，树叶间虽缀满铜
钱，但树身和树座上铸造的题材以中国古代神话人物和珍禽异兽为主，
如西王母、仙人、金雀、玉兔、辟邪、蟾蜍、龟、龙、虎等（图五），
它的中心主题仍是反映人们升天成仙的思想，其理由如下：

　　一、从这些树的座子来讲，其形式不论是施釉，或不施釉，或彩
绘，再或上雕狮、羊、龟等，几乎都呈"山"形。山上插的树则有西
王母和众多的仙禽异兽。由此可见，树座的形式是反映的"神山"。关
于神山的传说是很早很普遍的，《楚辞·天问》曰："鳌戴山抃，何以
安之？"王逸注："巨灵之鳌，负蓬莱山而舞。"由此而见，这些"神
山"当为方壶、瀛州、蓬莱三山。有关这一点，已故的于豪亮先生在其
《"钱树""钱树座"和鱼龙漫衍之戏》一文中阐述得非常清楚[1]。

　　二、从出土的"钱树"和"树座"所反映的内容来看，大多有东
王公、西王母之像，特别是西王母的造型尤为突出。在西王母的周围常

①　于豪亮:《"钱树""钱树座"和鱼龙漫衍之戏》，《文物》1961年第11期，第43—44页。

有仙人舞袖、杂耍、玉兔捣药等造型相伴，由此可见，其内容主要反映天庭之生活，也说明西王母应是"月亮神"也是"女神"的代表，亦为"阴神"；树顶上的朱雀，我们可以视它为"金乌"，即"太阳神"。在东汉，代表太阳的"阳神"常是东王公。他与西王母一道共理阴阳二气。这种题材，不仅反映在东汉时期的这些"钱树"上，且多反映在汉代的画像砖上。其主题内容亦当从西汉以前常流行的伏羲、女娲派生而来。但其内容实质均为日、月二神的代表。

在西汉以前，伏羲、女娲的造型常是以龙蛇的形象出现，特别是在汉画像砖、画像石的反映上尤为突出，如在山东、河南南阳、四川出土的汉画像砖、画像石、画像棺上常见有伏羲女娲的造型。较早的有西汉昭、宣时期的伏羲女娲像，皆作人首蛇身，分别与日、月为邻，

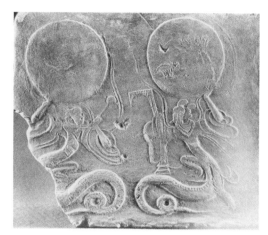

图六　四川出土的日、月神
（东王公、西王母）画像砖

象征阴阳。四川成都广汉出土的伏羲、女娲画像砖，伏羲头上饰须，左手执规，右手执太阳轮，轮中有一金乌，龙身；女娲头上饰双髻，右手执矩，左手持月亮轮，轮中有蟾蜍、桂树①（图六）。在河南南阳出土的汉画像砖上所雕的伏羲女娲像为身相交，伏羲手捧太阳，女娲手捧月亮，明显地表现了阴阳二气相交于天体之间，属于汉代对天神的尊崇。在四川出土的日、月画像砖，分别以两只鸟来代表，其区别在于鸟的头部和鸟体内的图案。太阳鸟的头部为人首、戴冠，冠上有须，身体内为一只小"金乌"，太阳的后半部分有线条光芒；月亮鸟的头部亦为人首，

① 高文：《四川汉代画像砖》，上海人民美术出版社，1987年，图100、101。

体内的月亮中有桂花树和玉兔，月亮的后部亦有线条光芒。

三、大多数"钱树"是把西王母及其天庭众神表现在树枝叶片上。前面我们已经提到，神树上的内容主要是反映汉代人升仙的主题思想，除在树枝上发现在西王母周边有许多仙人舞袖、杂耍外，还有玉兔专为制造不死药。也就是说西王母还掌管着"长生不死之药"。晋人干宝《搜神记》中说"羿请无死之药于西王母"，其他还有身生毛羽的仙人，或足蹑行云，或手拽天马，或乘虎遨游太空，这些内容也充分体现在汉代的画像砖上①。特别是在河南南阳汉墓中出土的一匹画像砖上的内容完全和"摇钱树"枝上的内容相似，进一步说明了汉代人们强烈的升仙思想。我们从汉代的树座及树枝上所涉猎的羽人、龟、熊、羊、狮等祥瑞来看，汉代的人既想升仙，又怕鬼魅作祟。于是在云蒸雾绕的幻境中铸上神兽驱鬼。神树上的"虎牛"相斗图案引人注目。虎是辟邪的神物，而牛则有两种可能性。一为精怪，被虎扑攫。《山海经·西山经》说："又西二百六十里，曰邽山。其山有兽焉，其壮如牛，猬毛，名曰穷奇，音如獋狗，是食人。"一为灾异。《汉书·艺文志》杂占家类载有《人贵精物六畜变怪》一书，所谓"六畜变怪"是指牛祸一类的灾异。

前面我们谈到三星堆遗址中的神树上挂有多种动物挂饰、鸟形挂饰、金树叶、铜海贝以及铜瑗、玉瑗等。汉代的"钱树"上亦有不少的动物挂饰，如猴、玉兔、天马等，这些内容及所表现的形式，应该说都是一样的。三星堆神树上的铜海贝（贝，在商周时期是货币）、金树叶与汉代"摇钱树"上的"钱"都应该是呈献给神的一种贡物，而树下的内容可能完全是反映天庭的美好生活。人们之所以要把西王母的像铸于上，再在西王母一周铸玉兔捣不死之药及舞者，目的就是为了追求不死之药，并能得道升仙或获得再生，这些都与神树有关，这一点我们也可从汉代出土的"高禖图"画像砖中看到相似的内容。如1979年在新都出土的一块画像砖，砖长49.5厘米、宽29厘米、厚6厘米，画面内容为

---

① 南阳文物研究所：《南阳汉代画像砖》，文物出版社，1990年，图159。

一棵大树下，有三男一女赤身裸体，正在交媾，树上站有两只鸟，还有两只猴子挂在上面。另外在彭县（1985年）还发现一块类似的画像砖。最近人们又在四川省的合江县发现有两个石棺，在这两个石棺的两侧都浮雕有一棵大树，在树的下面人们正在举行祭祀活动，由此我们可以通过多角度窥视"摇钱树"的实质——它可谓不死树，即生命之树或神树。《三国志》卷十一《邴原传注》引《邴原别传》说："尝行而得遗钱，拾系树枝，此钱而不见取，而系钱者愈多。问其故，答者谓之神树。"这是关于汉代"钱树"的最早记载，并明确地说明了此树上的"钱"不见取而系钱者愈多。

原载 *Orientations*（September 1997），香港

论蜀绣蜀锦的起源

　　蜀绣和蜀锦，是我国古代传统纺织工艺中技术成就较高，具有地方特色的一种刺绣手工艺和提花工艺。刺绣又俗称"绣花""洒花"。在古代记载中称为"针黹""女红"。刺绣是在丝绸、罗、布、帛、纱、毛、麻等织物上的再加工工艺品，是在已织好的毛、麻、布、帛、丝绸、罗上以针线按照设计要求穿刺，通过运针，将线绣织成各种图案和色彩的工艺品。高超的绣师巧女们所绣的作品，犹如画家的笔墨丹青，可以绣出璀璨精美的图画，并可表达绣师的技艺和个性，显示着不同时代、不同地方的文化风格与艺术。

　　被视为蜀中瑰宝的蜀绣，是目前我国四大名绣之一。它与苏绣、湘绣、粤绣相比，有如下特点：绣品一般从画稿中心部分开始起针，使绣品内里结实，外表蓬松，以求得艺术效果。针法有二三针、三三针、晕针、切针、拉针等。针法要求十分严格，不能错一针，若错漏一针，整个作品就无法进行。其绣品具有构图简练、虚实适宜、针法严谨、籽线均匀、平齐光亮、色泽鲜明的地方色彩。

　　锦，是高贵的丝织品种，它是用两种以上的彩色丝线在提花机上织成的。既利用经纬组织的变化，又利用经纬色彩变化来显现花纹，构图丰满、色泽鲜丽。蜀锦又以其悠久的历史、久不失色之特点而闻名中外。她曾在我国织锦工艺中独占鳌头。山谦之《丹阳记》云："江东历代尚未有锦，而成都独称妙，故三国时魏则市于蜀，而吴亦资西道。"形成了蜀锦独步天下的垄断局面。其技艺成就，不仅在隋、唐、五代、宋以后得到发展，而且对元、明、清以来的织锦工艺的发展都产生了深远的影响。如元代的"纳石失"金锦、苏州的"宋锦"和南京的"云锦"等，无不受蜀锦的影响。

在我国，锦和绣自古被人们并称来比喻美好的事物。如"锦绣河山""锦绣前程"等。这可能是从锦、绣给人以美的享受，美的启示而言。

然而，蜀绣、蜀锦起源于何时？这是个尚无明确定论的问题，在史料上也没有这方面的专门记载。要探讨蜀绣和蜀锦的起源，必须要联系到我国纺织工艺的生产、历史的发展和文献记载及田野考古发现来综合分析研究。

我国是世界上最早养蚕缫丝和织造丝绸的国家。织丝刺绣、织锦是我国古代的伟大发明，其源远流长。据文献记载，我国早在四千多年前就已有"衣画而裳绣"[①]的章服制度。根据考古发掘材料来看，文献记载是可信的，证明了我国古代劳动人民早在四千多年前就已掌握了养蚕的基本技术，并知道利用蚕茧进行缫丝纺织等。如在陕西夏县西阴村新石器时代的遗址中曾发现半个被刀切割过的蚕茧，茧长15.2毫米、宽7.1毫米[②]；在浙江吴兴钱三漾[③]、余姚河姆渡[④]、江苏吴县草鞋山[⑤]等新石器时代遗址中都发现有4700多年前的纺织工具及葛、麻、丝织等残片。这些残片经鉴定，其丝织物所用的原料均为家蚕丝。

① 《尚书·益稷篇》。
② 李济：《西阴村史前的遗存》，清华大学研究院丛书第三种，1927年。
③ 浙江省文物管理委员会：《吴兴钱山漾遗址第一、二次发掘报告》，《考古学报》1960年第2期。
④ 浙江省文管会、浙江省博物馆：《河姆渡遗址第一期发掘报告》，《考古学报》1978年第1期。
⑤ 南京博物院：《江苏吴县草鞋山遗址》，《文物资料丛刊》1980年第3辑。

随着社会经济生产力的发展，至商周之际，纺织技术已有了相当的发展，并已采用较先进的纺织工具织成丝绸[1]，且出现了文绮一类的织品。如，1950年在安阳殷墟墓中出土的铜钺、觯上，粘附有受到铜锈渗透而保存下来的丝绸残片。经分析，其中有的是采用水平很高的纺织技术织成的菱形花纹的暗花绸（文绮）[2]，说明织造这种织物的织机比原始织机有了很大的改进，并且有了提花的装置。20世纪70年代后，考古工作者相继在陕西省宝鸡县竹园沟墓地发现了西周早期的辫绣印痕[3]，是目前我国发现刺绣时代最早的实物依据。战国时期，据文献记载，当时的丝织品已有罗、纨、绮、縠、锦、绣等品种。几十年来，在我国各地田野工作中不断发现战国时期的丝织品。如河南信阳战国墓出土过类似绮的丝织品[4]，湖北省江陵望山一号墓和二号墓出土过绢、绣和"提花丝帛"的丝织品[5]等。1982年在湖北江陵出土战国时期的绣袍[6]、绣衣等20件。类似这样的考古发现还有许多，此不一一列举。可见我国的刺绣工艺和织锦技术至迟在商代出现，至周代已趋成熟阶段。

根据目前考古资料表明，蜀人的纺织技术早在四千多年前已有。如在广汉三星堆遗址中就发现有陶、石两种质地，三种不同型式的纺轮[7]，在陶器上也发现大量的绳纹、网格纹等。说明了当时纺织技术已有了一定的基础。如不同型制的纺轮，可以纺出不同规格粗细的线，而方格纹和网纹等则与编织、织布的经纬有关。可见蜀人早在新石器时代晚期至夏代之际，已较为熟练地掌握了一些纺织技术。随着社会经济

---

① 夏鼐：《我国古代蚕、桑、丝、绸的历史》，《考古》1972年第2期。

② 郭宝钧：《一九五〇年春殷墟发掘报告》，《考古学报》1951年第5册。

③ 宝鸡市博物馆、渭宾区文化馆：《宝鸡竹园沟等地西周墓》，《考古》1978年第5期。

④ 河南省文化局文物工作队：《河南信阳楚墓出土文物图录》，河南人民出版社，1959年。

⑤ 湖北省博物馆：《湖北江陵三座楚墓出土大批重要文物》，《文物》1966年第5期。

⑥ 荆州地区博物馆：《湖北江陵马砖厂一号墓出土大批战国时期丝织品》，《文物》1982年第10期。

⑦ 四川省文物管理委员会、四川省博物馆、广汉县文化馆：《广汉三星堆遗址》，《考古学报》1987年第2期。

的发展，生产力的不断提高，加之刺绣一类的纺织品采用的绷架、针、刀、剪等工具一般较为简单，易于操作，与需二人以上操作较为复杂的织锦比较而言，蜀绣的起源相应比蜀锦早。从出土的巴蜀青铜器上发现的大量蚕纹、采桑图像等分析，至西周和春秋战国时期蜀人的养蚕抽丝、纺织技术已非常的普遍和熟练，这是刺绣、织锦等纺织手工业快速发展的必然结果。可见蜀人的纺织技术与中原地区的发展大致相同。

《华阳国志·蜀志》云："有蜀侯蚕丛"，"蚕以蜀为盛，故蜀曰蚕丛，蜀亦蚕也"。可见蜀从开国的第一代君王始就非常重视养蚕织布。故扬雄在《蜀王本纪》中说："蜀之先，名蚕丛，教民蚕桑。"根据三星堆遗址的重大发现，将蜀文化的历史由原来的春秋战国时期向前推进二千年，由此可知蚕丛王朝的时间大致在距今3000多年至4000年之间。我们再从三星堆遗址两个大型祭祀坑出土的3000年前的人像，尤其是青铜大人立像所戴的花冠以及长襟"燕尾"服上所饰的有起有伏的各种纹饰来看，蜀人至迟在3000多年前已较为熟练地掌握了刺绣和织锦方面的技艺，并为西周以后的蜀锦生产打下了良好的基础。故在公元前316年秦惠文王派张仪、司马错伐灭开明氏后，在成都锦里桥南岸设立"锦官城"，置"锦官"管理集中在锦官城里的织锦刺绣生产。在当时，其纺织技术及漂洗方面都积累了一定的经验。所以《华阳国志·蜀志》中说："锦工织锦濯其（江）中则鲜明，濯他江则不好，故命曰'锦里'也。"其纹彩亦丰富多彩，故有"贝锦斐成，濯色江波"[①]之生产盛况。

在印度史书《国事论》（*Arthashastra*）中曾经提到"脂那"（cina）之地产丝及红黑两色或黑白两色之织皮。其中提到的丝即丝织品，而织皮为毛织品，即纰罽到之类。根据饶宗颐先生等专家学者的研究，"脂那"乃秦之对音，此处系指四川。《国事论》成书于公元前4世纪末（前316年），其时巴蜀已被秦所灭，故蜀地所产之丝织品及毛织品自可

---

① 左思：《蜀都赋》，卷四。

被视为秦地所产①。由此可见，如果在秦灭巴蜀之前，蜀地没有较高的纺织技巧和基础，其产品绝不可能远销海外。《史记·西南夷列传》载"张骞使大夏来，言居大夏时见蜀布，邛竹杖，使问所从来，曰从东南身毒（印度）国，可数千里，得蜀贾人市"，可见蜀布行销之远，同时亦可见蜀布的影响是很大的。当然，此种"蜀布"绝不是一般的布。张衡在《四愁诗》中曾提到"锦绣段"，说明汉代或更早，蜀绣与蜀锦均已有极大的声誉，难怪当时大夏在通往巴蜀的交通极为困难的条件下，从万里之遥的印度购蜀布。由此而见，如果没有商周时期的良好基础，在汉代不可能一下子就取得如此的成就。

1990年，考古工作者在蜀地西南部的雅安地区宝兴县陇东乡汉塔山春秋战国墓中发现了一串铜管穿，这些管穿全由一根毛线穿上，毛线粗2.5毫米，由八股细线纺成，每股细线又由更细的两丝线织成。质地坚实、手感好，据初步观察，此线由很精细的羊毛纺成。另外在一件手镯上发现缠有方格纱，纱很细，呈白色，经纬明显，这两件实物的发现，说明在春秋战国之际蜀地的纺织品是多种多样的。另一重要发现，即在墓中发现了两颗铜针，一圆一扁。圆针长6.5厘米；扁针，体成扁方形，残长5.5厘米。这两种针的发现，结合春秋战国的"锦绣千束"②"文绣千束"③的文献记载来看，可证当时的纺织刺绣工业是较为发达的，并用不同式样的针，根据需要刺绣出不同的花纹图案。这也是刺绣手工业发展经验积累的结果。宝兴地处通往云南的交通线上，因此，蜀布有极大可能是通过这条南方丝绸之路销往印度的。

战国至西汉，成都地区的经济得到了极大的发展。据《汉书·地理志》记载，当时西汉的大都市长安，它是京师，有八万户。而成都的户数仅次于长安，达七万六千户，成为全国的大城市之一。其繁荣景象

---

① 饶宗颐：《蜀布与cinapa——论早期印、缅之交通》，《历史语言研究所集刊》45册，1974年。

② 《战国策·秦一》。

③ 《史记·张仪列传》。

在左思《蜀都赋》中说："亚以少城，接乎其西，市廛所会，万商之渊。改隧百重，罗肆巨千。赌货山积，纤丽星繁。都人士女，袨服靓妆。贾贸墭鬻，舛错纵横。异物崛起，奇于八方。""都人士女""袨服靓妆"体现了当时仕女们所着五彩缤纷的服装，充分反映了战国以来纺织工业的兴旺发达。尤其是刺绣及织锦方面的发展更加成熟，并行销全国。这一点在我国的田野考古工作中已得到了充分的证实。如长沙发现的战国织锦[①]，湖北江陵马山砖厂一号墓出土的战国刺绣、织锦[②]和新疆吐鲁番阿斯塔那—哈拉和卓古墓群先后出土了不少的织锦[③]。这些织锦经一些专家学者们研究，均属蜀锦[④]。其色有藏青、缥青、大红、退红、大白等。产品主要有禽兽纹锦、树纹锦、盘球狮象锦、盘球"胡王"锦、球路孔雀锦、夔纹锦、方胜兽纹锦、对鸡对羊灯树锦、大窠马大球锦、黄地球路小宝照锦等。其图案分别以墨绿、白、红、黄四色，或绛、蓝、绿、黄、白五彩，或金黄、叶绿、靛蓝、绛红等五色分别为纹、地，主、宾色分区互换。其织物组织排列与1984年四川炉霍卡莎湖石棺墓中发现的春秋战国时期的纺织品[⑤]相似，均为1∶2经二重夹纬（含心纬）1/1平纹，或1∶1经重夹纬1/1平纹，经密36×3根/厘米或56×2根/厘米。

刺绣品方面，在马砖一号墓中出土的品种中有绣衾、绣衣、绣袍、绣裤、夹袄及衣服等。刺绣的主题花纹有龙、凤、虎和一种三头的鸟。辅助花纹有枝蔓、草叶、花卉和几何纹，构图奇特生动，充满了神话色彩。花纹单位都较大，呈二方连续或四方连续。绣法以辫绣为主，个别地方间以平绣。配色有朱红、绛红、金黄、蓝、绿或浅黄、棕、黑、褐

① 高至喜：《长沙烈士公园3号木椁墓清理简报》，《文物》1959年第10期。

② 荆州地区博物馆：《湖北江陵马山砖厂一号墓出土大批战国时期丝织品》，《文物》1982年第10期。

③ 新疆维吾尔自治区博物馆：《新疆出土文物图录》，文物出版社，1975年。

④ 武敏：《吐鲁番出土蜀锦的研究》，《文物》1984年第6期。

⑤ 四川省文物考古研究所、甘孜藏族自治州文化局：《四川铲霍卡莎湖石棺墓》，《考古学报》1991年第2期。

等色①。在绣衣等穿戴物品的袖口边都加了织锦。从马山砖厂一号墓出土的刺绣品的工艺、装饰图案，绣法和配色来看，这些刺绣品与织锦一样出自蜀人之手。其理由如下：

（1）这些绣品全部与蜀锦共出，且每件绣衣的袖和缘都加蜀锦。

（2）绣品上的主要图案与巴、蜀地区春秋战国至汉代之际普遍流行的龙、凤、虎纹相似，尤其是与成都地区所产的蜀锦及漆器上的龙、凤、虎的花纹图案布局一致。

（3）绣品的配色与蜀锦一样，讲究用绛红、淡黄、金黄、黄绿色或朱红、黑、金黄、褐等四色或五色相配。

（4）与色泽鲜明、构图简练而生动活泼、平齐光亮的传统蜀绣相比，在马砖一号墓地发现的色泽鲜艳，整个图案表现出龙飞凤舞的环境和斑斓猛虎穿越其中的生动景象是较为一致的。

（5）马砖一号墓出土的绣品在图案方面，凡属大单位的图案，均呈二方连续或四方连续，其构图和刺法极为严谨。这正与蜀绣传统的严谨针法"二三针""三三针"有着密切的关系。

综上所述，从已出土的实物资料来看，可知蜀绣的起源可能在商代的早期，成熟于商代中晚期。蜀锦的起源大致在商代中期，成熟于商末周初。故蜀锦与蜀绣能在春秋以后，直至汉代以其独特的色泽、质地独步于天下而行销全国各地，乃至国外，都是与商周之际的牢固基础是分不开的，所以班固在《后汉书》中感慨地说蜀中"女工之业，覆以天下"！②

原载《四川文物》1992年第3期

---

① 陈跃钧、张绪球：《江陵马砖一号墓出土的战国丝织品》，《文物》1982年第10期。
② 《后汉书·隗嚣公孙述列传》。

中国古代的重要交通枢纽——五尺道

在川、滇的崇山峻岭之中，绵延盘旋着一条神秘的古道，它就是"五尺道"。它是连接四川、云南、贵州、广西地区，甚至越南、缅甸等国家的一条重要的经济、文化通道。但这条古道的名称记载最早见于司马迁所著的《史记》之中，其他文献记载非常少，因此，这条古道在秦以前的历史也一直隐藏在"茫茫迷雾之中"，为此，后人对司马迁所提到的"五尺道"也产生了歧义。为了弄清"五尺道"的"是与非"，四川省文物考古研究院组织了有关方面的专家进行了实地考察。下面就文献记载五尺道的情况和实地考察五尺道的情况进行简要的梳理。

一、文献记载的五尺道

"五尺道"一词，最早见于司马迁《史记·西南夷列传》："始楚威王时，使将军庄蹻将兵循江上，略巴、黔中以西。庄蹻者，故楚庄王苗裔也。蹻至滇池，地方三百里，旁平地。肥饶数千里，以兵威定属楚。欲归报，会秦击夺楚巴、黔中郡，道塞不通，因还，以其众王滇，变服，从其俗，以长之。秦时，常頞略通五尺道，诸此国颇置吏焉。十余岁，秦灭。及汉兴，皆弃此国而开蜀故徼。巴、蜀民或窃出商贾，取其筰马、僰僮、牦牛,以此巴蜀殷富。"《索引》谓:"栈道广五尺。"

晋常璩《华阳国志·南中志》,《译注》称五尺道:"始建于秦朝,北起宜宾,南至曲靖,途经盐津、大关、昭通、鲁甸、宣威等县,现残存长约350米,道宽五尺,每级天阶宽窄高矮不等。从关河东岸上缘三曲而至摩崖,路面留有马蹄痕数十个,这是蜀地到滇东北的必经要冲。"

唐初,颜师古始为《汉书》作注:"其处险阨,故道才五尺。"

《辞海》:"五尺道,古道路名。秦始皇统一全国后,为加强中原地区和西南地区的联系,开筑了一条由四川盆地通向云贵高原的重要道路,因道广五尺而得名。当即汉武帝时唐蒙所修治的西南夷道和隋、唐时代石门道的前身,北起今四川宜宾市,南抵近云南曲靖。"

江西教育出版社1986年出版的《中国历史地名词典》"五尺道"条:"秦筑,北起今四川宜宾市,南抵今云南曲靖县。为四川盆地通往云贵高原的交通要道。"

二、有关五尺道的讨论

长期以来,史家就秦开"五尺道"争论不休,集中表现在对五尺道的两种观点。

第一种观点认为:秦开五尺道之道是道路,以郭沫若、谭其骧最早提出。谭其骧先生主编的《中国历史地图集》中以文字的形式描述"五尺道":自今四川宜宾,经云南镇雄、贵州威宁、云南宣威,抵达曲靖。郭沫若先生在其主编的《中国史稿地图集》中用较形象的线条将"五尺道"标注为一条由今四川宜宾经云南昭通、东川,至昆明晋宁的古道。二位先生所描述的五尺道线路虽有异同,但不难看出,两位先生都认为它是古代存在的一条交通线路。

第二种观点认为秦开的五尺道为一级"行政单位"。是对郭沫若主编《中国史稿地图集》和谭其骧先生主编《中国历史地图集》中把"五尺道"视为交通线的观点进行了否定,认为"尚无其他可靠史料来证实秦'五尺道'确是一条交通要道",接着又说:"五尺道解释为一条交通道路,失其原意,令人难以置信,必须深入研讨以识本意。"然后列举《汉书·百官公卿表》记:"县大率方百里,……有蛮夷曰道。"《后汉书·百官志五》指出汉代的"道"系承秦制而来:"凡县主蛮夷曰道。……皆秦制也。"且班固《汉书·地理志》云:"自高祖迄于孝平,凡郡国一百三,县邑千三百一十四,道三十二,侯国二百四十一。"但是检阅其文,只有三十道,尚缺两道。又根据《水经注》和《华阳国志》认为蜀郡下辖的青衣和旄牛两县也称道,于是"记三十一道","尚缺一道",接着就想到了五尺道。傅先生认为《华阳国志·南中志》载的晋宁州建宁郡(今滇东北曲靖)诸地有居民族属称"五蔡夷"或"五荼夷",而"五尺"和"五蔡"读音相近,"五尺"即"五蔡","五尺道"便是在"五尺夷"居民区所设的县级行政区。于是,五尺道就成了那仅缺的一道,如此一来三十二道就齐全了。据此,其最终结论是"秦之'五尺道',并非道广五尺的一条交通线,而是秦时设置的行政单位的地名,因其地的主要居民为'五尺夷'人而故名"。"道",是秦汉时期地方行政区划中与县相当的一级建制。其后,宜宾学院的屈川先生撰文说:"秦始皇即位时间是在秦庄襄王三年(前247年),庄襄王去世当年。"按屈先生所言,那开五尺道的时间应在前247年前后,即在秦统一天下之前26年,比司马迁所说的时间要早。秦始皇即位时年仅13岁,当时正面临东方六国的威胁,不大可能立即将视线转移到西南地区并修筑工程如此巨大的道路[①]。以不可信的论点支持五尺道不是交通线路的学说。

还有人认为,五尺道应为秦始皇之前110余年的秦惠文王时期由古蜀国人凿通的汉中入蜀道路,也就是汉以后所称的"石牛道""金牛道"。

关于"五尺道"的解释,后人虽互有差异,但多数学者从郭、

---

① 屈川:《秦汉川滇古道考》,《宜宾学院学报》2001年第3期,第24页。

谭二老之说。也就是说"五尺道"就是一条道路而不是行政区划的"道"。笔者从道路之说。

三、五尺道修建年代的讨论

既然是道路,这就必然要涉及它的开凿建造的年代,有许多人认为五尺道是常頞在秦时蜀守李冰所修的"僰道"之基础上继续凿修而完成,常頞并非最早开凿者[①]。在《云南各族古代史略》一书中,有学者却认为李冰才是修五尺道的鼻祖。该书说:"在秦始皇即位前后李冰担任蜀郡太守期间,即开始在川、滇交界的僰道(今四川省宜宾市地区)开山凿崖,修筑通往滇东北的道路。这一带山势险阻,工程艰巨,当时采取了积薪烧火办法。崖石经过火烧,质地疏松,易于开凿,或火烧后再浇以冷水,即可使石裂开。……李冰用火烧的办法在这一带修凿道路,就是兴修五尺道的开始。"[②]

马曜先生主编的《云南简史》一书也有类似的提法,"秦始皇统一全国的时候,又派常頞继续修筑道路,常頞把李冰在僰道修筑的道路向前延伸,一直修到今曲靖附近。"[③]

但也有人认为李冰不是修五尺道的第一人,五尺道的修建还是始于常頞。吴春宏在论《五尺道》一文中说,《集解》注引《汉书》"冰姓李",又正义注引《风俗通》云,"秦昭王使李冰为蜀守,开成都县两江,溉田万顷。"这些材料只交待李冰名姓,是水利家。《华阳国志·蜀志》有几条与李冰有关的史料:僰道"其崖渐峻不可凿,冰乃积薪烧之。故其处悬崖有赤白五色"。又说:"滨江有兵兰——李冰所烧之崖,有五色,赤白,映水玄黄。鱼从楚来,至此而来,畏崖映水也。"此处

---

① 曲靖市政协文史资料委员会编印:《曲靖文史资料》第1辑,2001年。
② 《云南各族古代史略》编写组:《云南各族古代史略》,云南人民出版社,1977年,第25—29页。
③ 马曜主编:《云南简史》,云南人民出版社,1983年,第32页。

仍没有说修五尺道之事，而是指出李冰凿僰道是在西北青衣江旁的山崖，即宜宾西北的赤岩山。可见五尺道在长江之南，而李冰烧的赤岩山在岷江之滨。李冰不是修五尺道的第一人，与五尺道无关。李冰约公元前256—公元前251年任蜀郡守，不仅修过都江堰，且曾开凿古道（今有学者称之为"僰道"），所以，秦时的常頞借鉴其经验是完全有可能的。

有的学者从秦法的角度研究，认为"五尺道的开凿不始于秦，秦数以六为纪。符、法冠皆六寸，而舆六尺，六尺为步，乘六马"，怎么会修与秦法不符的"五尺道"？从而否定了五尺道始建于秦[1]。

还有的学者根据史籍关于杜宇入蜀的记载，认为这条交通线路开凿的年代在商代晚期[2]。

四、考古调查所见的五尺道

2010年4月10日，由四川省文物考古研究院、国家博物馆、陕西省文物考古研究院、内蒙古博物院、南京师范大学、首都博物馆、四川大学产业经济研究所等单位组成的盐道、石门道、五尺道考古探险团对有争议的"五尺道"展开了实地的调查研究。考察队重点考察了筠连镇白杨村、果木村、盐津县高桥村、朱提江、豆沙关、大关、寿山乡甘海村、宣威可渡遗址、沾益县九龙山古道及关口。

1. 根据现场的调查情况来看，道路的现存状况大体可分为三种类型：第一种是原始路面尚存，但很少（图一）；第二种是路基原貌尚存，但路面铺路石块大部被撬走；第三种是路基路面均遭破坏，或被垦为耕地，或改为城乡间道路而破坏殆尽。

---

① 葛剑雄：《关于古代西南交通的几个问题》，四川大学历史系编：《中国西南的古代交通与文化》，四川大学出版社，1994年，第1—13页。
② 段渝：《五尺道开通时代考》，《三星堆文明·巴蜀文化研究动态》2010年总第10期第4期，第1—5页。

图一　五尺道筠连原始路面及开凿痕迹

图二　穿行在丛山峻岭中的
五尺道

图三　原始路面与后来修缮加宽部分

　　现存的这些古道的共同特点是由天然青石岩凿铺而成，基本宽度为60—80厘米，转角最宽处可达165厘米，铺砌的青石材都是一些不规则的石头，大小多为40厘米×70厘米×10厘米左右，现保留未被破坏连续长度的有2—3千米，有的长达15千米以上。被保存下来的这些古道都是位于现代工农业还未开发的山区里面，古道沿山势开凿，穿梭在丛山峻岭的半山腰之间（图二）。在这些古道上，许多地方还保留有当年沿山壁开凿的凿痕和断切面，有的地方还有排水沟。有的地方还可以看见不同时期对该路段加宽（图三）、砌"保坎"的遗迹。有的地方可以明显地看出有三次以上的拓宽道路的现象。在青石的道路上留有许多马蹄印和马蹄打滑留下的滑痕。马蹄印的大小在10厘米，深0.5—3厘米，有的马蹄印深达5厘米以上（图四）。

图四　五尺道上的马蹄印

调查结果，大家一致认为这次考察的古道就是史书里记载的"五尺道"，它不是一级行政单位，是一条道路。但就五尺道的开凿年代来讲，我个人认为它应该早于秦代。

从我们的考察来看，从宜宾到云南昭通、曲靖的五尺道，早在秦开五尺道之前已有，并非秦开，也非李冰时期开凿，而在很早时期就已有这条道路。公元前286年楚国庄蹻率大军入滇时，首先是想经"灵关道"入滇，未果，后经湖北、湖南，进贵州沿牂牁道过毕节至宣威汇五尺道入滇。由此可见，早在公元前3世纪时，当年的秦、楚等已知蜀地有路通向云南，但有可能不知道一直能通往南海的水路和印缅的陆路[1]。理由有如下几点：

《史记》中的《西南夷列传》《大宛列传》详载西汉张骞的西行报告，言张骞"居大夏（今阿富汗）时见蜀布、邛竹杖，使问所从来，曰：'从东南身毒国，可数千里，得蜀贾人市'"。"得蜀贾人市""往市之身毒"，说明了蜀与身毒之间的贸易是直接的远程贸易，而不是间接性的交易。同时也可以看出"五尺道"在西汉早期之时很有可能不被中原人知晓它能通往南亚、西亚甚至更远的地方。故张骞在大夏时所见蜀布、邛竹杖肯定不是经过北方丝绸之路出去的，所以他才感到惊讶。反

---

① 《史记·司马相如列传》记载成都通往西南地区的道路为西南夷道。西南夷道分为东、中、西三条线路：西道是灵关道或称为零关道、牦牛道，由蜀之成都通往云南；中道为五尺道，由成都通往贵州西部和云南东部；东道是牂牁道，由成都经贵州通往广东、广西直至南海。

过来说，在身毒所见蜀布、邛竹杖就是从另外一条商贸之道来到身毒的。为此也给人们留下了一个大的问号——秦王朝是否修筑过这条道路？司马迁所说"常頞略通五尺道"是否实施？如果实施了这条道路，为什么在张骞通西域的汉王朝时还不知道"五尺

图五　宜宾高县出土的半两钱范

道"能通往外界？考察中，在宜宾市博物馆的藏品中有一件西汉文帝时期（公元前179—公元前164年）的"半两钱范"（图五）①，它出土于宜宾高县，这里正是"五尺道"的起点。这件文物的出土说明了宜宾这个地区在西汉的早期就已经被纳入了汉王朝的统治区域，故才在这个地区铸造发行"半两钱"。《史记·西南夷列传》《货殖列传》所说的蜀人"南古滇僰、僰僮，西近邛、笮马、牦牛"是相吻合的。由此可见当时的汉王朝确知道"五尺道"但有可能还不知道它可以通往云南、广西以外的地区，故有后来张骞出使西域所报告之实情的发生。

2. 从四川古蜀文化和云南滇文化出土文物来看，蜀滇之间早就有了文化之间的交流，这些交流早在商代就已开始，并以间接或直接的方式通到南亚和西亚等地，甚至抵达更远的地中海。

首先，从四川广汉三星堆古蜀文化遗址和成都金沙遗址中出土的大量象牙和海贝来看，这些象牙经过成都理工大学古生物学家的鉴定，象牙属亚洲象，主要产于我国的云南和印度；海贝大多数属环纹货贝②，少数为虎斑纹贝，主要产于中国南海的西沙、南沙群岛和印度洋暖海区域。从上面的两大类文物来看，它们都不产于四川，同时在云南

---

① 钱范现藏宜宾市博物馆。

② 环纹贝俗称货贝，拉丁文种名 Monetaria annulus（Linnaeus），英文种名 Gold ring cowrie，分布区域在印度洋、太平洋西部和中部、中太平洋诸岛。在中国它主要分布在西沙群岛和海南岛一带水域。

发现的大量海贝也不是云南所产，因为云南和四川一样，是不靠海的内陆地区。由此可见，大象不论是产于印度还是云南，它要进入古蜀则必须是要有相通的路径才有可能；而在四川和云南发现的相同的海贝显然来自南海或印度洋，从而说明了云南有水路和陆路的通道，海贝才能通过"海上丝绸之路"起点之一的广西，沿红河水道（古称"牂牁江"）再由陆路的"丝绸之路"——牂牁道东北入黔西，北沿五尺道入云南的曲靖，经沾益、宣威、昭通再入蜀。或由印度洋的孟加拉湾经缅甸入滇，然后沿零官道或五尺道入蜀。不仅如此，我们还发现三星堆出土的3000多年前的海贝与云南出土的海贝乃至越南出土的海贝，其磨制加

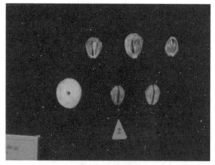

图六　越南出土的蜀式青铜戈和磨背穿孔海贝

越南出土牙璋　　　　　　　　三星堆出土牙璋

图七

工的方法完全相同。从而说明了古代蜀人早在商代时期就已经能够将南亚的物资运到蜀地，同时也将自己产的物资运往南亚等地区。

其次，在越南河西省发现的公元前11世纪的巴蜀青铜戈①（图六），说明了早在商末周初古蜀文化已经传入了南亚地区，此后人们又陆续在越南永福省、富寿省发现了蜀式的牙璋、玉瑗、玉锛等玉石器（图七），而这些物质文化显然说明了在商周时期是有道路通往这些区域的。

3. 20世纪90年代奥地利考古队在埃及发掘出公元前11世纪的中国丝绸②，远比公元前2世纪汉王朝开通西域丝绸之路要早，从这一现象来看，南方丝绸之路早在商周时期就已形成。根据文献记载和许多实物的发现，古蜀王国是最早发明养蚕的人③，因此我们有理由认为在埃及发现的丝绸当从南方丝绸之路而来。这一点也可以从阿富汗喀布尔附近发掘的亚历山大城的一座城堡中发现大量中国丝绸得到有力的证明，中国丝绸的西传，应当是从蜀、身毒转运到中亚或更远④。从而再次证明"五尺道"的开通应该是在商代时期就有了，这条道路起着重要的商贸作用，而不是秦汉时期为了中央集权和边疆强化军事而修建的五尺道。

2010年4月16日，笔者和五尺道考察专家一起来到宜宾筠连县筠连镇的白杨村，这里有30华里的古道，保存相当完好，这条道路完全开凿于半山腰之间，山体是由坚硬的青石构成。在这条道路上能够清晰地看出道路的始凿路面和后来的加宽之处。

就五尺道路的本身来看，现在能看到最早的路面不足一米，完全是在整体的岩石上靠火烧凿劈出来的，宽度只有60—80厘米，路面紧靠崖壁，第二期的道路则是用70厘米×40厘米×10厘米左右的不规则石材铺砌而成，石材有大有小。此时的道路宽度在110—135厘米，正好符合秦朝的五尺之间的尺度，说明这条道路根据时代的发展也不断地

---

① 现藏越南国家博物馆。

② 《新华文摘》1993年第1期。

③ 陈显丹：《论蜀绣蜀锦的起源》，《四川文物》1992年第3期。

④ 童恩正：《略谈秦汉时代成都地区的对外贸易》，《成都文物》1989年第2期。

在修缮和扩建。我们在现场依然能够看出，在秦汉以后，由于商贸的发展和人口的增加，在能够加宽的地方，人们又在加宽的基础上再加宽。尤其在宋代以后，在这条路上来往的商贾、马帮越来越多，茶叶、盐、糖、矿物、布匹等都要经过此道来往于川滇之间，此时的路面最宽的地方可达220—247厘米（通常为转角处）。同时我们还在这条道上发现了一枚清代嘉庆年间的铜钱，这枚钱币的年代虽然较晚，但其意义是非常重要的。当时发现这枚钱币的陕西省文物考古研究院张正民先生激动地说，"这是在高速公路上捡钱包"，是何等的不容易。同时在这里我们可以清晰地看到古代道路修建的三大要素，"凿、铺、砌"齐全，有的地方还修建有排水沟。到了筠连镇的果木村，沿古道上走，一直到达凌云关，我们又在这里发现了宋代和明代的瓷片。这些实物的发现都充分说明了这条道路经历了千百年的历史。在这条古老的道路上还深深地留下了无数的马蹄印和人们的足印，仅云南昭通的豆沙关现存的350米长的"豆沙关古道"上就有马蹄印243个，这些马蹄印都深深地烙在了坚硬的岩石上，它们见证了沧桑岁月的变迁。

五、五尺道与古代滇、越等文化的交流

云南自古富产铜、锡矿石。早在商代，中原王朝就大量从云南输入铜锡，作为制作青铜器的原料。中国科技大学运用铅同位素比值法对殷墟妇好墓所出土的青铜器进行测定，发现这些青铜器的矿料不是来自中原，而是来自蜀、滇交界的东川、会泽等地。而这些地区正处于"五尺道"的线路上，因此云南产出的铜、锡等原材料只能通过这条最近的道运往中原等地，而中原等地的物质文化也可以通过这条线路抵达西南边陲。如在广西地区发现的商代铜卣、铜戈，西周时期的铜钟等，其形制和纹饰都与中原地区所出的一致，说明他们应当是中原输入的，就有关这方面的研究，有学者已经提出"早在秦朝以前广西的古代居民就与

中原地区有交往活动"①。这些交往活动无疑要通过古代的"西南夷道"才能够往来于西南和中原，同时古蜀文化的传播交流也才有了可能。

又如三星堆遗址出土的青铜神树，不见于古代中国的其他地区，却在埃及、希腊、南亚古代文明中屡见不鲜；其中，最常见的是神树与药师女一类雕塑作品。还有在伊拉克北部发现的彩陶罐和埃及出土的彩陶罐，其形式和图案花纹与中国甘青地区、四川岷江上游出土的彩陶风格是一致的，希腊出土的陶塑鹰头等与三星堆出土的鹰头相似。这些相似现象，绝非偶然，它们表明了古蜀文化与中东地区、地中海之间有一定的联系。

在三星堆遗址中，出土了金杖、金面具、青铜人头像、青铜人物全身雕像、青铜兽面像等精美器物，这些器物显示出古代近东甚至欧洲古代文明与三星堆古蜀文明存在着物资文化交流关系。埃及的狮身人面雕像和三星堆出土的鸟身人面雕像，虽然动物体不一样，但有着异曲同工之处。由此可见，三星堆古蜀文明是一支开放性的文化，以雄厚的文化经济基础打通了与周边文化交流的途径，并将自己的物质文化传播到很远很远的地区，同时又将其他区域的物质文化吸收到自己的文化之中。如我们在前面提到的三星堆文化中出土的黄金面罩、金杖等，这些物质文化不是中华民族的传统文化，在中国的历史文献和民族风俗中都是不见的，显然这种物质文化是与其他文化交流的结果。特别是"权（金）杖"，最早流行和使用权杖显示权威性的民族文化是在西亚地区，尤其是在青铜时期的两河流域文明中，用权杖标志神权和王权的传统，常见于当时的石刻和绘画艺术品中。在古埃及的考古发现中还出土了各式各样的权杖，既有黄金的也有青铜的，等等。从而使我们看见了一条细长弯曲的小路穿过崇山峻岭连接着世界周边地区的文化，促进了世界古代文明的发展。可以说五尺道是中国南方丝绸之路的重要道路之一。

① 广西壮族自治区文物管理委员会编：《广西出土文物》，文物出版社，1978年。梁旭达：《论广西秦汉时期的交通和贸易关系》，《广西考古文集（第二辑）——纪念广西考古七十周年专集》，科学出版社，2006年，第494—505页。

从世界各地出土的文物看，是你中有我、我中有你，说明了古代交通并不是我们想象的高难度。比如说在伊拉克、埃及、希腊发现的中国文物和在四川古蜀文化中发现的近远东文化中的文化因素——金杖、金面罩等，基本上都会通过陆路交流或陆路转水路，或水路转陆路抵达目的地。比如说，四川的物资经过云南到达印缅国家，然后经印度、巴基斯坦沿着前波斯帝国建造的"皇家大道"直达地中海，这是陆路。同时也可以陆路转水路。陆路转水路可以从广西出海，沿中国南海经印度洋进入阿拉伯海，再进入波斯湾抵达地中海，或从波斯湾上陆路沿幼发拉底河和底格里斯河抵达伊朗、伊拉克。

根据沿线发现的古蜀文物和痕迹情况，此条道路的开凿至少在公元前11世纪之前，并与外部相通。所以在西周时期蜀王子才能够率兵三万抵达越南北部红河下游地区，将当时居住在这里的雒民"文郎国"击败，建立了"蜀国"（越史称为"瓯貉国"），其王称"安阳王"①，从而再次证明了五尺道不是秦统一天下后开凿的。

另外笔者在越南时考察了越南北部的"螺城县"，在这里我们还能看见当地纪念古代蜀王安阳王的祠堂，在祠堂的对联上写着：

> 一泓玉井光尧日，
> 万顷珠潭鼓舜风。
> 风会正初开何处鼋爪鸡精玉迹至今存信使，
> 山河更几度惟此螺城玉井地灵终古表东郊。

又：

> 昭陵松柏今何处，
> 蜀国山河尚故宫。

---

① （明）吴士连：《大越史记全书》。

陡降九天灵入其门者犹想神宫宝剑；

兴亡千载恨过其地者惟见古木寒鸦；

前面的"尧舜日风"和后面的"蜀国山河"，无一不体现修建祠堂者对家乡和故土的眷念，充分说明了古蜀人的一支后裔，他们沿着五尺道从四川来到越南，并将古蜀文化带到了越南。这一点，我们可以从越南的永福省以及富寿等地出土的玉牙璋、玉瑗等器形来看，完全和四川广汉三星堆出土的同类器形一致。

原载《四川博物院学刊》2014年第1期

附

录

论著目录

1.《广汉县发现四千年前的居住遗址》,《四川日报》1982年5月21日第1版。

2.《广汉县发现古"雒城"砖》,《四川文物》1984年第3期。

3.《略说巴蜀墓葬的随葬品组合和纹饰符号的异同》,《四川史学通讯》1984年第4期。

4.《我国古代墓葬的防腐措施》,《四川文物》1986年第1期。

5.《上古巴蜀文明的重大发现——三星堆遗址与"三星堆文化"》(合作),《文史杂志》1987年第1期。

6.《试析三星堆遗址商代一号坑的性质及相关问题》,《四川文物》1987年第4期。

7.《略谈广汉文化有关问题——兼论广汉文化与夏文化的关系》,《史前研究》1987年第4期。

8.《川西考古的重大发现》,《人民画报》1987年第6期。

9.《广汉三星堆遗址一号祭祀坑简报》(合作),《文物》1987年第10期。

10.《广汉揭露出两个大型祭祀坑》(合作),《中国文物报》1987年10月1日。

11.《广汉三星堆遗址》（合作），《考古学报》1987年第2期。

12.《四川广汉发现的东汉雒城遗迹》（合作），中国考古学会编：《中国考古学会第五次年会论文集》，文物出版社，1988年。

13.《广汉三星堆遗址出土人物造型艺术初探》，《文物天地》1988年第1期。

14.《记广汉三星堆遗址的发现及其发掘》，《文物天地》1988年第1期。

15.《蜀国古都三星堆》，《广汉信息报》1988年2月16日。

16.《三星堆遗址考古综述》，《广汉信息报》1988年2月16日。

17.《世界古代青铜像之冠——大立人铜像》，《广汉信息报》1988年2月16日。

18.《神奇的青铜纵目人面像》，《广汉信息报》1988年2月16日。

19.《三千年前的蜀古都——三星堆》，《四川旅游通讯》1988年第3期。

20.《广汉三星堆之最》，《四川日报》1988年6月18日第3版。

21.《论广汉三星堆遗址的性质》，《四川文物》1988年第4期。同年《中国文物报》全文转载。

22.《"牙璋"初论》，《四川文物》1989年第1期。

23.《四川三星堆文化的贝币试探》（合作），《中国钱币》1989年第3期。

24.《广汉三星堆遗址二号祭祀坑发掘简报》（合作），《文物》1989年第5期。

25.《广汉三星堆一、二号坑两个问题的探讨》，《文物》1989年第5期。

26.《三星堆一、二号坑几个问题的研究》，《四川文物（广汉三星堆遗址研究专辑）1989年。

27.《三星堆文化的贝币试探》，《四川文物》（广汉三星堆遗址研究专辑）1989年。

28.《广汉三星堆遗址发掘概况、初步分期——兼论"早蜀文化"的特征及其发展》，四川大学博物馆、中国古代铜鼓研究学会编：《南方民族考古（第二辑）》，1989年。

29.《广汉三星堆青铜器研究》，《四川文物》1990年第6期。

30.《三星堆遗址的文化特征》，李绍明、林向、徐南洲主编：《巴蜀历史、民族、考古、文化》，巴蜀书社，1991年。

31.《论蜀绣蜀锦的起源》，《四川文物》1992年第3期。

32.《三星堆文化玉石器研究》，《四川文物》（三星堆古蜀文化研究专辑）1992年。

33.《1989—1990年四川省文物田野考古工作成绩斐然》，《四川文化通讯》1992年第5期。

34.《巴蜀青铜器》（合作），巴蜀书社，1992年。

35.《三星堆祭祀坑出土文物选》，巴蜀书社，1992年。

36.《四川广汉三星堆陶塑动物》，《文物天地》1993年第2期。

37.《三星堆珍宝鉴赏》，《文物天地》1993年第3期。

38.《三星堆青铜器——四川巴蜀文化的灿烂证据》，《典藏》（台湾）1993年第12期。

39.《空前的跨世纪工程——三峡文物工程大扫描》（合作），《四川文化报》1994年2月25日第2版。

40.《巴蜀青铜器研究》，《成都文物》1994年第1、2期。

41.《广汉三星堆遗址一、二号坑的时代、性质的再讨论》，《四川文物》1997年第4期。

42.*On the Designation Money Tree*, Orientations,Hong Kong, July, 1997.

43.译文《中国青铜器艺术与宗教》（英）杰西卡·罗著（合作），《四川文物》1998年第1期第75—80页、第2期第76—80页、第3期76—80页、第4期第76—80页、第5期第78—80页。

44. The Sacrificial Pits at Sanxingdui Their Nature and Date, *New Discoveries and Studies in Art and Archaeology*, In the UK Published by

Saffron Books, An Imprint of Eastern Art Publishing, 1999.

45.《古蜀王国器物造型之内涵》,《中华文化论坛》2000年第1期。

46.《享誉海内外的三星堆》,《四川文物》2000年第2期,《巴蜀风采》2000年第4期。

47.《四川古代文化概论》,《中国四川省古代文物展》(日本)2000年10月。

48.《三星堆往事》,《中国文物报》2001年1月17日第5版。

49.《广汉三星堆大事记(1929年—2000年2月)》,《中华文化论坛》2001年第1期。

50.《三星堆文化考古研究》,《光明日报》2001年2月27日第B3版。

51.《明确科研方向提高学术水平》,《中华文化论坛》2001年第3期。

52.《三星堆奥秘》(合作),四川人民出版社,2001年。

53.《论三星堆文化与宝墩文化之关系》(合作),《四川文物》2002年第4期。

54.《扑朔迷离的青铜世界》,许虹、范大鹏主编:《最新中国考古大发现——中国最近20年32次考古新发现》,山东画报出版社,2002年。

55.《凉山州青铜文化的研究》,《中华文化论坛》2002年第4期。

56.《成都金沙遗址出土文物相关问题的讨论》,《中华文化论坛》2003年第4期。

57.《论三星堆文化与宝墩文化之关系》(合作),宋镇豪、肖先进主编:《殷商文明暨纪念三星堆遗址发现七十周年国际学术研讨会论文集》,社会科学文献出版社,2003年。

58.《罗家坝遗址33号墓葬相关问题探讨》,《四川文物》2003年第6期。

59.《寻找古蜀文明》(合作),《华夏人文地理》2005年第12期。

60.《三星堆遗址一、二号祭祀坑发掘日记》，西安半坡博物馆、三星堆博物馆编：《史前研究》，陕西师范大学出版社，2006年。

61.《青铜表面GPTS/MTMS复合防蚀涂层的成分分析》（合作），《广东微量元素科学》2006年第1期。

62.《溶胶—凝胶法制备青铜表面有机改性硅酸盐复合涂层》（合作），《硅酸盐学报》2006年第6期。

63.《考古奇迹三星堆 震撼世界蜀文明——庆祝三星堆祭祀坑发现二十周年暨三星堆研究院成立》，《中国文物报》2006年7月12日第8版。

64.《三星堆出土玉石器研究综述》，《四川文物》2007年第2期。

65.《用液相沉积法在青铜表面制备TiO_2薄膜》（合作），《材料保护》2007年第5期。

66.《5·12汶川大地震对四川可移动文物的损坏与启示》（合作），《四川文物》2008年第4期。

67.《文化交流所见交通"大动脉"》，中国社会科学院考古研究所夏商周考古研究室编：《三代考古（三）》，科学出版社，2009年。

68.《三星堆出土文物全记录》（合作，共三卷，主写第一、二卷），天地出版社，2009年。

69.《广汉三星堆》，生活·读书·新知三联书店，2010年。

70.《古代文化的交流与五尺道》，段渝编：《巴蜀文化研究集刊（第7卷）》，巴蜀书社，2012年。

71.《四川崖墓石刻病害调查与风化机理研究》（合著），文物出版社，2014年。

72.《三星堆文明与三星堆古城》，上海博物馆主编：《"城市与文明"学术研讨会论文集》，上海古籍出版社，2016年。

73.《浅析古蜀玉器传入越南的时间》，四川广汉三星堆博物馆、四川省文物考古研究院、中国社会科学院考古研究所、北京大学中国考古学研究中心、中国殷商文化学会主编：《三星堆研究（第五辑）》，巴蜀书社，2019年。

　　74.《再说三星堆遗址祭祀坑》，上海大学博物馆编：《三星堆人与神的世界》，上海大学出版社，2022年。

编后记

时光荏苒，岁月如梭，2023年，我院迎来了70岁的生日。

《四川省文物考古研究院名家学术文集》正是为庆祝我院成立70年而精心策划的一份礼物，收录了我院老一辈杰出文物考古工作者具有代表性的学术论文，共九卷。"著述前辈的开拓，启迪来者的奋斗，赓续传承美好。"这是院领导发起出版本套文集的初衷，也是全院干部职工多年以来共同的期待。

文集筹备工作始于2022年初，从征求上级领导意见，到广泛收集我院离退休职工及离世专家家属的建议和意愿，再到组织专家论证、院学术委员会研究，最终明确了本套文集的整体定位、选文标准和著录体例。

《四川省文物考古研究院名家学术文集》编辑委员会于2022年7月成立，主要负责落实文集资料收集查证、作者方联络、出版对接等工作。或因联系不上有些曾在我院工作过的专家、专家家属，或因已经有机构为一些专家出版过个人文集，或因有些专家身体抱恙，或因部分资料年代久远、查证困难，加上编辑时间有限，还有一些曾为我院事业发展做出杰出贡献的专家的文集未能成行，前辈们的风采也未能尽善尽美地呈现，略有遗憾。但未来可期，希望在我院文物考古事业更进一步、迈上新台阶时，后辈们能不忘前辈们的辛劳和奉献，续启为前辈们出版个人文集的计划。

本文集的出版得到了四川省文化和旅游厅、四川省文物局的大力支持，同时得到了诸多专家、前辈的指导和帮助。还有巴蜀书社的编辑们，他们以高度负责的态度、高质量的要求，确保了文集出版工作的顺利推进。在此，向关心支持本文集出版的工作单位和工作人员，表示由衷的感谢。

《四川省文物考古研究院名家学术文集》编辑委员会

2023年10月